Mais Elogios para *Quem Te Dá Cobertura*

"*Quem Te Dá Cobertura* é mais do que um livro de 'autoajuda'. É o primeiro livro 'deixe os outros ajudarem'. Se você leva seu sucesso a sério, ouça Ferrazzi e construa seu círculo de apoio hoje."

— Daniel H. Pink, autor de *A Nova Inteligência*

"Em um momento sombrio para os negócios, o livro de Keith é tanto um alerta quanto um alegre lembrete de que você pode vencer as adversidades — com a ajuda certa."

— Dr. Mehmet Oz, coautor do best-seller *VOCÊ: Manual do Proprietário*, e apresentador do programa *Oprah & Friends* na XM Radio

"Não sou um grande leitor de livros de autoajuda, mas este é simples e revigorante. Não é o simples encontrado nos clichês, mas a elegante simplicidade e a voz útil da experiência."

— Seth Waugh, CEO, Deutsche Bank Americas

"Ferrazzi consegue novamente. Conselhos concretos com histórias inspiradoras: um livro de negócios para todos, que vai muito além dos negócios."

— Teresa M. Ressel, CEO, UBS Securities

"O programa de Keith não é sobre mudar quem você é. Trata-se de recrutar outras pessoas para ajudá-lo a se tornar o melhor que você pode ser."

— Dennis R. Glass, Presidente e CEO, Lincoln Financial Group

"Keith Ferrazzi conseguiu novamente. Em *Quem Te Dá Cobertura,* ele fornece insights brilhantes para construir sua 'equipe dos sonhos' de apoiadores confiáveis que garantirão seu sucesso — por meio de intimidade, vulnerabilidade, sinceridade e responsabilização. É uma leitura obrigatória!"

— Bill George, autor de *O Líder Autêntico* e ex-CEO da Medtronic

"Keith Ferrazzi faz pelos relacionamentos o que Tom Peters fez pela gestão... Ele abriu nossos olhos para uma nova realidade de que os relacionamentos são a chave para o sucesso nos negócios. *Quem Te Dá Cobertura* ensinará qualquer pessoa, dos candidatos a empregos aos CEOs, como construir rapidamente os tipos de relacionamentos que realmente fazem a diferença nos negócios."

— Jack Canfield, coautor de *Os Princípios do Sucesso* e da série *Canja de Galinha para a Alma*

"Ferrazzi destaca que uma mudança sísmica está em andamento; estamos passando do isolamento e dos silos corporativos para a comunidade e a colaboração. Este livro é um roteiro para o sucesso no novo mundo, transmitido com emoção e sagacidade."

— Devin Wenig, CEO, Thomson Reuters Markets

"Keith está na vanguarda da compreensão dos relacionamentos como uma tecnologia para o sucesso. Este livro irá prendê-lo desde a primeira página e enchê-lo de ideias, provocações e percepções que o farão valer mais do que o valor pago."

— Seth Godin, autor de *Tribos*

"Depois de ler *Quem Te Dá Cobertura*, de Keith Ferrazzi, você não apenas ficará inspirado a fazer a mudança acontecer em sua vida, mas também será capaz de fazê-la perdurar."

— Bill Novelli, CEO, AARP

"Se eu tivesse este livro no início da minha carreira, teria poupado 30 anos de tentativa e erro. Se você leva a sério seu sucesso, recomendo fortemente que o leia e construa seu círculo de apoio hoje."

— Marshall Goldsmith, autor de *A Vida Merecida*, best-seller do *New York Times* e #1 business book do *Wall Street Journal*

"Prepare-se para ler um livro que fortalecerá cada um de seus relacionamentos mais próximos. Se ainda não leu *Quem Te Dá Cobertura*, você está em desvantagem competitiva."

— Tom Rath, autor do best-seller *Descubra Seus Pontos Fortes 2.0*

Quem te dá cobertura

Quem te dá cobertura

O PLANO INOVADOR PARA CONSTRUIR RELACIONAMENTOS PROFUNDOS E DE CONFIANÇA QUE CRIAM SUCESSO — E QUE **NÃO O DEIXARÃO FRACASSAR**

KEITH FERRAZZI

Autor de Jamais Coma Sozinho e Liderando Sem Autoridade

ALTA BOOKS
GRUPO EDITORIAL

Rio de Janeiro, 2025

Quem te Dá Cobertura

ISBN: 978-85-508-2364-5

Impresso no Brasil — 1ª Edição, 2025 — Edição revisada conforme o Acordo Ortográfico da Língua Portuguesa de 2009.

Dados Internacionais de Catalogação na Publicação (CIP)
(BENITEZ Catalogação Ass. Editorial, MS, Brasil)

F436q
1.ed. Ferrazi, Keith
Quem te dá cobertura : o plano inovador para construir relacionamentos profundos e de confiança que criam sucesso : e que não o deixarão fracassar / Keith Ferrazi ; tradução Leandro Menegaz. - 1.ed. - Rio de Janeiro : Alta Books, 2024.

304 p.; 15,7 x 23 cm.

ISBN 978-85-5082-364-5

1. Ambiente de trabalho. 2. Equipes em local de trabalho - Desenvolvimento. 3. Estratégia organizacional. 4. Gerenciamento de pessoas. 5. Liderança. I. Menegaz, Leandro. II. Título.

11-2024/50 CDD 658.1

Índice para catálogo sistemático:

1. Equipes em local de trabalho : Desenvolvimento : Administração 658.1

Aline Graziele Benitez - Bibliotecária - CRB-1/3129

Produção Editorial: Grupo Editorial Alta Books
Diretor Editorial: Anderson Vieira
Vendas Governamentais: Cristiane Mutüs
Gerência Comercial: Claudio Lima
Gerência Marketing: Viviane Paiva

Produtora Editorial: Isabella Gibara
Tradução: Leandro Menegaz
Copidesque: Ana Clara Fonseca
Revisão: Sarah Oliveira; Evelyn Diniz
Diagramação: Alice Sampaio

ALTA BOOKS
GRUPO EDITORIAL

Rua Viúva Cláudio, 291 — Bairro Industrial do Jacaré
CEP: 20.970-031 — Rio de Janeiro (RJ)
Tels.: (21) 3278-8069 / 3278-8419
www.altabooks.com.br — altabooks@altabooks.com.br
Ouvidoria: ouvidoria@altabooks.com.br

Editora **afiliada à:**

Para minha irmã, Karen

SUMÁRIO

Agradecimentos

A definição mais simples e completa de um relacionamento de linha de vida é alguém que nunca deixará você falhar. Muitos tiveram o papel de linhas de vida para mim durante o processo de três anos de escrita deste livro, e o melhor argumento que eu poderia apresentar sobre apoio mútuo são estes resultados. Estou tão orgulhoso do que criamos juntos.

Em primeiro lugar, um profundo agradecimento à equipe principal que me ajudou a dar vida a este livro, listada em ordem alfabética porque cada um foi fundamental para sua conclusão: Max Alexander, Jim Mourey, Tahl Raz, Sara Grace Rimensnyder e Peter Smith. Jim Mourey, também conhecido como Data, está no projeto desde novembro de 2007, quando cobrimos as paredes da minha casa com post-its gigantescos. Ele liderou os esforços de investigação e forneceu informações e apoio incansáveis. Sara Grace me ajudou a refinar o manuscrito durante os últimos seis meses, fornecendo incontáveis horas de escrita, edição e gerenciamento do projeto. Max Alexander dedicou incansavelmente muita energia e esforço ao longo de muitos meses. Peter Smith mergulhou no projeto 24 horas por dia, 7 dias por semana, inclusive durante as férias; sua combinação de talento, bom coração e generosidade fazem dele o que só poderia ser descrito como um verdadeiro *mensch*. E, finalmente, Tahl Raz merece minha máxima gratidão. Ele ajudou a iniciar este projeto com sua percepção e crítica contundente, e depois me ajudou a finalizá-lo, em um tom e estilo que considero poesia.

Para minhas linhas de vida intelectuais, o núcleo do Greenlight Research Group — Mark Goulston, Morrie Shechtman e, claro, Data. Mark esteve em casa em muitas dessas sessões iniciais e esteve disponível para fazer um brainstorming e fornecer feedbacks precisos a cada passo do caminho. Morrie trouxe a franqueza para o primeiro plano da minha vida em um momento muito crucial. Seu trabalho nos Grupos de Responsabilização fortaleceu minha crença no poder do apoio dos pares no local de trabalho e teve um impacto importante na FG.

A Manlio Carrelli e Jeff Kaplan, que fizeram contribuições inestimáveis de propriedade intelectual para os capítulos "Transformando o ambiente de trabalho" e "Nunca venda sozinho", respectivamente. Finalmente, para o punhado de talentosos escritores que generosamente contribuíram com sua visão e arte em vários estágios do processo: Brett Brune, Peter Carbonara, Lucas Conley, Vince Rause, Heather Schultz, Karen Watts e Frank Wilkinson.

Uma profunda reverência ao meu incansável editor Roger Scholl, da Random House, que fez o trabalho de escrevente, rascunho após rascunho, aperfeiçoando cada capítulo, e sem o qual eu poderia não ter sido um escritor (foi Roger quem me ligou e sugeriu que eu escrevesse o livro que se tornaria *Jamais Coma Sozinho*). A Michael Palgon, meu editor, que manteve a calma em todos os prazos perdidos e ao meu amigo e mentor editorial Steve Rubin.

A Stan Lim, pelo carinhoso apoio e por seus sacrifícios, bem como suas contribuições para o design da sobrecapa. À minha mãe e ao meu pai, por tornarem possível tudo o que eu queria alcançar.

Para Julie Ede, a mãe-urso da minha casa e uma amiga querida. Julie, o anjo da WGYB, forneceu sustento (entre um milhão de outras coisas) quando eu literalmente não saía do lugar onde estava por horas e horas, durante muitos dias.

A Ray Gallo, Roel Hinojosa, Bob Kasunic, Gavin McKay, Tad Smith e Fernando Trejo, os amigos a quem recorro mais rapidamente e em meus estados mais vulneráveis. Esses caras fornecem todos os níveis de suporte prático e emocional e responsabilização — são linhas de vida ao máximo. Também está nessa lista o meu amigo infalível de responsabilização, Dr. Rob Dirksen. Rob, vamos em frente.

Aos meus companheiros de viagem no apoio aos pares, líderes nas organizações e instituições que nos ajudaram a aprender muito: Raphael Pastor, da Vistage; Matthew Weiss e Matthew Stewart, da Entrepreneurs Organization; Bill Pepicello e Terri Bishop, da Universidade de Phoenix; Jean Nidetch e Dave Kirchhoff, dos Vigilantes do Peso; Bob Halperin e Daniel Schwartz, da YPO; Bill George, autor de *True North* [sem publicação no Brasil], entre muitas outras grandes realizações; e Bill W., o fundador do AA.

A Tony Robbins, cuja amizade teve um grande impacto em minha vida; George Halvorson, cuja pesquisa e espírito intelectual merecem seu próprio livro; aos nossos amigos do Facebook, incluindo Matt Cohler, Jon Fougner e Tim Kendall, que estão fornecendo a tecnologia para nos conectar cada vez mais; e à Gallup Organization, que tanto fez para promover a causa do aprofundamento das relações no local de trabalho. (Agradecimentos especiais ao CMO da Gallup, Larry Emond, e ao parceiro Doug Stover, que foram tão prontamente prestativos quando precisamos.)

Aos queridos amigos cujas histórias deram vida e fôlego a este livro, com especial reconhecimento a Lisa e Mehmet Oz, que me inspiraram e apoiaram meu trabalho ao longo dos anos. Lisa passou comigo um tempo que não tinha, para tornar o manuscrito excelente — não é de admirar que Mehmet seja tão bem-sucedido!

Para John Reid-Dodick, Devin Wenig e a equipe da Thomson Reuters Markets. Saí do nosso primeiro encontro inebriado com o nosso sucesso coletivo e a inspiração mútua, que deu o tom de tudo. Estou entusiasmado com nosso trabalho conjunto e ofereço meus sinceros agradecimentos por participar como um estudo de caso aqui.

Para Roger Arnold, Mark Dean, Jason Owens, Nikki Sorum e toda a equipe da Thrivent Financial: obrigado por fornecer um modelo tão incrível para vendas de equipe e por serem tão verdadeiramente comprometidos. Sem a coordenação e visão de Jason em dezenas de horas de entrevistas, não haveria o capítulo "Nunca Venda Sozinho".

A todo o grupo que discutiu e/ou revisou os primeiros esboços, capítulos e rascunhos — sua generosa contribuição e ajuda não apenas abriram o caminho para um "bom livro", mas também me deram o incentivo de que eu precisava para cruzar a linha de chegada: Sherry Chris, Samantha Clemens (que esteve envolvida em várias sessões de brainstorming), Danielle Gaudio-Lalehzar, Vicki Halsey, Dwayne Landry, Monish Mansukhani, Glenn Richardson, Peter Roche (com elogios especiais por sua visão), Teresa Ressel, Matt Sharrers, Guru Singh, Hilary Tetenbaum, Howard Tucker, Peter Winick (que foi além ao ler um rascunho inteiro quase da noite para o dia), Ian Ybarra e Dave Zobel.

À minha prima Wendy Scalzitti, cuja história de sucesso de parceria me deu a convicção de que eu estava no caminho certo.

Aos meus agentes, Jay Mandel e Wayne Kabak, da William Morris, que são profissionais por inteiro e foram muito receptivos durante todo esse processo.

Para Kevin Small, singularmente a pessoa mais brilhante que já conheci quando se trata de entender o futuro do negócio de ajudar os outros e como gerenciá-lo.

Para aqueles que participaram do piloto do Greenlight Group na Big Task, com agradecimentos especiais a Eric Hansen, cuja coragem de ser sincero e vulnerável elevou e deu o tom para todo o grupo, e a Beth Comstock, cujo papel no sucesso daquele dia foi crítico.

Aos líderes Embaixadores da Comunidade Greenlight, cujo entusiasmo está lançando um movimento: Jorge Colón, Maxine Karchie, Sana Ahmed, Seb Bourcheix, Tami Conner, Kim Ann Curtain, Michael Dill, Hammad Khan, Robert Mees, Aurelie Penn, Gina Rudan, Scott Sonnon e Kent Speakman.

Para as muitas pessoas que tive a sorte de ajudar e que me ajudaram mais do que poderiam imaginar, especialmente Scott Bowen, Drew Pace, Guy Baruch, Noah Laracy, Robin Kimzey e Joerg Floeck. Espero que nosso trabalho juntos tenha causado tanto impacto em vocês quanto em mim e neste livro.

A Mike Minasi, o primeiro cliente da Ferrazzi Greenlight, que se tornou um grande amigo ao longo do caminho, provando mais uma vez que as melhores relações comerciais são pessoais.

Aos antigos e atuais membros da equipe Ferrazzi Greenlight: obrigado por sua paciência, seu talento e por cada uma de suas contribuições individuais para quem eu sou hoje. Vocês todos são o Grupo Greenlight definitivo, proporcionando aquele lugar seguro para errar e aprender juntos, além de ser a incubadora e embasar tudo o que o WGYB propõe. Agradecimentos especiais a Jim Hannon e J. P. Kelly, por seus sacrifícios e contribuições que me permitiram passar muitas horas que deveriam ter sido dedicadas à FG escrevendo. Ao meu diretor de marketing, Love Streams, por criar uma campanha e um tour incríveis para este livro; a Chris Tuffli, por lançar corajosamente um dos primeiros Grupos Greenlight fora da FG; a Russ Brodmerkle, por verificar cada citação; a Todd Goodrich, por transcrever todas as entrevistas e a Fiona Kennedy, por seu compromisso quase 24 horas por dia, 7 dias por semana, para tornar bem-sucedidos a Ferrazzi Greenlight e eu.

E, por fim, a Peter Guber, Greg Seal, Bob Kerrigan, Bill Braunstein, Doug Turk e Bo Manning — minhas linhas de vida nos negócios, cuja orientação transformadora constitui a espinha dorsal deste livro. Agradecimentos especiais a Greg, que estava disposto a bater com o punho na mesa e estar ao meu lado pelo tempo que fosse necessário para ajudar a tornar a Ferrazzi Greenlight o que é e está se tornando, e a Bo, meu primeiro chefe, meu mentor e agora meu parceiro de negócios.

Sou eternamente grato por esse grupo incrível que realmente me entende e se importa.

Introdução

Uma pessoa é uma pessoa por meio de outras pessoas.
—Arcebispo Desmond Tutu

De volta ao meu quarto de hotel em Singapura, após um dia de reuniões e um jantar com minha equipe, o jet lag estava entrando em cena. Éramos um grupo itinerante de consultores de gestão da Deloitte & Touche. Na noite anterior, eu havia dormido no avião saindo de Londres, mas mesmo aqueles novos e incríveis assentos horizontais na primeira classe não substituíam uma cama de verdade, e praticamente me dissolvi no meu colchão. Eu estava quase cochilando quando ouvi um farfalhar debaixo da minha porta. Putz, um bilhete! Deixe para amanhã, pensei.

Mas, como diretor de marketing da empresa — e mais novo membro do comitê executivo —, eu não era de deixar passar nada. Então, me arrastei para fora da cama, caminhei lentamente até a porta e abri o envelope.

O bilhete não era de ninguém da Deloitte. Era uma oferta de emprego. Do outro lado do mundo, estava sendo oferecido a mim o cargo de CMO na Starwood Hotels, uma empresa relativamente nova com suas próprias audaciosas ambições globais. Era, de muitas maneiras, a posição dos sonhos para mim. O objetivo da Starwood era reinventar a obsoleta indústria hoteleira e criar marcas totalmente novas que seriam reconhecidas em todo o mundo, com uma divisão central de marketing global. De minha parte, esperava-se que eu transformasse e liderasse o adormecido (trocadilho intencional) mundo do marketing hoteleiro como parte de uma nova e enérgica equipe da Starwood.

Eu deveria ter ficado entusiasmado — era um salto substancial para mim no mundo do marketing de consumo, com mais vantagens e responsabilidades — mas, em vez disso, estava cheio de angústia. Como poderia deixar os caras da Deloitte, justamente quando nosso trabalho estava começando a dar frutos? Fui o primeiro CMO da parceria e o primeiro profissional de marketing global a ter sucesso — principalmente porque vim do lado operacional do negócio e realmente conhecia o que fazíamos de cima a baixo, mas também porque era novo o suficiente para não pensar da mesma maneira ultrapassada. E eu tinha uma equipe que realmente queria que eu tivesse sucesso. A Deloitte estava pegando um conjunto fragmentado de parcerias de consultoria específicas para cada país e consolidando-as sob uma marca, da mesma forma que a Starwood queria consolidar seus hotéis. Era um processo complexo que estava rendendo um grande retorno. Eu sabia que seria difícil me substituir rapidamente — todo parceiro que seria capaz estava sobrecarregado —, o que me fez sentir mais do que um pouco de culpa.

Mas havia uma voz mais profunda causando aquela angústia que eu não estava ouvindo, da qual não estive consciente até anos depois: por mais que eu acreditasse que a equipe da Deloitte precisava de mim, a verdade era que eu precisava deles. Se eu soubesse o que sei agora, teria reconhecido aquela sensação agonizante como a rápida erosão de minha rede de apoio, parecia areia sob meus pés.

Network — isso era algo que eu achava que entendia muito bem. Afinal, o bilhete da Starwood não passou por baixo da minha porta acidentalmente. Surgiu como resultado do meu compromisso vitalício de construir uma rede de relacionamentos reais. Consegui o principal cargo de marketing na Deloitte ao cultivar relacionamentos profundos com os executivos da empresa (incluindo o CEO Pat Loconto) enquanto ainda era estudante na Harvard Business School. A importância de estender a mão e me conectar com outras pessoas foi uma habilidade que aprendi quando era um garoto da classe trabalhadora no oeste da Pensilvânia, onde eu carregava tacos de golfe para as pessoas ricas do outro lado da cidade. Descobri que elas não só pertenciam aos mesmos clubes de campo e círculos sociais, mas todas faziam negócios umas com as outras. À medida que fui conhecendo muitas delas, percebi que qualquer um poderia ingressar naquele "clube", desde que se preocupasse com o sucesso dos outros e não apenas com o seu. Era uma habilidade que as escolas de negócio e muitas pessoas negligenciavam.

Na mente de muitas pessoas, eu me tornei o Sr. Relacionamento, conectando um grupo de pessoas com outro.

Dadas todas as minhas conexões, qual era o problema em deixar a Deloitte por oportunidades melhores? Eu era jovem, mal tinha 30 anos, com toda a minha vida profissional pela frente. Por que eu não estava em êxtase?

É claro que, como muitas pessoas que se deparam com uma mudança de emprego, eu sabia que sentiria falta dos meus amigos da Deloitte. Mas minhas emoções eram mais profundas do que isso. Eu era o cara novo em uma equipe de líderes experientes encarregados de globalizar a empresa — um grupo unido liderado por Pat e seu braço direito, Bob Kirk. Junto com outros funcionários seniores da empresa como Greg Seal, que primeiro me contratou como um jovem estagiário (e me impediu, várias vezes, de levar um pé na bunda por minha audácia). Todos eles me acolheram como um protegido.

Aquela não era apenas uma equipe que trabalhava bem em conjunto, era um grupo que se importava e encorajava uns aos outros. Eles me ajudaram a crescer durante o período formativo da minha vida profissional. E eu também me importava com eles, e ainda me importo. Todos nós confiamos uns nos outros. Nossos valores centrais estavam quase perfeitamente alinhados (mesmo que nossas habilidades fossem diferentes). Não havia nada que não pudéssemos fazer ou dizer em voz alta. Erguemos nossas vozes, trocamos opiniões, compartilhamos ideias em longos jantares, corremos muitos riscos e, frequentemente, perdoamos uns aos outros por nossos erros. Não me lembro de uma época em que me senti inseguro. Éramos parceiros se arrastando pelo mundo — só que não parecia que estávamos nos arrastando. Em vez disso, estávamos totalmente impregnados de entusiasmo, otimismo, energia, criatividade e esperança. Às vezes, eu pulava da cama no meio da noite para ir ao escritório enquanto ainda estava escuro, porque era emocionante. Eles eram mais do que apenas meus colegas — eram também meus amigos.

Não era apenas que mais cabeças eram melhores do que uma. Sem a preocupação de pisar em calos ou ferir os sentimentos de alguém, pudemos deixar que novas ideias pulassem pela sala como pipoca. Nosso compromisso com a franqueza foi extraordinário. Debatemos apaixonadamente e criticamos nossos erros. Motivamos e inspiramos uns aos outros, em vez de constranger ou envergonhar um ao outro. E nos responsabilizamos mutuamente, para garantir que ficássemos focados em nossos objetivos. Aprendemos e compartilhamos muito em um ambiente seguro que nos permitiu arriscar e crescer verdadeiramente.

Não havia nada sobre o que não pudéssemos conversar em nosso grupo. Então, é claro, pedi conselhos aos caras sobre o que eles achavam que eu deveria fazer. Sim, eu estava disposto a perguntar ao CEO da nossa empresa se eu deveria sair e aceitar outro emprego. Tínhamos esse tipo de equipe.

Quando todos nos reunimos no saguão do nosso hotel na noite seguinte, — um daqueles palácios coloniais britânicos com sofás de couro estofados que pareciam ter saído direto da capa de um catálogo da Ralph Lauren — contei a eles sobre o bilhete da noite anterior. Apesar de nossa camaradagem e do calor do ambiente, foi difícil dizer as palavras. Eu tento me lembrar desse momento até hoje sempre que um funcionário da minha própria empresa de consultoria, a Ferrazzi Greenlight, me diz que precisa partir para novas oportunidades. Tento pensar nisso como uma formatura, não como uma perda — como na vez em que meu competente colega Gavin McKay saiu para perseguir seu sonho de abrir uma linha de seus próprios estúdios de ginástica inovadores. Ele foi o primeiro "graduado" da Ferrazzi Greenlight.

O que eu precisava da equipe da Deloitte era que me dissesse que não havia problema em me formar.

Eu certamente sabia que Pat ficaria desapontado. Mas ele me conhecia bem. "A Starwood é um lugar onde um ótimo profissional de marketing jovem pode realmente fazer seu nome, Keith", disse ele. E os outros concordaram. Alguns dias depois, quando nosso avião pousou em Nova York, senti a mão de alguém em meu ombro, me acordando. Presumi que fosse a comissária de bordo me dizendo para colocar meu assento de volta. Mas quando abri os olhos, vi Pat apoiado na beirada do meu assento.

"Keith", disse ele, "quero que você lembre de uma coisa: nunca olhe para trás. Esta é a decisão certa, não importa o que está por vir. Apenas continue olhando para frente." Naquele momento, Pat poderia muito bem ser meu pai, que sempre me disse: "Nunca olhe para trás, filho. A pior coisa é olhar para trás e perguntar: 'E se?'"

Nunca mais tive a bênção de ter um chefe como Pat, mas sei que existem chefes assim. Quando encontro grandes líderes como Jamie Dimon, do JPMorgan Chase, Devin Wenig, da Thomson Reuters Markets, Bob Iger, da Disney, Todd Lachman, da Mars, Mark Jordahl, do grupo de gestão de patrimônio do U.S. Bancorp, ou John Pepper, ex-Procter & Gamble, penso como suas equipes têm sorte de trabalhar com alguém que realmente entende o que é uma grande liderança. Mas, como disse Pat, continue olhando para frente…

Então, em grande parte, graças ao conselho do meu grupo de apoio e colegas de equipe da Deloitte, deixei-os para trás.

Enquanto escrevo isso, percebo que não fiz muito para criar aquele momento Camelot em minha vida. Ele aconteceu ao meu redor. Claro, fiz as coisas certas para estar aberto a isso, mas nunca pensei que fosse algo que pudesse ser replicado. Ao longo dos anos, à medida que me tornei um empreendedor e administrei meus próprios negócios, aqueles dias na Deloitte ficaram em minha mente como uma coisa passageira e casual — uma questão de sorte. Na época, eu realmente não conseguia articular por que aquilo tinha sido tão especial ou por que funcionara daquela forma; foi um momento intenso de troca emocional e intelectual. Eu era o garoto pobre do interior que conseguira entrar em uma escola de prestígio após a outra — me sentindo deslocado em todos os lugares por onde passava. Embora estivesse empolgado com os novos empregos que aceitei, ansiava por aquela sensação de apoio e conexão novamente. Uma coisa importante que tirei da minha experiência na Deloitte foi o incrível poder de ter uma equipe de pessoas me orientando, incentivando, ajudando a ser aberto e sincero, me responsabilizando e permitindo que eu alcançasse todo o meu potencial. Percebi que queria encontrar uma maneira de criar essa experiência novamente.

SEÇÃO UM

quem te dá cobertura

Como os relacionamentos de linha de vida podem mudar sua vida, assim como mudaram a minha

Perca Peso, Fique Rico e Mude o Mundo

Talvez isso soe como o título duvidoso de algum livro de autoajuda sem-vergonha, mas é praticamente a maneira mais precisa de descrever a vida de Jean Nidetch. Jean era uma dona de casa gordinha que convocou seus amigos para ajudá-la a manter uma dieta. O que ela conseguiu é notável. Mas como ela conseguiu isso é algo que cada um de nós precisa entender.

Jean estava acima do peso. Ela estava acima do peso quando criança, estava acima do peso no ensino médio e, apesar de regimes de dieta intermináveis, sua cintura continuou aumentando ao longo dos seus vinte e trinta anos. Por fim, essa mulher de 1,70 de altura pesava 100 quilos, usava um vestido tamanho 50 e se encaixava na definição médica de "obesa". Jean tentou dietas e pílulas que prometiam perda de peso, mas sempre recuperava o peso perdido.

Em 1961, aos 38 anos, Jean iniciou uma dieta patrocinada pelo Departamento de Saúde da cidade de Nova York. Depois de dez semanas ela estava 10 kg mais magra, mas começando a perder a motivação. Ela percebeu que o que precisava era de alguém com quem conversar para obter algum tipo de apoio.

Ela teve uma inspiração: uma vez que não conseguiu fazer com que seus amigos viajassem para Manhattan para se inscrever no regime oficial do departamento de saúde, ela trouxe a "ciência" do programa para suas salas de estar no Queens. Jean e suas amigas perderiam peso juntas. Dessas primeiras reuniões surgiram os Vigilantes do Peso, hoje amplamente reconhecidos como um dos programas de perda de peso mais eficazes do mundo. A ideia de Nidetch era simples: perder peso requer uma combinação de dieta e apoio de seus pares. Ela realizou reuniões semanais com check-ins de peso e definição de metas para promover a responsabilização, juntamente com conversas honestas e de apoio sobre as lutas, contratempos e vitórias da perda de peso.

Por fim, Nidetch, que havia perdido 32 quilos, alugou um escritório e começou a liderar grupos por toda a cidade de Nova York. Em

1963 ela constituiu a empresa, que teve seu capital aberto em 1968 e foi vendida para a H. J. Heinz em 1978. (Em 1999, a empresa foi novamente revendida, para uma unidade da empresa Artal Luxembourg.) Em 2007, os Weight Watchers International [Vigilantes do Peso Internacional] teve vendas no varejo de mais de US$4 bilhões, de licenciados e franqueados, taxas de associação, programas de exercícios, livros de receitas, produtos alimentícios com porção controlada e uma revista. Nidetch se aposentou em 1984, deixando um legado que salvou a vida de literalmente milhões de homens e mulheres. Como observa o atual CEO da empresa, Dave Kirchhoff, "Embora a ciência da perda de peso tenha evoluído ao longo dos anos, o núcleo do programa de Jean — apoio e responsabilização — permaneceu uma constante."

O que há de tão extraordinário nisso tudo? Jean só queria emagrecer, mas, por meio de um círculo íntimo de amigos que ofereceu experiência, sabedoria, honestidade e apoio, ela conseguiu muito mais do que jamais imaginou ser possível. Jean descobriu o que os grandes líderes e artistas de ponta ao longo da história sempre souberam: realizações extraordinárias no trabalho e na vida são um processo colaborativo ponto a ponto.

Por trás de todo grande líder, na base de toda grande história de sucesso, você encontrará um círculo indispensável de conselheiros, mentores e colegas de confiança. Esses grupos vêm em todas as formas e tamanhos e podem ser encontrados em todos os níveis e em quase todas as esferas da vida profissional e pessoal. Mas o que todos eles têm em comum é um tipo único de conexão uns com os outros que passei a chamar de relacionamentos de linha de vida ou relacionamentos vitais.

Esses relacionamentos são, literalmente, o motivo pelo qual algumas pessoas têm muito mais sucesso do que outras. Em *Quem Te Dá Cobertura,* quero lhe dar um guia prático para construir um círculo íntimo de relacionamentos vitais, para que você possa fazer pela sua vida o que Jean Nidetch fez pela dela.

Bem Conectado e Totalmente Sozinho

Dez anos depois de deixar o comitê executivo da Deloitte Consulting, eu era, na Starwood Hotels and Resorts, um dos mais jovens diretores de marketing da Fortune 500. Em 2005, meu primeiro livro, *Jamais Coma Sozinho* — promovendo o poder de relacionamentos e generosidade genuínos em nossas vidas no trabalho, tornou-se um best-seller nos Estados Unidos. E de tudo que ouvi de leitores e clientes, o livro estava ajudando as pessoas a mudarem suas vidas para melhor. Senti como se estivesse começando a encontrar meu verdadeiro propósito na vida — ajudar os outros a melhorar suas carreiras e suas empresas. Parecia muito mais significativo do que colocar "bundas na cama", como eu brincava, como diretor de marketing da Starwood. Pouco depois, realizei o sonho de toda uma vida ao abrir minha própria empresa de consultoria e treinamento, a Ferrazzi Greenlight — ou FG, como a chamávamos. Para o mundo exterior, eu parecia ter tudo — sucesso, dinheiro, reconhecimento, palestras bem pagas, uma pilha de cartas de reconhecimento de fãs e uma rede profissional e social do tamanho de uma lista telefônica metropolitana de médio porte.

Na superfície, a vida era ótima. Mas, por baixo, nem tudo era o que parecia. O fato é que, em termos de onde eu queria que a empresa chegasse, meu negócio estava me decepcionando. Eu estava me sentindo sobrecarregado e isolado. Parecia que estava em uma festa na piscina, cercado por amigos e conhecidos, mas, em vez de me misturar e beber, eu estava sozinho no fundo da piscina, lutando para apenas manter minha cabeça acima da água... e ninguém parecia notar.

Percebi que estava me comportando como um gerente medíocre. Boa parte do nosso trabalho para o cliente exigia que eu o executasse pessoalmente. Embora eu tivesse contratado um punhado de executivos qualificados para me ajudar a construir a FG, não priorizei o tempo para treiná-los para fazer o que faço ou para descobrir um negócio que não envolvesse eu fazer a maior parte do trabalho braçal. Quando meus colegas tentavam intervir e tirar o peso das minhas costas, muitas vezes eu ficava desapontado com os resultados. Minha solução: abaixei a cabeça e tentei demolir meus problemas, assumindo mais coisas, o que me fez negligenciar ainda mais a gestão do dia a dia da empresa e gastar ainda menos tempo treinando minha equipe. Eu estava constantemente na estrada, um CEO ausente. Nosso trabalho era mais do que apenas um trabalho para mim, era uma missão na qual eu acreditava apaixonadamente. Eu acreditava tanto nela que não pude delegá-la quando deveria. Então eu estava correndo pelo país como um louco. E, no entanto, a FG estava recusando negócios porque eu não conseguia fazer tudo sozinho.

Era um comportamento antigo que eu sabia, no íntimo, que estava me enganando, mas não conseguia ver um caminho além dele. Era uma espiral descendente.

As pessoas me diziam constantemente que meu nível de energia era contagiante. Mas o fato é que motivação e ambição podem levar você até certo ponto. Eu estava muito ocupado embarcando em aviões, encontrando clientes novos ou em potencial, dando palestras e me agarrando a cada nova ideia brilhante que surgia, esperando que a próxima, de alguma forma, eclipsasse ou resolvesse todos os nossos problemas.

O que as pessoas ao meu redor pensavam disso? — aquelas pessoas na festa na piscina, sorrindo e bebendo enquanto eu estava me equilibrando no fundo do poço? Você me pegou — nunca me preocupei em perguntar a elas. Nunca falei sobre meus problemas ou pedi ajuda. As pessoas de quem eu precisava estavam ao meu alcance o tempo todo — mas eu não conseguia perceber.

A maior parte da minha equipe tentava apenas fazer o melhor que podia com um CEO que estava ausente na ação. Mas a ironia não passou despercebida por eles: Keith Ferrazzi, o cara apelidado de "Sr. Relacionamento" pela mídia por causa do sucesso de *Jamais Coma Sozinho* e do tamanho da sua rede de contatos, estava falhando em gerenciar os relacionamentos em sua própria empresa.

Muitas vezes, sabemos que algo em nossas vidas não está funcionando, mas ignoramos o que nosso instinto está nos dizendo e continuamos fazendo assim mesmo. Eu só gostaria de ter tido coragem de dizer às pessoas ao meu redor: "Pessoal, preciso de ajuda. Estou me afogando aqui."

Saiba Quem Você É e Qual É o Seu Lugar

Em sua essência, meus problemas não eram apenas problemas de negócios. Para muitos dos problemas diários e estratégicos que uma empresa enfrenta, contei com a rede de nível internacional que montei, usando os insights e as diretrizes que descrevi em *Jamais Coma Sozinho*. Eu poderia recorrer a qualquer um dos clientes, advogados, banqueiros, fornecedores ou membros do conselho em minha rede para obter conselhos específicos. Mas a ajuda que eles podiam me dar se resumia a uma ligação aqui ou um café ali — de pouco em pouco. Eu não tinha ninguém em minha vida a quem pudesse recorrer a qualquer momento para uma discussão completamente sincera e sem restrições sobre o que realmente estava acontecendo em minha vida e em meus negócios. Eu não havia estabelecido o tipo de relacionamento próximo e profundo com algumas pessoas-chave que fariam o que fosse necessário para garantir que eu nunca falhasse e por quem eu faria o mesmo. O tipo de relacionamento que tive com minha equipe na Deloitte.

Em certo nível, eu havia perdido contato com a percepção de minhas forças e fraquezas. Quando isso acontece, perdemos o poder de administrar nossas deficiências, e o resultado são comportamentos autodestrutivos. Superá-los é, em última instância, conhecer a si mesmo.

Veja desta forma: o sucesso é a capacidade de criar os resultados na vida que realmente buscamos, e não, digamos, apenas a quantidade de dinheiro que você ganha. As pessoas que têm uma imagem clara do que as estimula, que conhecem suas verdadeiras motivações e prioridades internas, simplesmente não se metem em seu próprio caminho. Elas podem se concentrar com uma intenção enérgica em seus objetivos. É o que permite que pessoas comuns vivam vidas extraordinárias.

Adquirir esse conhecimento é uma jornada sem destino único — Quando o fazemos, precisamos da perspectiva externa de uma linha de vida — um chute no traseiro que nos faça abrir os olhos.

Para mim, esse chute veio do meu amigo, Peter Guber, produtor de cinema e ex-chefe da Sony Pictures. No curso de um dia incrível, minha vida começou a mudar.

Passei na casa de Peter para dar alguns conselhos sobre um livro que ele estava pensando em escrever. Em sua sala de estar, cercado por memorabília dos filmes de Peter — o traje verdadeiro do Batman e os prêmios cintilantes que ele trouxe para casa por produzir sucessos como *Expresso da Meia-Noite* e *Rain Man* — eu estava tagarelando, dando-lhe feedback sobre a ideia do livro, quando, de repente, Peter se recostou no sofá e começou a balançar a cabeça suavemente.

"Keith", disse ele, "acho que você precisa considerar ser um pouco mais elegante."

Fiquei estupefato. Elegante? Meu conselho foi muito direto? Isso era impossível com Peter. Elegante? Poucas palavras na língua inglesa eram mais pesadas para mim. Instantaneamente, lembrei-me da requintada escola particular que frequentei quando criança com bolsa de estudos. Meus pais, da classe trabalhadora em Latrobe, Pensilvânia, não podiam pagar pelos uniformes escolares, então tivemos que comprá-los de segunda mão na loja "quase nova". Eu odiava entrar naquela loja e me escondia nas prateleiras com medo de ser descoberto por um colega de classe — o que, é claro, acabei sendo. "Ei, Ferrazzi", diziam as crianças, "de quem é o nome que está escrito na sua jaqueta hoje?" Das minhas roupas ao meu "Pittsburgh-ês", percebi dolorosamente desde cedo o quão deselegante eu era.

Peter notou a expressão em meu rosto e balançou a cabeça afetuosamente. Seu sorriso me lembrou que éramos amigos e este era um homem que se importava comigo, não um colega de escola querendo me perturbar.

"Keith... aquele olhar em seu rosto. Não estou falando sobre suas roupas ou seu porte," ele continuou. "Estou falando de elegância de propósito e atividade. Keith, elegância é a arte de exercer o mínimo de esforço para obter o máximo efeito, o máximo de poder e realização em nossa vida. Você trabalha tanto, Keith. Não há nada de errado com isso, mas vejo você lutando constantemente. Recebo e-mails seus a toda hora. Você está entre as pessoas mais inteligentes que conheço, mas está trabalhando freneticamente demais. Com todo esse esforço e com seus talentos, você deveria estar muito mais longe do que está agora.

Ele fez uma pausa, me olhou nos olhos e inclinou a cabeça.

"Keith, vamos resolver isso juntos. Você sabe para onde está indo e como sua empresa vai ajudá-lo a chegar lá? Porque não está claro para mim. Você pode dizer que seus esforços quase sobre-humanos estão alinhados e focados em qualquer lugar que seja?" Percebendo minha expressão de espanto, ele acrescentou: "Keith, eu sou a primeira pessoa a dizer isso para você?"

Eu sabia que o insight e a sabedoria de Peter estavam certos. Mas ninguém nunca tinha colocado isso para mim tão diretamente. Eu também sabia que a franqueza de Peter, embora difícil de engolir, era um sinal tão forte quanto qualquer outro de que ele investia em meu bem-estar. Era como se ele tivesse me visto me debatendo naquela piscina e se dado ao trabalho de jogar uma corda.

Por alguma razão, me senti completamente seguro e respeitado ao ouvir o que Peter tinha a dizer — não fiquei envergonhado ou na defensiva, mesmo com o Batman me encarando do canto. Fiquei grato, tocado e aliviado. Passei a maior parte da minha vida tentando ser importante para tantas pessoas — não era bom em admitir minhas fraquezas. No entanto, sentado ali, sozinho com Peter, era tudo tão fácil. Ele não estava insinuando que eu era fraco. Apenas humano. Que eu tinha pontos fortes que não estava utilizando e comportamentos com que precisava lidar.

Eureca!

Peter me fez perceber que eu precisava de ajuda. Eu precisava de mais apoio do tipo que Peter estava oferecendo. Não havia como chegar aonde eu sabia que queria estar e desenvolver todo o meu potencial no meu negócio sem isso. Eu não precisava ter medo de baixar a guarda, porque já havia muitas pessoas ao meu redor que me viam pelo que eu era e ainda me respeitavam e se importavam comigo.

A verdade é que tive muitos relacionamentos em minha vida. Mas eu tinha poucos relacionamentos íntimos com pessoas com quem eu pudesse realmente me abrir, compartilhar meus medos, fracassos, metas e sonhos, e pedir ajuda. Comecei a pensar que, como era o chefe e as pessoas me consideravam um especialista, eu deveria ter todas as respostas. Mas nem sempre as tive. Os relacionamentos realmente poderosos que cultivei — minha família, alguns amigos íntimos que tive durante anos — não conseguiram fornecer o tipo de percepção e feedback sobre minha carreira e vida que eu mais precisava ouvir. Eu precisava de pessoas em quem confiasse e que entendessem meus objetivos profissionais. Eu também tive essas pessoas na minha vida! Eu só nunca pedi a ajuda delas. Estava com muito medo de parecer fraco ou falho. Estava francamente envergonhado por alguns dos meus comportamentos. Por que arriscar comprometer a percepção que outras pessoas têm de mim ao admitir minhas fraquezas? Mas, por dentro, eu sabia que estava me enganando se pensasse que elas já não as tinham visto por si mesmas.

Foi então que percebi. Enquanto eu tentava ansiosamente projetar um novo roteiro para alcançar meu melhor desempenho pessoal, tanto eu quanto minha equipe de pesquisadores e consultores da FG já estávamos trabalhando duro para explorar maneiras de sustentar a mudança comportamental para todos os tipos de empresas. A resposta que encontramos foi o poder do suporte ponto a ponto, muito parecido com o suporte que Peter Guber me ofereceu. Era uma área de prática nova e fascinante para a FG, nascida do meu próprio interesse no uso do apoio de colegas em programas de autoajuda altamente bem-sucedidos, como Vigilantes do Peso (que ajudou minha irmã Karen) e os Alcoólicos Anônimos. Um rico conjunto de novos estudos psicológicos e experiências em primeira mão de pessoas como Morrie Shechtman, um consultor, palestrante e autor profundamente perspicaz e maravilhosamente sincero, e o Dr. Mark Goulston, um negociador de reféns e o notável autor de *Get Out of Your Own Way* [sem publicação no Brasil]. (Na verdade, tanto Morrie quanto Mark acabaram se juntando ao nosso instituto de pesquisa na FG.)

E se, supusemos, pudéssemos adaptar o conselho do não faça isso sozinho, que é a base dos programas de doze passos, Vigilantes do Peso e grupos de apoio religiosos, e aplicá-lo no ambiente corporativo? Aproveitar as mesmas metodologias básicas encontradas nos programas de mudança comportamental mais bem-sucedidos do mundo para manter as organizações e os funcionários focados em mudanças positivas e metas específicas? Empoderar as pessoas com as ferramentas para ajudar umas às outras a identificar e resolver problemas que as inibiam pessoal e profissionalmente?

Eureca! Foi um momento triunfante.

A FG começou a facilitar ambientes ponto a ponto dentro de grupos estruturados, como equipes de vendas e equipes executivas. Os retornos foram mensuráveis e quase imediatos, principalmente no entusiasmo renovado dos profissionais e no compromisso de toda a empresa em desenvolver novas habilidades e comportamentos aprimorados. Para nossos clientes, essas melhorias geralmente se refletiam no aumento das receitas em alguns trimestres. Estávamos semeando novas ferramentas e técnicas nas empresas, permitindo que seus funcionários estabelecessem relacionamentos de linha de vida uns com os outros.

Peter Guber me ajudou a ver como eu me sentia sozinho ao tentar resolver meus problemas como gerente e líder. E o trabalho que estávamos fazendo na FG evoluiu para o plano de superar isso — para permitir que os indivíduos usem o poder do suporte ponto a ponto de alguns consultores próximos e confiáveis — para fazer mais, mais rápido e com mais diversão, e para se tornarem mais bem-sucedidos no que fizeram como resultado. Pude ver que minha vida pessoal e profissional nunca estiveram tão alinhadas.

Eu esperava obter mais da opinião e do tempo de Peter. Mas percebi que também precisava de apoio e conselhos de mais pessoas como Peter, pessoas de confiança com quem eu poderia estabelecer relacionamentos de linha de vida. Eu precisava de algumas pessoas-chave em minha vida que me dessem cobertura, com quem eu pudesse conversar sobre qualquer coisa e que me encorajassem e apoiassem, me dessem feedback e perspectiva, me dissessem a verdade mesmo quando fosse uma verdade que eu talvez não quisesse ouvir. Pessoas que iriam me responsabilizar a cada passo do caminho. Eu havia exercido essa função para outras pessoas ao longo dos anos, agora tinha que começar a deixar os outros serem isso para mim. Tive que deixar os outros entrarem mais profundamente.

Por Que Precisamos de Linhas de Vida?

Cada um de nós é um vendedor, líder e empreendedor em busca de respostas. Todos nós trabalhamos duro em nossos empregos e carreiras — e eu incluo os pais e mães que ficam em casa nessa categoria. Somos todos empreendedores de nossas próprias ideias, quer sejamos donos de nossas próprias empresas ou trabalhemos para outra pessoa. Somos todos líderes em nossas próprias vidas — com nossos colegas, com nossos funcionários, com nossos filhos e em nossas comunidades. Cada um de nós é um vendedor de si mesmo e das nossas opiniões, senão de produtos e serviços empresariais. E a maioria de nós se depara com problemas pessoais e profissionais que são grandes demais para serem resolvidos sozinhos. Se quisermos ser tão bem-sucedidos quanto sabemos que podemos ser, precisamos da ajuda de outras pessoas.

Portanto, esteja administrando um país, uma empresa ou uma família, você não consegue saber tudo o que precisa saber para ter sucesso — ninguém consegue. Precisamos do conselho e feedback de pessoas em quem confiamos. É por isso que as mães procuram instintivamente outras mães para obter conselhos sobre escolas e médicos. É por isso que os pais conversam com outros pais sobre escolas, currículos, atividades estudantis, eventos sociais, namoro, adolescentes e coisas do gênero. É por isso que as equipes mais bem-sucedidas vão além dos sonhos individuais mais loucos de cada membro da equipe. É a razão pela qual os presidentes criam "gabinetes paralelos". Alcançar e conectar-se com outras pessoas não aparece no currículo da maioria das escolas de negócios. Mas um dia aparecerá.

Aqui estão oito coisas que são claras para mim:

1. O coaching de vida, com seu título nebuloso de autoajuda, recebe mais do que seu quinhão de zombarias na mídia e em outros lugares. Mas olhe além do ceticismo sarcástico e você encontrará um mercado de coaches executivos, de vida e de carreira de quase US$3 bilhões. E que está crescendo a uma taxa de 25% ao ano! Uma grande indústria surgiu repentinamente para preencher um vácuo de relacionamento. Como sociedade, clamamos por mais comunidade, mais ajuda, mais conselhos e apoio. Como indivíduos, estamos procurando relacionamentos de linha de vida em qualquer lugar onde possamos obtê-los, mesmo que tenhamos que comprá-los. Este é um problema que não vai desaparecer.

2. A maioria das organizações permanece entrincheirada no status quo. E o status quo geralmente é uma estrutura hierárquica em que a comunicação é descendente, linear e unidirecional, da gerência para baixo. Mas a comunicação real e sincera — comunicação que gera relacionamentos abertos e honestos — é quase impossível se baseada em tal comunicação unilateral.

   Diretivas de cima para baixo podem ter funcionado bem quando os funcionários eram engrenagens da fábrica e o trabalho girava em torno da eficiência. Mas a maioria de nós não faz mais o trabalho de engrenagem. Na era da informação, o sucesso tem menos a ver com eficiência do que com eficácia — ou seja, a capacidade de fazer as coisas certas, e não apenas a capacidade de fazer as coisas corretamente.

   Aqueles que têm alguns relacionamentos próximos e profundos são capazes de obter feedback, perspectiva e informações que são a força vital dos tomadores de decisão eficazes. Quanto melhor você se tornar na construção desses relacionamentos, melhor será no que faz e mais valor irá agregar, quer trabalhe dentro ou fora de uma organização.

3. Uma mudança sísmica está em andamento à medida que indivíduos apaixonados, empoderados pela tecnologia, se unem para formar "tribos" *ad hoc* capazes de lidar com todos os tipos de projetos. A Internet tem fornecido as ferramentas para compartilhar e cooperar em escala global.

Para onde quer que você olhe, pode ver pessoas reunidas em torno de interesses comuns para trabalhar juntas, para fazer mudanças, para agir. O potencial para transformar o local de trabalho, a sociedade e a economia é revolucionário. E os que desempenharão o papel principal serão aqueles com as habilidades e comportamentos sobre os quais falo neste livro.

4. A Internet é uma ferramenta importante, mas não é a resposta. Há uma explosão de novos sites disponíveis para ajudar a conectar as pessoas. Ning, Meetup, Twitter, LinkedIn, Facebook... A lista não tem fim. Agora existem inúmeras maneiras de nos coordenar e nos conectar, mas "conexões" não são linhas de vida. Temos mais "amigos" online do que nunca, mas ainda estamos extremamente sozinhos. Em 1985, o americano médio tinha três pessoas a quem confiar assuntos importantes para ele. De acordo com um estudo de 2006 da American Sociological Review. Esse número já caiu para dois. Mais de 25% dos americanos admitem não ter nenhum confidente.

5. Considerando o vácuo de gerenciamento de linha de frente qualificado e eficaz nas empresas de hoje, executivos, gerentes e funcionários que são proativos em encontrar uma equipe de consultores para ajudá-los a fornecer feedback e treinamento, responsabilidade e suporte são aqueles que florescerão no ambiente desafiador de hoje. Eles também economizarão muito tempo e dinheiro para suas empresas por serem mais informados, perspicazes, produtivos e inovadores. Esses relacionamentos de linhas de vida estão preparados para assumir riscos e falar abertamente uns com os outros, alimentando o intercâmbio criativo do qual brotam novas ideias.

6. A maioria das pessoas quer mais do trabalho hoje em dia do que apenas um contracheque. Caramba, a maioria de nós deseja mais da vida. Como em nenhum outro momento da história, as pessoas estão levando mais a sério a busca por um sentido para o seu trabalho.

   Não há maneira mais fácil ou mais eficaz de obter esse sentido em nossos empregos e de tornar o trabalho agradável novamente do que criar relacionamentos de linha de vida. Em seu livro *O Poder da Amizade*, o autor Tom Rath cita uma pesquisa da Gallup Organization que atesta o fato de que as pessoas que têm um melhor amigo no trabalho têm sete vezes mais chances de estarem engajadas em seus empregos. Sim, são sete vezes. Essas pessoas não são apenas mais alegres e mais aptas a inovar, assumir riscos, colaborar e compartilhar ideias novas e ousadas, mas seus clientes também são mais engajados. Na verdade, se você tem, no trabalho, amigos íntimos que respeita, o nível de satisfação de seus funcionários aumenta em 50% (você fica mais feliz com seus benefícios e também com seu contracheque).

E isso também é bom para o seu empregador. Um estudo de 55 equipes de negócios globais de alto desempenho em quinze empresas globais, conduzido para um artigo de 2007, *Eight Ways to Build Collaborative Teams*, da *Harvard Business Review*, descobriu que laços sociais profundos eram o principal indicador do sucesso da equipe. Os outros dois? Iniciativas formais para fortalecer relacionamentos e líderes que investem tempo para construir relacionamentos sólidos com suas equipes.

Mas as empresas não têm feito muito esforço para promover esses tipos de amizades e relacionamentos até o momento. Cada uma dessas empresas, no entanto, é uma tribo esperando para acontecer, um grupo de pessoas famintas por serem transformadas por alguns relacionamentos de linha de vida.

7. Para os negócios, uma iniciativa não é senso comum, a menos que gere dólares e centavos. Há um punhado de empresas com visão de futuro que incentivam formalmente os funcionários a estabelecer relacionamentos de linha de vida, como discutirei mais adiante. De resto, a falta de atenção delas tem um preço: de acordo com um estudo de 2004 da Deloitte Research (na verdade, um grupo que iniciei quando trabalhava lá), o custo anual do desencanto dos trabalhadores nos Estados Unidos é de impressionantes US$350 bilhões, e se aproxima de meio trilhão de dólares globalmente. As empresas americanas investem US$50 bilhões anualmente em treinamento de liderança. Um relatório publicado pela empresa de consultoria Booz Allen Hamilton (agora Booz & Company) resume claramente a situação: executivos seniores em todos os setores e regiões lamentam a incapacidade de execução de suas organizações. À medida que as empresas crescem em escala e escopo em um ambiente global, de demandas cada vez mais rigorosas das partes interessadas, o custo da complexidade necessariamente aumenta e a capacidade de alinhamento e adaptação invariavelmente diminui.

Ou seja, no que diz respeito ao treinamento de liderança, a perda supera o investimento em sete para um. O que confirma minha opinião de que a maioria dos treinamentos de liderança erra completamente o alvo. De acordo com *O Poder da Amizade*, de Tom Rath, apenas 18% das pessoas trabalham para organizações que oferecem oportunidades de vínculo social no local de trabalho. Na verdade, muitas empresas proíbem a prática. É por isso que criamos um conjunto de regras formalizadas para mostrar como isso pode ser feito.

Umas poucas empresas criaram regras definitivas contra a "confraternização" de funcionários. Porém, mais empresas involuntariamente desencorajam o trabalho em equipe e o apoio mútuo por meio de políticas equivocadas. Mas as empresas e os indivíduos que rejeitam o apoio mútuo estão indo contra a corrente da pesquisa — e do puro bom senso.

8. E, finalmente, a mamãe sabe das coisas! À medida que eu e minha equipe nos aprofundamos cada vez mais em nossa pesquisa sobre grupos de apoio ponto a ponto, de repente começamos a ver sua marca em todos os lugares. Dos gabinetes paralelos de FDR e JFK1 a grupos de apoio em porões de igrejas e exemplos impressionantes de chefes bem-sucedidos e suas equipes de alto desempenho nas capas de revistas nacionais, vimos grupos ajudando a fornecer apoio e conselhos para melhorar a vida de outras pessoas, todos os dias.

   Lembrei-me do grupo de carteado da minha mãe em Latrobe. Originalmente, era composto por oito mulheres que se reuniam regularmente todos os meses. Nos últimos 43 anos, elas compartilharam seus sonhos para suas famílias, suas alegrias e dificuldades em seus casamentos, suas frustrações para fechar as contas. Quando liguei para mamãe para perguntar sobre seu grupo, ela me disse que elas estavam apenas falando sobre como estavam zangadas com o tamanho crescente do espaço vazio no centro de um rolo de papel higiênico — não exatamente o que eu esperava!

   Claro, elas fizeram muito mais uma pela outra do que lamentar o preço do papel. Aquelas senhoras ajudaram umas às outras durante o câncer, doenças cardíacas e a morte de duas membras,

---

1 [N. do T.] Franklin Delano Roosevelt e John Fitzgerald Kennedy, ex- presidentes dos EUA.

"Tia" Rita e "Tia" Ruth, dando e recebendo amor e apoio umas das outras ao redor da mesa de carteado. Não consigo expressar o quanto estou feliz por mamãe ter tido um grupo assim ao longo dos anos, especialmente desde que meu pai faleceu.

Construindo Meu Próprio Círculo Íntimo

Logo depois que Peter deu seu chute no meu traseiro, eu estava ansioso para obter feedbacks sobre como mudar meu negócio e minha vida. Resolvi ligar para Greg Seal, meu antigo chefe da Deloitte. Por alguma razão, parecia adequado entrar em contato com Greg primeiro. Embora o apelido de Greg na Deloitte fosse "o Martelo", eu me senti seguro em procurá-lo para pedir ajuda. Greg entendia meus negócios em geral, se importava comigo e ficaria tão feliz em ouvir minha voz quanto eu em ouvir a dele.

Greg morava a um curto voo de distância, em São Francisco, e estava prestes a se aposentar da Deloitte. Passei apenas alguns anos tendo Greg como meu chefe formal. Mas, durante todo o meu tempo na Deloitte, ele foi um dos meus mentores mais fortes. Eu também sabia, por experiência, que ele jamais iria tapar o sol com a peneira.

Quando Greg atendeu, deixei escapar: "Greg, preciso da sua ajuda". Eu estava nervoso demais — afinal, não queria perder o respeito de Greg, admitindo que sentia que estava falhando em minha vida. Mas tinha ainda mais medo de perder a coragem se não fosse direto ao ponto. "Você sabe que estou transformando a FG no que espero que seja uma empresa de consultoria e treinamento de classe mundial — basicamente a mesma coisa que você ajudou a construir e liderar na Deloitte, mas em uma escala muito menor. E honestamente, tem sido uma luta, Greg. Percebi que não estou agindo como um bom gerente. Não tenho certeza se estou sendo um bom líder. Como posso ser tão bom em ajudar a aconselhar os outros e ser tão ruim em ajudar a mim mesmo?"

Conversamos por cerca de dez minutos, então Greg disse o que eu esperava que ele dissesse: "Keith, parece que precisamos de um jantar longo e lento e uma garrafa de vinho tinto."

Não pude deixar de sorrir, pois essa era a solução de Greg para todas as decisões importantes da vida que precisavam ser discutidas. Ele me ensinou que tudo, mesmo os negócios, sempre se resume a pessoas e relacionamentos, e isso demanda tempo.

Então Greg e eu marcamos uma data.

Não foi tão ruim assim, pensei quando desliguei. Eu tinha acabado de dizer a uma das pessoas que mais respeitava, um antigo mentor que admirava mais do que qualquer pessoa no mundo e cujo respeito significava tudo para mim, que sentia que estava falhando como empreendedor. Foi difícil para mim admitir isso para Greg? Pode apostar que sim. Mas também senti, em meu íntimo, que Greg, como sempre, me apoiaria.

Não muito tempo depois disso, eu estava em um jantar conversando com um homem chamado Bob Kerrigan. Durante o jantar, Bob mencionou que havia lido meu livro e começou a fazer algumas perguntas bastante penetrantes sobre mim, minha filosofia e até mesmo meu negócio — perguntas que podem parecer intrusivas para alguns. Mas por causa de tudo o que eu estava passando, eu as acolhi. Bob tinha a mesma habilidade que Peter de fazer uma pessoa se sentir completamente à vontade em cerca de três segundos — ou talvez eu estivesse finalmente pronto para ouvir o que as outras pessoas estavam dizendo.

Fiquei impressionado com a franqueza de Bob — odeio conversa fiada. Normalmente, sou eu quem conduz essas conversas, mas, desta vez, era eu quem estava no banco do passageiro. Foi um alívio, na verdade.

A certa altura, Bob me perguntou até mesmo sobre dinheiro — algo que ele tinha de sobra (Bob dirige uma importante empresa de serviços financeiros há três décadas). Eu sempre ganhei um bom dinheiro — não conseguia me lembrar de um ano em que não trouxesse muito para casa pelos padrões de qualquer um —, mas sempre tive medo de que meu chão desabasse algum dia e eu ficasse sem uma rede de segurança. Ainda assim, ignorando essas questões, esbanjei muito dinheiro ao longo dos anos. Eu costumava dizer que desde que o cartão entrasse e o dinheiro saísse, eu estava feliz. Posso ter gostado de pensar em mim como um cara disciplinado, mas claramente não estava entendendo a história toda.

As finanças de nossa empresa também estavam um pouco confusas porque eu gastava muito pouco tempo cuidando delas. Meu departamento de contabilidade naquela época consistia em um cara muito inteligente, mas inexperiente, que contratei logo após a faculdade para ser uma combinação de assistente pessoal e gerente de escritório. Provavelmente perdemos US$100 mil em despesas não cobradas apenas no primeiro ano, graças à minha gestão financeira desleixada! (Questões de dinheiro, como descobri mais tarde, raras vezes "só" têm a ver com finanças. No final, dinheiro tem tudo a ver com autoestima e respeito próprio.)

Bob certamente sabia que esse tipo de comportamento era um sinal de algo muito mais profundo — e, gentilmente, começou a puxar esse fio. "Com que frequência você olha seus livros de contabilidade, Keith?"

"Tenho alguém internamente, meu assistente, mas isso não está dando muito certo", respondi casualmente.

"Você está ciente do seu DSO[2]? Qual é o número total? Você está atingindo as metas para cumprir seu plano? Você acompanha de perto seu fluxo de caixa?"

Isso era conversa de jantar? Eu, literalmente, ri alto.

Tantas perguntas, tão poucas respostas. Mas, por algum motivo, não me senti julgado. Eu estava envergonhado? Claro, mas não achei que Bob pensasse mal de mim — ele só queria ajudar. Junto com Peter e Greg, Bob estava baixando uma corda para que eu pudesse agarrá-la.

"Bob", eu disse finalmente, "não posso dizer o quanto isso é emocionante para mim. Obrigado. Eu precisava disso. E eu adoraria conversar mais. Podemos nos encontrar para almoçar no próximo fim de semana?"

"Que tal um bom e longo jantar esta semana?" Incrível — ele soava exatamente como Greg.

Bob e eu nos encontramos conforme planejado no final daquela semana e continuamos a nos encontrar pelo menos uma vez por mês a partir de então. Cada vez que nos encontrávamos, ele me dava um dever de casa, que eu levava para o escritório para discutir com meu pessoal do financeiro. Bob me encorajou a trazer ao time um controlador em tempo integral, o que eu fiz. Como resultado de nossas conversas, dei os retoques finais no navio que era a FG. Mas, naturalmente, nossas conversas não eram sobre mim. Cada vez que nos encontrávamos, discutíamos a

2 [N. do T.] O DSO, ou *"Days Sales Outstanding"*, é um indicador que mede a quantidade média de dias que uma empresa leva para receber uma venda. Utilizado por especialistas de crédito e investidores, o DSO é fundamental para avaliar a capacidade de uma empresa em converter o Contas a Receber em dinheiro.

vida de Bob, seus próprios sonhos e desafios. Também dei a ele deveres de casa, assim como ideias e perspectivas.

Com Peter (a princípio um amigo casual), Bob (um encontro fortuito) e Greg (um ex-chefe e mentor), eu agora tinha três relacionamentos incríveis para me guiar, me encorajar, me ajudar a ser aberto e sincero — três pessoas que se ofereceram para ser generosas com seu tempo, me responsabilizar e me ajudar a atingir todo o meu potencial. Eu tinha minha própria tribo protetora de olho em mim — e eu de olho neles.

Todos nós tendemos a acreditar que tais momentos e essas pessoas entram em nossas vidas por acaso, e raramente. Mas, eu garanto a você, eles não precisam ser aleatórios ou raros. Como descobri, podemos criar proativamente esses relacionamentos transformadores e as mudanças positivas que eles conduzem em nossa vida cotidiana e no local de trabalho. Esse tipo de suporte pode ser seu amanhã.

Então, o que aconteceu na minha vida como resultado desse suporte?

Para começar, tripliquei os ganhos da minha empresa em um ano. Rapidamente, expandimos essa prática para nossa equipe na FG — desde o colaborador iniciante até a equipe de vendas e minha equipe sênior. Comecei a me abrir com meus colegas, primeiro com alguma hesitação e depois com mais ousadia. Não apenas aprendi a delegar melhor e com mais frequência, mas também trouxe uma nova gerência sênior que permite que minha empresa tenha negócios inteiros sendo executados sem o meu envolvimento. Estou trabalhando menos e ganhando mais.

Em resposta aos resultados mensuráveis que estávamos experimentando em nosso trabalho corporativo e dentro da FG, formamos o Greenlight Research Institute, um think tank dedicado a estudar como melhores relacionamentos no local de trabalho e entre os clientes podem levar a mais vendas, evangelização do cliente, maiores pontuações de engajamento, menor rotatividade de recursos-chave, aumentos mensuráveis na produtividade e inovação perceptível por meio de uma tomada de riscos mais saudável — sem mencionar uma liderança mais atenciosa e conectada que abriu o caminho para um ambiente de trabalho melhor para todos.

E as conquistas não pararam para nós, nem para nossos clientes e seu pessoal. O apoio de um círculo próximo de amigos e colegas continua a definir, enriquecer e encorajar minha trajetória profissional. Sinto-me mais feliz e realizado. Não entro mais em pânico ou fico com raiva por causa de decisões importantes que foram pro brejo. Recuperei o controle da minha vida, tanto pessoal quanto profissionalmente. Agora vivo minha vida com a ajuda, o suporte e os conselhos de um grupo próximo de consultores em quem confio e a quem respeito e admiro, que estão a apenas um telefonema ou uma visita ao escritório de distância.

Não é de surpreender que meu relacionamento com minha equipe tenha melhorado 250%. (Não sei por que tirei esse número do nada, deixe-me apenas dizer que, finalmente, somos o time que sempre desejei.) É claro que esse novo ambiente não significa que conflitos e contratempos não ocorram. Ocorrem. A diferença é que agora, quando vêm à tona, são sanados com rapidez, sinceridade e em equipe.

Hoje, meu escritório — recentemente nos mudamos para um prédio muito maior, com muito espaço para crescimento — é um refúgio para mim, em vez de uma fonte de preocupação.

A Ferrazzi Greenlight está no caminho de ir além de todos os meus sonhos.

Quatro Maneiras Pelas Quais os Relacionamentos de Linha de Vida Ajudarão Você

Há uma boa chance de você já ter experimentado o poder e o potencial dos relacionamentos de linha de vida em algum momento. Imagine alguns dos atributos dos melhores chefes que você já teve — o tipo de chefe que o incentiva, que lhe dá espaço para crescer, que aprecia seus esforços, que não microgerencia, mas orienta seu desenvolvimento com sabedoria e que lida com seus deslizes com firmeza, compreensão e franqueza. Ou pense naquele bom amigo ou membro da família que largou tudo para estar ao seu lado em um momento crítico de sua vida e não o deixou fracassar. Imagine aquele colega de trabalho que se arriscou por você e cuja influência ainda o toca hoje.

Se você já teve uma pessoa importante ou um grupo de pessoas em sua vida que o guiou na direção certa — mesmo que tenha tido apenas uma amostra disso —, sabe o que quero dizer. E você pode ter mais disso em sua vida — agora mesmo!

Como esses relacionamentos o beneficiarão? Aqui estão quatro maneiras pelas quais acredito que os relacionamentos de linha de vida são cruciais:

1. Para nos ajudar a identificar o que o sucesso realmente significa para nós, incluindo nossos planos de carreira de longo prazo.
2. Para nos ajudar a descobrir o plano mais robusto possível para chegar lá, por meio de metas e estratégias de curto prazo que nos amarrariam se tentássemos seguir sozinhos.
3. Para nos ajudar a identificar o que precisamos parar de fazer para seguir em frente em nossas vidas. Estou me referindo às coisas que todos fazemos que nos impedem de alcançar o sucesso que merecemos.
4. Ter pessoas ao nosso redor comprometidas em garantir que sustentemos a mudança para que possamos transformar nossas vidas de boas em excelentes.

Mentores e Linhas de Vida

Embora eu acredite que os mentores são essenciais para todos os indivíduos bem-sucedidos, há uma distinção importante entre mentores e relacionamentos de linha de vida. A relação de mentoria é, em essência, entre mestre e aprendiz. O mentor generosamente compartilha conhecimento, contatos e toda a sabedoria de sua experiência com um aluno ansioso e merecedor. Certamente não é um relacionamento de mão única — há muitas maneiras pelas quais o aluno retribui —, mas o equilíbrio da autoridade pende fortemente para o mentor.

Um relacionamento de linha de vida é aquele entre iguais, entre pares, entre indivíduos que podem ser parceiros de luta e confidentes.

Claro, nenhum relacionamento é estático. Lembre-se de mim e Greg. Com o tempo, à medida que você cresce pessoal e profissionalmente, o melhor de seus mentores pode se tornar uma linha de vida.

Agora, Vamos Começar

Você está no auge da sua forma? Está buscando uma vantagem adicional? Sente-se preso ou fora de equilíbrio? Você já suspeitou que foi colocado na Terra para realizar algo único, mas não tem certeza do que é ou de como chegar lá? Apesar de suas realizações, às vezes você se vê pisando em seus próprios cadarços ou atrapalhando seu próprio caminho? Você está pronto para superar seus obstáculos autoimpostos? Você se sente sozinho em suas atividades? Seus relacionamentos são tão ricos quanto poderiam ser? Um pouco mais de disciplina o ajudaria? Não seria ótimo ter pessoas que o apoiassem e estivessem ao seu lado, em sua carreira e em sua vida pessoal? Você está pronto para ir além da mediocridade para o sucesso máximo?

Neste livro, você conhecerá inúmeras pessoas que alcançaram o sucesso graças à ajuda e à contribuição de um círculo próximo ou de um grupo de consultores. A evidência do poder de tais relacionamentos de linha de vida é impressionante. De funcionários de cidades pequenas a empresários, empreendedores e indivíduos, milhões de pessoas em todo o mundo receberam ajuda para alcançar seus objetivos e superar seus desafios por meio do poder de outras pessoas.

Vamos esclarecer uma coisa: o conceito de buscar apoio de outras pessoas não significa mudar quem você é. Trata-se de obter a ajuda e o conselho de outros para ajudá-lo a se tornar quem você pode ser. Esse tipo de suporte e feedback ponto a ponto é a chave, muitas vezes não reconhecida, por trás das realizações de tantas pessoas de alto desempenho com quem entro em contato todos os dias. Estou convencido de que é o segredo por trás de cada um de nós alcançar todo o nosso potencial em nossas carreiras, negócios e vidas pessoais.

Tudo que você precisa é de três pessoas para mudar sua vida para melhor. É isso — apenas três pessoas. (Ah, e é muito provável que elas não sejam as três pessoas que provavelmente vieram à sua mente!)

Vou ajudá-lo a pensar estrategicamente sobre as pessoas que você deve querer em seu círculo íntimo. Depois de estabelecer um lugar seguro com um grupo de consultores de confiança, você descobrirá que começará a correr mais riscos, tanto individualmente quanto dentro de seu grupo e em sua empresa.

Aqui está outra garantia: você ficará tão encorajado pelo sucesso que terá nos estágios iniciais desse processo que desejará fazer ainda mais. Como posso integrar isso de maneira mais completa e formal em minha vida e compartilhá-lo com outras pessoas? — você se perguntará, seja em sua empresa, em sua casa, em sua família estendida, em sua igreja ou em sua comunidade. Você se tornará, como eu, um embaixador dos Quatro Mindsets que constituem a base de tais relacionamentos, sobre os quais falarei em breve.

Foi o que aconteceu comigo. Minha esperança mais profunda é que eu possa ajudá-lo a alcançar seus sonhos na vida também.

Portanto, seja você médico, executivo, gerente de linha de produção, artista autônomo, mãe em tempo integral ou simplesmente alguém que deseja viver sua melhor vida possível, mostrarei como criar seu próprio Time dos Sonhos para ajudá-lo a romper suas próprias barreiras pessoais e começar a alcançar o sucesso e a realização que todos nós deveríamos desfrutar.

Vamos todos seguir em frente — juntos.

SEÇÃO DOIS

os quatro mindsets

Criando uma base para relacionamentos de linha de vida

O Poder da Intimidade

Algumas pessoas me dizem: "Keith, você não pode fabricar relacionamentos próximos e íntimos. Eles têm que acontecer naturalmente." Bem, dado o quão medrosa e cautelosa a maioria das pessoas é, se esperarmos que essas amizades simplesmente aconteçam, elas nunca acontecerão, e muitos de nós não terão nada além de um monte de conhecidos em nossas vidas.

Depois que *Jamais Coma Sozinho* saiu, tive a coragem, cada vez mais, de apresentar o "verdadeiro Keith" em minhas palestras pelo país. Comecei a correr mais riscos. E comecei a achar mais fácil me abrir com estranhos, primeiro em um grande público, depois entre meus amigos e, finalmente, entre meus clientes e associados da FG.

Certa vez, no início de minha experiência como palestrante, munido de meus novos insights, eu estava em Houston dando uma palestra com várias outras pessoas. Um orador muito mais conhecido do que eu na época, estava sentado ao meu lado na hora do almoço, e eu perguntei a ele como ele achava que minha palestra naquela manhã tinha ido. Como a maioria dos pesos-pesados, ele não tinha medo de expressar sua opinião.

"Não seja tão aberto", ele aconselhou.

Fiquei surpreso, como mostrava minha expressão. Aquilo não era o que eu esperava, ou imaginava, ouvir. Eu realmente respeitava esse cara e, como disse, era novo no circuito de palestras.

"As pessoas na plateia são como formigas", continuou ele. "Elas só querem nos seguir e saber o que fazer. Elas não querem ver a humanidade em nós. Elas nos querem em nossos pedestais. Não desça dele."

Agradeci a opinião dele e voltei para a minha salada. Também resolvi, naquele momento, não mudar de rumo. Eu sabia, instintivamente, pela reação que estava recebendo do público, que era um orador melhor por isso, e certamente sabia o quanto me sentia melhor comigo mesmo.

Para ser justo, esse cara é realmente um orador fantástico — sempre dou boas risadas e aprendo muito com ele toda vez que o vejo — e seu conselho para mim foi a sabedoria geralmente aceita. No entanto, uma semana depois, recebemos as pontuações de classificação do público do evento (os planejadores de eventos gostam de saber que seu dinheiro está valendo a pena) e fiquei muito acima dele. Na verdade, minha palestra foi a mais bem avaliada que esse organizador já tinha visto. Não estou dizendo isso para me gabar— já aprendi essa lição —, mas para enfatizar que todos reagimos a outras pessoas que são sinceras, abertas e genuínas. E eu consegui fazer isso no palco, na frente de milhares de pessoas, em menos de meia hora.

A intimidade com os outros pode ser criada em instantes — no palco, na frente de um novo cliente, com alguém que você não conhece em uma festa, até mesmo sentado ao lado de um estranho em um avião. Também pode ser trazida para relacionamentos preexistentes pelo poder da generosidade, vulnerabilidade e franqueza. Além disso, estabelecer tais relações faz parte de nossa herança.

Está no Nosso DNA

No ano passado, voltei para a Pensilvânia quando minha tia Rose estava morrendo. Eu segurava a mão dela quando ela faleceu. Estar lá me fez sentir quase indescritivelmente próximo a ela e à minha família. Estava nevando lá fora quando saí do hospital, e aquelas casinhas de mineiros de carvão da minha infância pareciam quentes e reconfortantes. Quatro horas antes, eu estava olhando para essas mesmas casas com desdém, pensando em como tive sorte por ter escapado de Latrobe. Meu pai sempre me encorajava a bater minhas asas: "Keith, quero algo melhor do que isso para você..."

Mas a experiência de estar com minha tia em seus últimos momentos e estar com a família que eu amava ajudou a me reconectar com os sentimentos da minha infância.

Aquele tinha sido o primeiro lugar seguro da minha vida. Foi uma descoberta estranha para mim, porque passei toda a minha vida tentando me libertar da pequena cidade em que cresci; sempre senti que ela me segurava, me cercando. Mas, naquele momento, eu me voltei emocionalmente para casa, e foi maravilhoso. Eu havia me reintegrado emocionalmente à minha "tribo". Percebi que isso não acontece com frequência na minha vida. Nem, eu suspeito, na vida de outras pessoas. Mas pode acontecer. Nós podemos ajudar a fazer isso acontecer.

É uma situação triste que cada vez mais de nós dependamos tanto do momento do nascimento, do casamento ou da morte para sair de nossas vidas ocupadas e determinadas para satisfazer nossa fome de estabelecer relacionamentos profundos uns com os outros. Aqueles momentos "tribais" em que nos conectamos mais profundamente com os outros, quando a vida aparentemente se torna mais significativa e adquirimos temporariamente um sentimento de pertencimento, devem fazer parte do nosso cotidiano. Temos o poder de fazer isso por nós mesmos, sem esperar que alguém que amamos tenha um filho ou esteja em crise.

Esquecemos que, quando nos reunimos em torno de um propósito comum, "conectados um ao outro, a um líder e a uma ideia", como Seth Godin coloca em *Tribos*, cada um de nós se torna capaz de realizar mais do que sozinho. Não apenas porque temos uma infraestrutura de apoio, mas porque cada tribo cria relacionamentos de linha de vida, e é por meio desses relacionamentos que nos tornamos conscientes do que há de único em nós. Essa consciência vem do feedback mútuo que damos uns aos outros — um processo que forma a base dos relacionamentos de linha de vida. Embora todos saibamos e entendamos o básico de tais respostas e comentários pessoais, a maioria de nós não está ciente do papel incrivelmente poderoso que eles podem desempenhar em nossas vidas.

As Consequências de uma Vida Sem uma Tribo

Todo sistema vivo mantém seu equilíbrio interno, harmonia e ordem por meio de sua capacidade de adaptação e evolução pelos dos feedbacks que recebe. No mundo natural, há um ciclo constante de feedbacks entre os organismos e seu ambiente para que os organismos biológicos mantenham a estabilidade e se autorregulem conforme surgem novas circunstâncias. É uma dinâmica darwiniana em constante mudança — quanto melhor o feedback, melhor um organismo pode se regular e melhores são suas chances de sobrevivência.

O mesmo se aplica às pessoas. Obter um bom feedback dos outros nos ajuda a ficar mais conscientes do que estamos fazendo bem e do que não estamos, desde o prático (avaliando nossos pontos fortes e fracos) até o espiritual (o que realmente nos faz felizes).

Uma razão para o avanço das tribos entre nós é a eficácia delas em facilitar relacionamentos. No livro de 1995 *The Psychology of Helping and Altruism* [sem publicação no Brasil], David Schroeder e seus colegas pesquisadores demonstraram que o conceito de ajudar uns aos outros — o que os autores chamam de "a norma da reciprocidade" — existe em todas as culturas do mundo.

Ou seja, o conceito de apoio mútuo realmente faz parte do nosso DNA.

Em um fascinante teste de 2008 envolvendo quatro pares de macacos-prego fêmeas, pesquisadores do Living Links Center, da Emory University, descobriram que os macacos sentiam uma onda de prazer ao compartilhar sua comida com outras macacos. Eis como funcionou: os pesquisadores permitiram que um macaco de cada par escolhesse uma ficha que (a) recompensaria apenas o macaco que tinha a ficha com uma guloseima ou (b) recompensaria os dois macacos da dupla com uma guloseima. Os macacos favoreciam sistematicamente a opção pró-social, desde que seu parceiro fosse familiar, visível e recebesse recompensas de igual valor. Em outras palavras, observar outro macaco receber comida era satisfatório ou gratificante para eles.

Os pesquisadores enfatizaram que os macacos eram mais propensos a compartilhar quando sentiam laços pessoais estreitos. Eles concluíram que "a empatia aumenta tanto em humanos quanto em animais com proximidade social".

No fundo, pessoas de todo o mundo, do Tennessee a Timbuktu, compartilham a mesma necessidade básica de conexão humana. Mas se buscar e engajar-se pelo apoio dos outros é nossa condição natural, nossa evolução cultural seguiu um caminho diferente. Fatores culturais criam divisão, tanto entre as nações quanto dentro de nossas próprias comunidades, à medida que tentamos ampliar o círculo de pessoas em quem confiamos.

Muitas vezes, fui acusado de tentar fazer com que os americanos agissem mais como italianos (o país de origem da minha família é a Itália). Os italianos colocam os relacionamentos — e os quatro mindsets básicos que discutirei nesta seção — na vanguarda de suas transações comerciais. Compare isso com o mundo dos negócios nos Estados Unidos. Embora os americanos possam ser socialmente mais abertos e extrovertidos, aos olhos de grande parte do mundo estamos mais desconectados uns dos outros e menos propensos a ter relacionamentos íntimos do que nossos colegas na Europa ou na Ásia. (Lembre-se, não estamos falando sobre o que acontece dentro de nossas casas ou com amigos próximos, mas sim em nossos círculos mais amplos — nossos bairros, nossas empresas etc.) Nos negócios, os americanos são normalmente vistos como apressados demais para cumprir a agenda.

Há uma grande diferença entre as culturas do Leste Asiático (chinesa, coreana e japonesa) e as culturas ocidentais com relação à independência e interdependência, de acordo com Shinobu Kitayama, Hazel Markus e Dick Nisbett, da Universidade de Michigan. Os asiáticos orientais tendem a ser muito mais interdependentes em seus pensamentos e valores do que seus pares ocidentais. Ou seja, os asiáticos orientais estão mais conscientes de sua interconexão com os outros e tendem a entender o "eu" conforme ele se relaciona e é definido por outras pessoas. No Ocidente, por outro lado, tendemos a ser mais firmemente independentes e mais focados nos direitos e habilidades do indivíduo.

Essa diferença entre as duas culturas se revela de diferentes maneiras. Por exemplo, os pesquisadores mostraram que, no Ocidente, tendemos a ser vítimas do que é conhecido como "erro de atribuição fundamental" — presumimos que as ações de uma pessoa são determinadas principalmente pela personalidade e pela mentalidade, em oposição às forças sociais ou ambientais.

Em um famoso estudo de 1967, pediu-se aos participantes que lessem ensaios apresentando argumentos a favor e contra o líder cubano Fidel Castro. Na verdade, os redatores jogaram uma moeda para decidir quem argumentaria a favor ou contra. No entanto, mesmo quando os sujeitos foram informados de que os ensaístas receberam a posição que tinham para argumentar, os sujeitos ainda acreditavam que, em média, os escritores que escreveram os argumentos pró eram fundamentalmente mais positivos em relação a Castro.

Esse viés em nosso pensamento no Ocidente tem implicações muito fortes para os negócios. Se um vendedor, por exemplo, não conseguir um novo cliente, nossa reação típica seria culpar o vendedor — ele não deve ser muito bom no que faz, certo? Alguém de uma cultura do Leste Asiático, por outro lado, pode pesar mais fortemente o efeito do clima econômico lento, ou a decisão do cliente, ou a força da concorrência

Nisbett e seus colegas sugerem que essas diferentes perspectivas remontam às primeiras civilizações grega e chinesa. Enquanto a civilização grega favorecia o individualismo, a lógica e o pensamento analítico, a civilização chinesa enfatizava o pensamento dialético, o holismo e a agricultura coletiva.

Não é difícil ver exemplos culturais que reforçam essas ideias. Desde a famosa estátua equestre do imperador Marco Aurélio no Campidoglio de Roma até a Declaração da Independência Americana, os ocidentais há muito valorizam o heroísmo individual, a invenção e a realização. Por outro lado, os japoneses têm um ditado: "O prego que sai é martelado de volta." Destacar-se como indivíduo, na sociedade japonesa, não é visto de modo positivo, mas como algo que precisa ser corrigido.

Acredito que é hora de nós, no Ocidente, voltarmos ao DNA de nossa comunidade. Nossos valores culturais mudaram muito em direção ao isolamento e, em muitos casos, anularam nossa tendência natural como seres sociais.

Demasiadas vezes, descobri, estamos separados um do outro, tanto em casa quanto no local de trabalho. (Certamente eu também!) Muitas pessoas tentam fazer as coisas sozinhas. Posso entender o porquê. Na cultura de hoje, enfatizamos demais o indivíduo em detrimento do trabalho em equipe e da colaboração. A mídia nos conta histórias e mais histórias de superastros políticos, esportivos e de negócios — superempreendedores que aparentemente alcançaram seus objetivos sozinhos, seguindo uma visão brilhante, mas solitária. Muitas vezes, ficamos com a sensação incômoda de que aqueles que precisam ou procuram ajuda são, de alguma forma, fracos, carentes de confiança ou insuficientes. O resultado é que muitos de nós perdemos o rumo ou vacilamos e tropeçamos no caminho para o topo.

Temos medo de nos abrir até mesmo para nossos amigos mais próximos, quanto mais para nossos colegas de escritório. Vemos a vulnerabilidade e, ocasionalmente, até mesmo a bondade absoluta, como um sinal de fraqueza. Guardamos nossas opiniões, nossos segredos e nossos medos para nós mesmos. A honestidade é vista como algo arriscado, um campo minado, algo com que os outros não conseguem lidar (enquanto, na maioria das vezes, somos nós que estamos com medo). Então, em vez de dizer às pessoas o que pensamos na cara delas, falamos em círculos.

O resultado? Em vez de dar conselhos sinceros, fofocamos, falamos indiretamente, fazemos política ou usamos outros colegas e amigos como nossos mensageiros secretos. É como se ainda estivéssemos no ensino médio! Vemos a generosidade de espírito como se fosse um antiquado retrocesso a uma época que não existe mais. Alguns de nós chegam a supor que, se alguém oferece ajuda, deve ter um motivo oculto: o que essa pessoa quer de mim? E assim continuamos fazendo as coisas sozinhos.

Ao mesmo tempo, como cultura, reclamamos da falta de equilíbrio em nossas vidas — que passamos o tempo todo trabalhando, pensando no trabalho, relaxando do trabalho ou nos preparando para o trabalho. No entanto, de acordo com os economistas Ellen McGrattan e Richard Rogerson, nossas horas de trabalho, na verdade, permaneceram mais ou menos constantes desde a Segunda Guerra Mundial. De fato, alguns estudos sugerem que nosso tempo de lazer aumentou. (De quem é a culpa se você mantém seu celular grudado nos dedos enquanto está de férias ou na academia?)

Então, se todos nós estamos trabalhando o mesmo número de horas de antes, ou até menos, por que parece que estamos trabalhando mais em nossas responsabilidades profissionais, enquanto obtemos muito menos de nossos esforços?

O verdadeiro vilão, como descobri por mim mesmo, é a falta de relacionamentos mais ricos e profundos, tanto no local de trabalho quanto em nossas vidas pessoais. Temos muitos conhecidos que concordam com a cabeça e poucos encontros íntimos suficientes do tipo linha de vida.

É triste dizer, mas muitos de nossos relacionamentos se tornaram mais focados em realizar tarefas ou projetos específicos, em vez de desenvolver e nutrir conexões íntimas. Infelizmente, essa é uma escolha que fizemos. Nossas relações diárias com colegas e clientes permanecem, em sua maior parte, em um nível superficial. A maioria de nós fica feliz em não se aprofundar. O resultado, no local de trabalho, tem sido uma grande perda de lealdade entre clientes, empregadores e empregados. Não estamos alcançando todo o nosso potencial em nossas carreiras porque temos muito medo de pedir conselhos, feedbacks e apoio de outras pessoas. O resultado em nossas vidas pessoais tem sido uma sensação incômoda de que deve haver algo maior do que isso.

Solte os Freios

Quando eu era criança, meu melhor amigo Dave e eu fizemos uma carroça de madeira com rodas recuperadas de um ferro-velho e uma estrutura de direção por corda, do tipo que você empurra morro acima e deixa a gravidade assumir o controle. Quando terminamos de construir, arrastamos nossa carroça até o topo da colina atrás de minha casa e subimos a bordo. "Vamos lá!" nós gritamos, desejando que as rodas descessem a inclinação. Mas nada aconteceu. Então percebi que Dave não tinha levantado os pés do chão. E Dave notou que eu não tinha soltado a corda que havíamos amarrado a um bloco de concreto como âncora de segurança. Nós dois estávamos com muito medo de nos soltar e deixar a gravidade tomar conta.

Assim é quando você se abre para dois ou três conselheiros próximos, as pessoas que são sua tribo. A natureza quer levá-lo até lá — você só precisa confiar em si mesmo para soltar os freios.

Dave e eu finalmente soltamos — e foi a viagem de nossas vidas.

Tornando-se Tribal: os Quatro Mindsets para Criar Relacionamentos de Linha de Vida

Existem quatro mindsets básicos — que podem ser aprendidos e praticados — que formam a base comportamental para criar o tipo de relacionamento de linha de vida de que estou falando.

- Generosidade. Esta é a base a partir da qual todos os outros comportamentos surgem. Este é o compromisso de apoio mútuo que começa com a vontade de aparecer e compartilhar criativamente nossas percepções e ideias mais profundas com o mundo. É a promessa de ajudar os outros a serem bem-sucedidos por todos os meios que você puder reunir. A generosidade sinaliza o fim do isolamento, abrindo uma porta para um ambiente emocional de confiança, o que chamo de "espaço seguro" — o tipo de ambiente necessário para criar relacionamentos nos quais as outras mentalidades possam florescer.
- Vulnerabilidade. Isso significa baixar a guarda para que o entendimento mútuo possa ocorrer. Aqui você cruza o limiar para um espaço seguro depois que a intimidade e a confiança

abrem a porta. A relação engendrada pela generosidade caminha então para um lugar de amizade destemida, em que riscos são assumidos e convites são oferecidos aos outros.

- Sinceridade. Esta é a liberdade de ser totalmente honesto com aqueles em quem você confia. A vulnerabilidade abre os caminhos do feedback para que você possa compartilhar suas esperanças e medos. A sinceridade nos permite começar a interpretar, responder e lidar com essas informações de forma construtiva.
- Responsabilização. Refere-se à ação de cumprir as promessas que você faz aos outros. Trata-se de dar e receber o amor severo e pé no chão por meio do qual a mudança real é sustentada.

A verdadeira chave para estabelecer relacionamentos próximos com pessoas que você considera seus conselheiros de confiança na carreira e na vida pessoal é como esses Quatro Mindsets funcionam juntos. O processo começa com a generosidade. Isso tira as pessoas dos relacionamentos transacionais tradicionais do tipo faça-por-mim-e-farei-por-você. Estender ativamente e ajudar os outros nos dá a oportunidade e permissão para levar um relacionamento a um nível mais profundo. Isso nos permite explorar a intimidade, a ponto de sermos vulneráveis e abertos um com o outro. Se criamos um espaço seguro, um lugar no qual nos sentimos seguros o suficiente para dizer abertamente o que pensamos e sentimos, podemos correr riscos maiores no relacionamento. Isso pode levar ao compromisso de apoiar-se mutuamente nos bons e maus momentos e responsabilizar-se mutuamente por fazer as coisas que nos permitirão alcançar nossos sonhos e destinos. Correr esses riscos pode nos levar a criar mais do que apenas amizades — podemos criar relacionamentos de linha de vida para um futuro melhor.

Esse processo é iterativo: quanto mais você doa, mais fundo você vai e mais profundo se torna seu compartilhamento. Isso fortalece seu espaço seguro, proporcionando mais liberdade para ser vulnerável e sincero — o que abre o relacionamento ainda mais profundamente. A confiança aumenta gradualmente, por etapas, tornando-se mais acentuada e forte à medida que os mindsets são praticados com mais sinceridade e paixão.

Nos anos desde que trouxe esses mindsets para minha própria vida, nós os formalizamos também na FG e ajudamos nossos clientes a criar relacionamentos de linha de vida em suas próprias carreiras, levando a um maior sucesso pessoal e dentro do grupo, divisão ou organização. Tem sido uma experiência verdadeiramente inspiradora. Esses grupos variam de membros do conselho corporativo a equipes executivas seniores, de jovens líderes de alto potencial a funcionários relativamente novos. Usamos os Quatro Mindsets para revigorar equipes de vendas inteiras.

Mas, quem quer que sejam os indivíduos e grupos, e como eles são vistos de fora, dentro do círculo confiável de conselheiros que eles criaram e do apoio mútuo que eles oferecem, eles são pares.

Vale a pena repetir: pares. Iguais. Mesmo que um deles tenha uma autoridade organizacional clara — e o título e o poder de decisão — cada membro funciona como um igual altamente respeitado, oferecendo ideias criativas, feedbacks sinceros e críticas expressas com preocupação autêntica pelos interesses dos outros, e atenção rigorosa à responsabilização em torno de objetivos, estabelecimento de objetivos, acompanhamento e, claro, resultados. Cada membro tem permissão livre, aberta e respeitosa para criticar os outros quando eles estão falhando (porque todos falhamos, e a maioria de nós, como bem sei, tende a fazê-lo repetidamente).

Você quer ser mais bem-sucedido em sua carreira e mais realizado em sua vida? Então, vamos começar.

Destino Lugar Seguro

Você já observou crianças pequenas explorando o mundo além do alcance de seus pais? Elas dão alguns passos hesitantes para longe de mamãe e papai, depois voltam cambaleando, só para verificar, para ter certeza de que está tudo bem. Na vez seguinte, elas avançam mais alguns passos — sempre testando e expandindo o que podem fazer e até onde podem ir, à medida que gradualmente ganham confiança para se aventurar mais longe no desconhecido. O que lhes dá a confiança inata para fazer isso? No fundo, elas se sentem seguras e, por isso, estão dispostas a arriscar explorando seus arredores. Sem esse ancoramento, essa apólice de seguro, elas estariam muito menos propensas a correr riscos ao longo da vida. (Ironicamente, elas passarão a maior parte do resto de suas vidas sendo cautelosas demais.)

Minha própria experiência me convenceu de que a chave para liberar nosso maior potencial pessoal e profissional está em criar uma versão adulta desse lugar seguro, em que recebemos e retribuímos apoio íntimo e honesto quando surgem problemas grandes e pequenos. Em que podemos errar sem correr o risco de constrangimento ou medo; em que podemos experimentar novas ideias (mesmo que sejam ruins) e adquirir confiança ao longo do caminho.

Para se aproximar de outras pessoas em um ambiente profissional e assumir os riscos associados ao estabelecimento de um relacionamento aberto, honesto e solidário com outra pessoa, precisamos primeiro nos sentir seguros. Precisamos saber que podemos ter discussões ásperas com as pessoas a quem recorremos em busca de conselho e apoio, certos de que o relacionamento permanecerá intacto, ou se recuperará, ou até mesmo será fortalecido. Essa segurança vem de um profundo nível de confiança e respeito pela outra pessoa. Geralmente é algo que se estabelece por um longo período de tempo, por meio de experiências repetidas.

O que estou dizendo? Para criar um círculo íntimo de relacionamentos com algumas pessoas-chave em sua vida profissional (e pessoal) — lembre-se, tudo o que você precisa são três pessoas —, você precisa estabelecer um lugar seguro para os outros, que lhes dê permissão para correr riscos e serem sinceros, sem medo de minar seu relacionamento juntos.

O problema? A maioria das empresas diz a seus funcionários: "Seja sincero", "Assuma riscos em relação à inovação" e "Responsabilizem-se mutuamente como uma equipe". Mas isso é impossível! É colocar a carroça na frente dos bois. Você primeiro deve criar os alicerces de confiança e respeito!

Um lugar seguro é um ambiente emocional — não um físico — no qual dois ou mais indivíduos podem se sentir totalmente livres para assumir riscos. É um ambiente em que estamos completamente à vontade para dar e receber críticas; em que nos sentimos confortáveis sabendo que o feedback que recebemos vem de um lugar carinhoso; no qual sabemos que a outra pessoa nos respeita, acredita em nós e quer apenas o melhor para nós.

É fácil criar um lugar seguro com duas pessoas que pensam como você. É mais desafiador quando não temos certeza se a outra pessoa está disposta a agir da mesma maneira.

Quando converso com vendedores ou instruo pessoas sobre conversas difíceis no trabalho, uma maneira de começar a estabelecer um lugar seguro é, primeiro, afastar fisicamente a pessoa de sua mesa ou de seu território. Para fazer as pessoas derrubarem suas barreiras, você tem que afastá-las de um ambiente onde elas estão acostumadas a serem emparedadas (e isoladas). Convide a outra pessoa para um café ou uma bebida, ou para jantar. Tem uma questão a resolver com seu filho adolescente? Tire-o daquele quarto cheio de pôsteres e saiam de casa! Vão caminhar ou dar uma volta de carro.

Cada um de nós é responsável por criar o lugar seguro ao nosso redor. Vou repetir isso mais uma vez porque é muito importante: cada um de nós é responsável por criar o lugar seguro. É uma escolha consciente que fazemos para criar o ambiente que convida os outros a entrar. Significa colocar a segurança da outra pessoa em primeiro lugar e deixar suas intenções claras.

Você tem que estar pronto para dar o primeiro passo, mesmo que isso signifique assumir um pequeno risco de sua parte. Portanto, comece devagar — com generosidade, o primeiro mindset.

MINDSET #1

generosidade

Anos atrás, fui convidado a participar do *Date with Destiny*, um popular seminário de cinco dias apresentado pelo guru do autoaperfeiçoamento Tony Robbins. Sempre admirei Tony, tanto por suas habilidades empreendedoras quanto por sua sabedoria pessoal sobre a mudança de comportamento humano. Eu também estudei seus livros e gravações, enquanto nós da FG procurávamos todos os tipos de maneiras não tradicionais de mudar e melhorar o cenário comportamental corporativo. Então, quando Tony me convidou para me juntar a ele, concordei com entusiasmo.

Para mim, a mensagem central do retiro se resumia a uma pergunta poderosa, mas simples: qual tem sido sua pergunta principal?

Antes do seminário, eu nunca pensei que tivesse uma "pergunta principal". Mas, como Tony explicou, todos nós temos uma pergunta dominante em nossas vidas — uma que está sempre presente, filtrando nossos pensamentos conscientes e inconscientes. Entre as perguntas que ouvi de outras pessoas estavam "O que eu fiz de errado?" "Por que alguém iria me ajudar?" "Por que não sou bom o suficiente?" "O que eles pensam de mim?" "O que eu fiz para merecer isso?" e "Quando a vida vai melhorar?" Seja qual for a pergunta, Tony nos disse, ela dirige nossos comportamentos, nossas emoções e reações e, sem dúvida, define nossa própria identidade.

Minha pergunta principal, percebi, era "Estou seguro?". Na maior parte da minha vida, fui movido pelo desejo de uma rede de segurança. Traduzi isso em segurança financeira e na necessidade urgente de provar meu valor para os outros, o que foi impulsionado por minha insegurança subjacente quando criança, crescendo entre pessoas mais ricas para as quais eu não sentia que estava à altura. No seminário, temi admitir que isso poderia me fazer parecer fraco ou excessivamente enredado em questões ainda cruas da infância. Mas quando os outros na sala começaram a revelar suas próprias perguntas principais, percebi como muitas dessas questões são fundamentais e arraigadas — para todos. Eu me senti muito menos sozinho.

Enquanto ouvia Tony falar, percebi que essas necessidades não eram mais meu destino — eu já havia alcançado um nível saudável de sucesso. Podia pagar as contas todos os meses e muito mais. Precisava me concentrar em superar o que agora via como minha "mentalidade de escassez" e parar de tentar me provar para os outros. Se eu tivesse feito isso no início da minha carreira, teria ganhado ainda mais terreno mais rapidamente.

A grande virada ocorreu para mim quando me perguntei com sinceridade: "O que traz mais sucesso e maior satisfação à minha vida?" Quando considerei meus clientes mais leais — aqueles a quem atendi por mais tempo —, ficou claro para mim que esses eram os clientes aos quais eu agregava mais valor. Meus momentos favoritos? Bem, foi quando parei para fazer alguém ao meu redor se sentir melhor sobre o trabalho que estava fazendo, ou o impacto que estava causando, ou o progresso que estava alcançando em um projeto. Esses foram os momentos em que me senti melhor comigo mesmo — realizado e bem-sucedido.

Quando o seminário terminou, decidi concentrar ainda mais meus esforços em minha contribuição para os outros. Esse espírito de generosidade sempre foi a forma como eu acreditava em interagir com as pessoas; na verdade, estava no cerne de *Jamais Coma Sozinho*. Mas percebi que precisava adotá-lo de forma mais completa e poderosa em meus negócios e em minha vida cotidiana. Sim, eu já estava retribuindo aos outros de várias maneiras. Mas percebi que minhas contribuições precisavam chegar ao cerne da minha vida e trabalho.

Como eu poderia contribuir com os outros todos os dias, em todas as reuniões de equipe, conversas e interações com clientes? Como eu poderia usar meus talentos para servir aos outros?

O Que Eu Tenho a Oferecer?

Muitas pessoas querem ser generosas em suas vidas, mas não sabem ao certo o que têm a oferecer.

Mas todos nós temos algo para dar. Viktor Frankl, o falecido neurologista e psicólogo austríaco, foi um sobrevivente de um campo de prisioneiros nazista que, em seu livro clássico *Em Busca de Um Sentido*, escreveu sobre como ele se recusou a se sentir como uma vítima, mesmo depois de ter sido separado de sua esposa e pais (todos os três morreram mais tarde nos campos de extermínio). Isso ele conseguiu por meio de pequenos e constantes atos de generosidade. Se Frankl encontrasse alguém com mais fome do que ele, compartilhava sua escassa ração diária de pão. Ao longo de seus anos de prisão, ele aconselhou secretamente presidiários desanimados que estavam pensando em suicídio. Ao estender a mão para os outros, ele manteve sua dignidade por meio do sofrimento que a maioria de nós não consegue nem imaginar.

Se esse tipo de generosidade é possível em um campo de concentração, certamente é possível instilá-la em nossas vidas. Todos nós temos uma moeda, de uma forma ou de outra, que podemos compartilhar com outras pessoas.

Existem muitos tipos de moeda especializada, mas duas que são amplamente aplicáveis e estão entre as mais poderosas são a moeda universal e a moeda pessoal.

A Moeda Universal

A moeda universal refere-se à nossa capacidade humana inata de nos conectarmos com os outros, não importa quem sejam ou quem somos. Todos nós podemos abraçar a intimidade com outro ser humano ouvindo, empatizando ou cuidando. Todos nós podemos nos tornar o colega que separa esse tempo extra para buscar um café ou que se conecta mais profundamente com um cliente ou freguês, funcionário ou colega. Sensibilidade, charme, a capacidade de contar uma boa piada — todos nós temos uma moeda universal para desenvolver e compartilhar.

A moeda universal também inclui o encorajamento, absolutamente essencial na criação de relacionamentos de linha de vida para atingir todo o seu potencial. Tantas vezes vi o encorajamento de um colega fazer a diferença entre o sucesso e o fracasso de alguém. Também é essencial estabelecer um espaço seguro, no qual podemos ouvir sem medo e oferecer críticas honestas.

Como um cartão de crédito, a moeda universal é aceita em qualquer lugar. Você aprenderá mais sobre como criá-la mais tarde, na seção "Oito Passos para a Intimidade Instantânea".

WENDY SCALZITTI, CORRETORA DE IMÓVEIS

Quando eu estava escrevendo este livro, os tempos eram difíceis para os corretores de imóveis, especialmente em áreas com problemas econômicos, como o sudoeste da Pensilvânia, onde cresci. Minha prima Wendy Scalzitti vende casas na região de uma antiga fábrica de vidros da cidade de Jeanette, com uma população de cerca de 10 mil habitantes. Ela sabe em primeira mão como pode ser difícil fechar uma venda, que dirá ter uma vida decente. Na verdade, Wendy estava ficando bastante desanimada alguns anos atrás quando conheceu Natalie, uma nova corretora em sua empresa.

"Nossas mesas eram próximas e simplesmente nos demos bem", disse Wendy. "Um dia, eu tinha um negócio para fechar e precisava assinar alguns papéis, mas minha avó tinha acabado de falecer. Liguei para Natalie da funerária e disse: 'Escute, você pode fazer isso por mim?' Ela partiu exatamente de onde eu tinha parado, falou com os clientes, conseguiu as assinaturas e finalizou as negociações. Ela nunca perdia tempo."

Logo, Wendy e Natalie passaram a trabalhar juntas formalmente — não apenas para tentar vender mais casas, mas também para inspirar, encorajar e responsabilizar uma à outra para se tornarem corretoras melhores. Elas não competem entre si, em vez disso, se completam. Como disse Wendy: "Sou muito detalhista e Natalie não. Por outro lado, Natalie me incentiva a superar meu medo de fazer ligações não solicitadas. Uma de nossas coisas favoritas para dizer uma à outra é 'eu te dou cobertura.'"

Desde que uniram forças, Wendy e Natalie vendem mais casas do que jamais conseguiriam por conta própria. Elas são uma equipe não oficial. E se divertem muito mais fazendo isso também. "Nesse ramo, se você não ri, acaba chorando", diz Wendy. "Um dia, perdemos três grandes negócios, pouco antes do Natal. Estávamos sentadas no escritório, fazendo piadas sobre todos eles. O que mais você pode fazer? Minha filha disse: 'Vocês duas se acham tão engraçadas!' E eu disse: 'Bem, querida, a semana seria longa se não fôssemos.'"

A Moeda Pessoal

Para descobrir sua moeda pessoal, não olhe para dentro — isso é muito difícil para muitas pessoas. Em vez disso, olhe para fora. A moeda pessoal requer descobrir o que os outros precisam para serem felizes em todas as dimensões de suas vidas e, em seguida, descobrir o que você pode fazer para levá-los até lá. Pode ser sua experiência profissional, sua capacidade de resolver problemas, sua rede de relacionamentos, sua faixa preta em judô ou simplesmente seu otimismo inabalável.

Para ajudar a pensar de forma construtiva e criativa sobre a moeda pessoal, pense na pessoa que você gostaria de ajudar usando a Roda do Sucesso Pessoal que apresento no próximo capítulo. Ela divide o sucesso pessoal em sete dimensões: sucesso profissional, sucesso financeiro, relacionamentos pessoais, retribuir, saúde e bem-estar, estimulação intelectual e espiritualidade. Considere o que você sabe sobre a pessoa — e, de todas as formas, faça perguntas para saber mais — para descobrir como você pode ajudá-la.

Quando apresento às pessoas a Roda do Sucesso Pessoal, elas geralmente percebem que têm mais moeda pessoal para negociar do que jamais imaginaram. Você poderia oferecer um depoimento pessoal oportuno ao chefe de um colega para melhorar sua posição no trabalho? Emprestar a um novo amigo um livro ótimo, mas pouco conhecido, sobre um interesse comum? Poderia recomendar um ótimo médico, oferecer-se para ser um companheiro de academia ou convidá-lo para um grupo de estudos religiosos?

O segredo para otimizar a moeda pessoal é estabelecer um relacionamento próximo o suficiente com outras pessoas para que elas estejam dispostas a compartilhar seus sonhos e aspirações com você, bem como os problemas que as estão travando — de que outra forma você saberá do que elas mais precisam?

Quando me juntei a Bob Kerrigan, Bob estava em sua própria encruzilhada na vida — considerando o serviço público, escrevendo um livro e engajando-se como orador. Todas essas são áreas nas quais tenho experiência e poderia oferecer conselhos para seu sucesso profissional.

Greg Seal, por outro lado, estava morando em São Francisco e prestes a se aposentar. Ele estava muito além do ponto de aconselhamento profissional. Para Greg, retribuir oferecendo conselhos estratégicos valiosos a alguém de quem gostava trouxe, como ele me disse mais tarde, grande satisfação e também estímulo intelectual — o que não é pouca coisa para alguém aposentado. O quebra-cabeças de me ajudar a trabalhar no meu negócio foi extremamente gratificante, Greg me disse. Isso deu a ele "a oportunidade de continuar a aprender e crescer e de trabalhar com outras pessoas brilhantes e capazes."

Não sou conselheiro matrimonial, mas testemunhei essa forma de moeda em ação nos melhores casamentos que conheço. Por exemplo, estou impressionado com o incrível apoio mútuo que vejo entre meus amigos Dr. Mehmet Oz e sua esposa, Lisa.

Mehmet, autor de inúmeros livros best-sellers e professor de cirurgia cardíaca na Universidade de Columbia, talvez seja mais conhecido por suas aparições no programa de TV de Oprah Winfrey. Lisa tem sua própria carreira incrivelmente bem-sucedida como autora de best-sellers e cineasta independente. Embora Mehmet e Lisa tenham vários filhos juntos, eles ainda parecem agir como se todo dia fosse seu primeiro encontro.

O mais incrível é como eles apoiam completamente as carreiras e interesses um do outro. Seu primeiro projeto, um livro, evoluiu para uma série de televisão no Discovery Channel, que Mehmet apresentava e Lisa era a produtora-executiva. O livro deu origem a uma série de sequências incrivelmente bem-sucedidas e, embora Lisa não tenha se envolvido neles, os dois ainda trocam ideias constantemente.

Dito isso, devo falar que estou chocado com o quão poucas pessoas que conheço contam com seus parceiros ou cônjuges para apoiá-los da maneira que estou falando.

Minha Moeda É Aceita Aqui?

As pessoas costumam me perguntar se seus parceiros de apoio precisam ter mais ou menos a mesma idade. Com base em meu relacionamento com Greg, minha resposta é não. Falando pessoalmente, adoro trabalhar com pessoas mais jovens, que estão começando. E tenho pessoas mais jovens em minha vida que me orientam em suas áreas de especialização, como redes sociais na web, ou simplesmente em áreas nas quais têm instintos particularmente fortes.

Por exemplo, vários anos atrás, Gavin McKay, um ex-sócio meu, lançou uma rede de academias de ginástica. Ele queria criar uma experiência de exercício íntima e holística com programas personalizados de treinamento cruzado — um afastamento do modelo usual de uma academia de 200 metros quadrados, onde você monta seu próprio treino ou contrata um personal trainer caro para incentivá-lo. Não sei muito sobre administrar uma academia (apesar de passar bastante tempo nelas), mas tenho anos de experiência em marketing. Resumindo: ajudei Gavin a posicionar seu negócio.

"Falamos muito sobre branding", diz Gavin, "e sobre as dificuldades do empreendedorismo. Conheci Keith quando ele era o CEO da YaYa Media, falando em uma conferência de marketing. Eu trabalhava na Deloitte na época. Achei que ele deveria fazer algo por conta própria e o encorajei a fazer isso."

É verdade: Gavin foi um grande incentivador ao me encorajar a abrir minha própria empresa. Ele lamenta muitas das armadilhas das grandes empresas, que considera um desperdício. Ele continuou me lembrando da pureza e beleza obstinada de um empreendedor que realmente se concentra em um produto ou serviço que ressoa com os clientes, e ele me incentivou com muito bom senso.

Depois que comecei a FG, Gavin passou a trabalhar para mim, projetando mapas de parcerias estratégicas para clientes. Gavin continuou: "Keith sempre me apoiou, tanto no nível pessoal quanto profissional, e ainda dou a ele feedbacks objetivos sobre seus projetos. Agora que estou administrando meu próprio negócio, sinto que podemos conversar em um nível mais próximo". Na verdade, como eu disse várias vezes a Gavin, ele era um colega desde o primeiro dia em que começamos a trabalhar juntos — mesmo que tenha demorado para que ele se permitisse assimilar isso.

O comentário de Gavin levanta um ponto crucial: a generosidade lhe dá permissão para ser mais aberto e íntimo em todos os seus relacionamentos. Generosidade e intimidade se reforçam mutuamente. Ambas nos ajudam a ser mais abertos e sinceros.

Se eu chegar até você e disser: "Quero ser seu amigo", sua primeira reação pode muito bem ser: "Obrigado, mas já tenho amigos suficientes". Ou "Quem diabos é esse cara?" Mas se eu for até você e disser: "Quero ajudá-lo", talvez você me ouça. Da mesma forma, se você é um cliente e eu entro e começo a fazer tabelas e gráficos e lançar ideias a mil por hora, você pode querer me expulsar do seu escritório. Mas se primeiro eu passar algum tempo estabelecendo uma conexão humana genuína, dedicando generosamente um tempo para ouvir suas preocupações e necessidades, você pode simplesmente abrir sua mente para a possibilidade de que tenho algo a lhe oferecer.

Em um ambiente de negócios, no qual as pessoas geralmente estão distraídas e com pressa, liderar com generosidade é uma ótima maneira de chamar a atenção de alguém. Quanto mais generoso você for com as outras pessoas, oferecendo primeiro sua humanidade e depois seu conhecimento, conselhos e talentos, mais elas estarão dispostas a compartilhar suas preocupações — e mais você poderá ajudá-las a se encontrarem. Em algum momento, seu relacionamento ficará forte o suficiente para que vocês descubram que podem começar a correr riscos ainda maiores um com o outro. Você será capaz de dizer a elas o que você acha que elas precisam! (Às vezes isso não é fácil de ouvir, e é por isso que criar um espaço seguro é crucial.)

Outro bônus: à medida que seu relacionamento cresce, fica mais fácil encontrar maneiras de ajudar. Em algum momento, você pode até dizer a uma linha de vida em desenvolvimento: "Imagine-se daqui a um ano, revisando os últimos doze meses. Nesse ponto, quero que você possa dizer a si mesmo: 'Nosso relacionamento realmente foi um acréscimo incrível à minha vida.' Então, diga-me, o que preciso fazer entre o agora e o depois para que isso aconteça?"

Com uma oferta como essa, acredite: em breve eles também estarão procurando maneiras de ajudá-lo.

Agora, Deixe os Outros Ajudarem Você

Superficialmente, ser generoso parece fácil: basta sair e ajudar os outros. Mas eu diria que a parte mais difícil da generosidade é recebê-la. (*Deixe os Outros Ajudarem* era o título provisório deste livro em certo momento.)

Deixe-me dar um exemplo rápido. Michael Dill, um jovem de Nova Jersey que estava visitando a Costa Oeste, teve algumas ideias sobre como expandir o GreenlightCommunity.com e marcou uma reunião com a equipe que lidera nossos esforços na Internet. Naquele dia, por acaso, eu estava no escritório e o puxei para algumas das minhas próprias reuniões.

Bem, um ou dois dias depois, eu estava navegando na web quando notei um relato em primeira mão "Conhecendo Keith Ferrazzi" postada em nosso site da comunidade. Dizia coisas como "Keith tinha essa presença incrível e imponente". Não pude deixar de rir, lembrando como era ser tão jovem e facilmente impressionável. Não me interpretem mal — fiquei incrivelmente lisonjeado com a menção. Mas, ao mesmo tempo, sua descrição generosa de seu tempo em nossos escritórios me deixou desconfortável. Parte de mim simplesmente não acreditava que uma simples visita pudesse ter um impacto tão grande nele ou em qualquer pessoa. Eu não dei a ele uma sessão de treinamento, muito menos conselhos específicos sobre carreira — simplesmente o convidei para ser uma mosquinha ali observando e, eu esperava, obter alguns insights.

Então aquilo me acertou em cheio: embora eu gostasse muito de dar aos outros, tinha muito mais dificuldade em receber presentes — neste caso, gratidão (uma forma maravilhosa de generosidade) — em troca.

Não estou sozinho nessa questão. É melhor dar do que receber— todos nós sabemos o que diz a escritura do Novo Testamento. Receber pode nos fazer sentir estranhos, até vagamente indignos. Na verdade, sempre que falo sobre generosidade para a comunidade empresarial, faço questão de terminar com o comentário "Deixe os outros o ajudarem". Constantemente, encontro pessoas que dizem: "Keith, por que diabos alguém iria querer me ajudar?" Subjacente a essa pergunta está o medo básico de que simplesmente não temos o suficiente para retribuir.

Certa vez, dei uma palestra em uma conferência nacional para profissionais de saúde em Williamsburg, Virgínia. Durante meu discurso, pedi aos presentes que escrevessem o nome de alguém que pudesse ajudá-los a progredir em suas carreiras. Por vários minutos, ouvi o rabisco de canetas no papel. Aí eu perguntei se tinha alguém que não tinha anotado o nome. Havia alguém na sala que não conseguia pensar em alguém que pudesse ou quisesse ajudá-los? (Eu faço muito essa pergunta quando dou palestras, e ninguém nunca levantou a mão.)

Mas desta vez, a mão de uma mulher se levantou e ela parecia à beira das lágrimas. "Precisamos conversar" foi a primeira coisa que pensei em dizer a ela. Fiquei um pouco surpreso com a coragem que deve ter sido necessária para se levantar e dizer que, até onde ela sabia, não tinha ninguém no mundo a quem recorrer, embora eu soubesse que isso não poderia ser verdade.

Foi um encontro fatídico para nós dois e, desde aquele dia, Susan e eu mantemos contato regularmente. Susan relembra aquele momento da seguinte maneira: "Quando vi que fui a única que levantou a mão, percebi de repente como nunca peço ajuda a ninguém. Sempre sou eu que ajudo meus amigos, mas nunca peço ajuda para mim. Meus pais morreram quando eu era jovem, então sempre tive esse instinto de sobrevivência de fazer tudo sozinha. E quando percebi que não conseguia colocar o nome de uma pessoa naquele papel, uma luz se acendeu. Francamente, não era verdade, mas eu estava agindo como se fosse. Eu apenas fiquei ali e chorei como um bebê."

O que Susan não percebeu foi que, de uma maneira diferente, eu tinha o mesmo problema. Afinal, havia um limite de "coisas boas" — sucesso, dinheiro, caridade, conhecimento — para se ter na vida, não é? Eu não conseguia imaginar por que alguém iria querer compartilhar o deles comigo. Eu nunca havia realmente aproveitado o reservatório de boa vontade que existia ao meu redor. Puxa, isso teria sido muito perigoso! Por que arriscar a dor da rejeição? Susan e eu fomos vítimas da mesma mentalidade de escassez. E a revelação de Susan me ajudou a me libertar da minha própria.

Deixe-me explicar. Muitas pessoas cometem o erro de ver a vida pelas lentes da escassez, como um jogo de soma zero, e não pelas lentes da abundância, como uma oportunidade de fazer o bolo crescer.

A boa notícia é que existe uma mentalidade alternativa disponível para todos nós — a chamada "mentalidade da abundância". Essa mentalidade propõe uma pergunta simples: quem disse que vivemos em um mundo com um bolo finito? Para aqueles que veem a vida pelas lentes da abundância, o sucesso (como quisermos defini-lo) é ilimitado, infinito, disponível para quem quiser. É como a internet — quanto mais pessoas a usam, mais pessoas se conectam e mais forte se torna a comunidade nela. Podemos ter quantas fatias quisermos, e outros também podem — muito mais do que se fizermos isso sozinhos.

Depois da minha palestra, Susan e eu nos reunimos. "Foi preciso muita coragem para você levantar a mão", eu disse.

"Mas a verdade é que não pensei que seria a única!" disse Susan. E seus instintos estavam certos. Dez minutos depois, uma mulher se aproximou de Susan, hesitante, para dizer: "Só queria lhe dizer que não consegui levantar a mão porque estava com muito medo e quero elogiá-la por fazer isso. Eu estava, tipo, uau!"

"Aquele foi um verdadeiro ponto de virada em minha vida", Susan me confessou mais tarde. "Desde então, fiz questão de entrar em contato e me conectar com pessoas que podem me ajudar. Algumas semanas depois, eu estava tendo alguns problemas no hospital onde trabalhava — uma grande disputa com a alta administração — e meus amigos me ajudaram a tomar uma decisão importante que eu sabia que tinha que tomar, que era pedir demissão e ser positiva sobre isso, sabendo que algo viria a se encaixar. Hoje em dia, tenho um emprego muito melhor trabalhando com um grupo de médicos. Sem a ajuda dos meus amigos, provavelmente não teria dado um passo à frente e feito isso acontecer. Não quer dizer que não estou ajudando outras pessoas o tempo todo — mas elas também estão me ajudando, e estou permitindo! É como pagar adiantado."

Como eu, Susan estava perdendo um elemento crucial da generosidade — dar aos outros a satisfação de nos ajudar. Ao aceitar ajuda, você está realmente dando aos outros, permitindo que eles também se sintam necessários. (E quem de nós não quer se sentir necessário?) Permitir que aqueles que se preocupam conosco tenham a oportunidade de nos ajudar — o que poderia ser mais compassivo e generoso?

Existem pessoas em sua vida que se ofereceram para ajudá-lo, mas que você não deixa? Meu palpite é que há muita gente que estaria ao seu lado se você permitisse — e estou incluindo pessoas ainda desconhecidas, que poderiam mudar sua vida para melhor, assim como você poderia mudar a delas. Uma das maneiras mais seguras de criar um relacionamento mais profundo com algumas pessoas cujas percepções e confiança você valoriza é deixá-las entrar, permitindo que elas o ajudem.

Existe um termo científico para isso: "interdependência obrigatória", uma frase cunhada pela psicóloga social Marilynn Brewer no *Journal of Social Issues*, em 1999. A teoria de Brewer é que, para os seres humanos sobreviverem a longo prazo, devemos depender da ajuda, informações e recursos compartilhados dos outros — que, por sua vez, compartilhamos com outras pessoas. O indivíduo e o grupo são efetivamente o mesmo. Nossos benefícios individuais dependem da disposição do grupo de fazer por nós o que fazemos para eles. O processo é cooperativo. Exige confiança, mas com uma ressalva. Brewer não está defendendo a confiança em todos. A generosidade, diz ela, baseia-se na probabilidade de que os outros também sejam generosos conosco.

Tudo isso simplesmente significa que ambos nos beneficiamos quando fazemos o sucesso acontecer para nós dois. Quer percebamos ou não, essa disposição de "dar e deixar dar" cria um maravilhoso dar e receber em um relacionamento.

Então, como superamos os sentimentos de medo, tipicamente negativos, associados a ser o destinatário da generosidade de outra pessoa? É simples: coloque-se no lugar do doador. Estudos recentes de Francis J. Flynn e Vanessa K. B. Lake no *Journal of Personal and Social Psychology* sugeriram que nossa fraqueza em entender os mindsets daqueles a quem pediríamos ajuda pode nos impedir de fazê-lo porque acreditamos erroneamente que eles vão dizer não. Os participantes de seus estudos subestimaram em até 50% a probabilidade de que outros concordassem com um pedido direto de ajuda ou assistência.

Pense bem: como você se sente quando alguém de quem gosta pede sua opinião? Fica irritado? Sente-se sobrecarregado? De jeito nenhum — é uma honra! As pessoas adoram sentir que seu conselho é apreciado, que estão fazendo a diferença umas para as outras, que são necessárias e valorizadas.

Dê e Deixe Dar

Em seu livro *O Círculo da Inovação*, Tom Peters conta a história de seu colega da McKinsey, Allen Puckett, que reuniu autores, líderes de pensamento e outros no que chamou de sua própria "universidade pessoal". Quando lia um artigo ou livro interessante, escreveu Peters, ele, do nada, chamava os autores e os convidava para jantar. Você ficaria surpreso com o quão bem as pessoas veem um interesse em seu trabalho, acompanhado de um convite não solicitado para jantar.

Dali em adiante, sempre que enfrentava um problema, ele ligava para um de seus autores ou pensadores, seu "corpo docente", cuja experiência era relevante para o problema específico em questão e, invariavelmente, eles o ajudavam a sair do problema que precisava ser resolvido. Isso foi há décadas. Hoje, com o advento da internet, é mais fácil receber esse tipo de generosidade.

Aqui está um exemplo: Pervin Shaikh é uma pesquisadora financeira em Londres que é fã do cinema em hindi da Índia. Ao longo dos anos, ela se tornou amiga de outros fãs de cinema hindi de todo o mundo por meio de um blog criado por um proeminente ator e produtor de cinema de Mumbai. No final de 2007, junto com dezoito conhecidos de seu blog, Pervin lançou um desafio chamado "Um Objetivo, Um Sonho, 2008". A ideia? Cada pessoa definiria um importante objetivo de carreira que estava ansiosa para realizar no próximo ano — os objetivos variavam de escrever um roteiro a tornar-se professor ou abrir um restaurante — e todos os outros contribuiriam para ajudar, por meio de incentivo e oferecendo conselhos, sugestões, contatos e assim por diante.

Superficialmente, pode parecer uma ideia impossível, visto que os membros do grupo vêm de todo o mundo: Singapura, Austrália, Índia, Áustria, Estados Unidos, Canadá, Malásia, Inglaterra e Suíça. O fato é que nenhuma dessas pessoas jamais se conheceu pessoalmente, embora, enquanto escrevo este livro, estejam planejando uma grande festa de confraternização no final de 2008. Ainda assim, a distância não foi um problema. "Apoiamos uns aos outros por e-mail e telefone", disse-me Pervin, "e cada um de nós é responsável perante o grupo por nosso objetivo".

A própria ambição de Pervin é expandir sua segunda carreira como coach de vida. Ela quer atender quatro clientes no Reino Unido e seis em outros países. (Na metade de 2008, ela me disse que já havia ultrapassado seu número no Reino Unido.)

Ao longo do caminho, ela desenvolveu um novo apreço pela importância de aceitar a generosidade dos outros. "Tem sido uma curva de aprendizado incrível", diz Pervin. "Muita gente tem medo de pedir ajuda. Mas o que descobri é que as pessoas realmente querem ajudar."

Pervin, aliás, está planejando um novo e melhorado "Um Objetivo, Um Sonho" para 2009. E lembre-se que, há dois anos, essas pessoas nem se conheciam.

Você pode ver pessoas oferecendo ajuda a estranhos todos os dias na internet. Já pesquisou uma pergunta no Google e foi direcionado para um quadro de avisos no qual pessoas comuns oferecem soluções? Neste exato momento, milhões de pessoas em todo o mundo estão empoleiradas em seus computadores, compartilhando informações sobre tudo, desde preparar um assado até enfaixar um dedo quebrado. No próprio GreenlightCommunity.com [conteúdo em inglês] da FG, os membros compartilham informações sobre tópicos como construir sua própria marca pessoal, lidar com chefes difíceis e definir sua declaração de missão pessoal. Por que eles fazem isso? Porque é extremamente satisfatório (e gratificante) compartilhar suas percepções com outras pessoas, até mesmo com perfeitos desconhecidos.

E, na verdade, o que você descobre é que essas pessoas não permanecem desconhecidas por muito tempo. Apenas alguns meses após seu lançamento, os membros do GreenlightCommunity.com começaram a organizar eventos em todo o país para se encontrarem pessoalmente e aprofundar os relacionamentos crescentes que haviam criado online. Eles não estão apenas fornecendo apoio e responsabilização uns aos outros, mas juntos criando um movimento que é ainda mais poderoso do que a soma dos relacionamentos dentro dele.

"Simplesmente não tínhamos ideia do quanto isso iria decolar rápido", diz Jorge Colón, fundador da Online Bar Association e um dos principais organizadores do GC. "As relações que estamos construindo juntos são cada vez mais íntimas, transparentes e gratificantes. Bondade, sinceridade e generosidade prevalecem. A confiança cresce exponencialmente e rimos muito! Sentimos que estamos construindo amizades para toda a vida."

Pedindo Ajuda: a Lei da Atração

Deborah Muller, de Nova Jersey, fundou a HR Acuity, uma empresa especializada em conduzir investigações no local de trabalho — por exemplo, quando um funcionário faz uma alegação de assédio — e em ajudar empresas e seus funcionários a resolver conflitos sem recorrer ao sistema legal. A metodologia de Debbie é tão bem-sucedida que ela desenvolveu um aplicativo baseado na web que as empresas podem licenciar para suas próprias investigações internas. Não era seu plano original, mas quando ficou claro que um programa da web era o que as empresas mais precisavam, Debbie mudou de direção. "De repente, me vi no mundo da propriedade intelectual na internet", admite. "Foi quando percebi que precisava de ajuda."

Debbie havia feito um curso de empreendedorismo, então foi atrás de sua professora, que disse que o que ela realmente precisava era de um conselho consultivo.

"Não sou muito boa em pedir ajuda", diz Debbie. "Eu pensei, *não tenho nada para dar às pessoas, não estou em condições de pagá-las. Como peço a elas que doem seu valioso tempo por mim*? Abro mão do meu tempo de bom grado, mas tenho dificuldade em pedir aos outros."

Mesmo assim, estimulada pela professora, ela fez uma lista do que precisava, concentrando-se em tudo, desde as finanças até o marketing. Em seguida, começou a procurar as pessoas certas. A primeira candidata que ela abordou foi a professora, que havia sido nomeada uma das cinquenta maiores empresárias do estado. "Ela disse sim!" Debbie lembra. "Então, esse foi um a menos."

Em seguida, ela abordou um financista e marinheiro que conhecia seu marido do clube de lacrosse local. "Claro que vou fazer isso", disse ele a Debbie.

Depois disso, ela ligou para um ex-chefe que havia trabalhado em gestão de riscos. "Ele entendia o domínio tecnológico", diz Debbie, "e trouxe a perspectiva corporativa para o elemento de risco. Ele também falou: 'Claro que vou ajudar!'"

O processo continuou. "Certa noite, em uma festa, conheci um cara muito bem-sucedido, dono de uma grande empresa de pesquisa de marketing. Dei a ele meu discurso de cinco minutos e ele perguntou:

'Você precisa de um CMO?' Eu disse: 'Não, mas gostaria de um membro do conselho consultivo.' Ele disse: 'Claro, adoro empreendedores!'"

Por fim, Debbie recrutou um amigo que trabalhava com vendas técnicas e outro que era advogado. Quase da noite para o dia, seu conselho consultivo tomou forma. Nenhum dos sete membros recusou seu pedido e ninguém foi pago também. A primeira reunião durou quatro horas, durante as quais o novo conselho de Debbie a questionou, desafiou e apontou falhas em seu plano. Quando olharam para as finanças dela, uma pessoa disse: "Você deve estar fumando alguma coisa, porque não vai conseguir tantos clientes tão rapidamente." Mas, no final da noite, todos na sala estavam tão convencidos de seu produto que, quando Debbie sugeriu que se reunissem duas vezes por ano, o grupo respondeu: "Você está brincando? Precisamos nos encontrar a cada seis semanas!"

"Acho que eles estão se divertindo, compartilhando seus conhecimentos para me ajudar a construir algo", diz Debbie, "porque é a única explicação que consigo encontrar para eles continuarem fazendo isso. Obviamente, tenho pensado em como posso pagá-los em algum momento."

Isso sem dúvida será valorizado e é absolutamente a coisa certa a fazer. Mas o fato é que os membros do conselho de Debbie já estão sendo pagos com o prazer que recebem. Eles provavelmente estão obtendo mais retorno do que Debbie pode imaginar ao expandir suas próprias redes, aprender uns com os outros e coletar novas informações em cada reunião.

Rachel Shechtman, uma empresária que mora em Nova York, tem uma perspectiva fascinante sobre o assunto: "Existem certas partes da minha vida de que eu realmente gosto e que não quero transformar em um negócio. Criar mudanças para outra pessoa faz com que você comece a pensar sobre as maneiras pelas quais pode criar mudanças na própria vida. Para mim, isso vale mais do que uma compensação monetária."

A principal lição que tiro da experiência de Debbie é que, se você quer ajuda de outras pessoas, precisa pedir. Primeiro, porém, faça sua lição de casa. Debbie fez um curso de empreendedorismo e depois elaborou um sólido plano de negócios. (Claro, seus conselheiros mais tarde encontraram furos nele, mas tudo bem. Apenas ter um plano para começar ilustrou sua seriedade e compromisso. Muitas vezes me sinto frustrado por pessoas que me pedem ajuda, mas não fizeram o trabalho inicial que tornaria meu tempo valioso para eles, como ter lido o que já escrevi sobre o assunto.) Em seguida, ciente das lacunas em sua própria base de conhecimento, Debbie listou as qualidades de que precisava em um conselho consultivo. Por fim, ela saiu e encontrou pessoas com as habilidades certas, certificando-se de ter seu discurso de cinco minutos ensaiado para que, se achasse um conselheiro ideal em um elevador ou em uma festa, ela estaria pronta para entrar em ação.

Como Debbie descobriu, o objetivo é incutir nos outros o mesmo fervor que você tem. É por isso que a pessoa mais fácil de ajudar é aquela que anseia pelo sucesso, porque o sucesso e a atitude são contagiosos. Os outros querem sentir que ajudaram você a ter sucesso. Por outro lado, se sua energia está baixa, você se sente derrotado o tempo todo e não tem a quem recorrer, procure ajuda profissional ou fale com um membro do clero — porque a ajuda está disponível. Mas antes de fazer qualquer coisa, você precisa de auxílio para sair de sua paralisação emocional.

Uma influente executiva de mídia social que conheço tem uma compreensão aguçada do papel da generosidade tanto nos negócios quanto na vida. Lena West é fundadora e CEO da Convengine, uma empresa de consultoria de Nova York que ajuda empresas em crescimento a lucrar com o poder das mídias sociais e da internet. Ela é integrante da Women Presidents' Organization e também atua no conselho consultivo do Center for Women's Business Research. Quando executivos se reúnem para debater sobre os negócios da internet, é bem provável que você encontre Lena listada como palestrante.

Entre os principais compromissos de Lena? Apoio mútuo — no caso dela, um grupo de responsabilização composto por cinco líderes empresariais, de setores não concorrentes, que se reúnem uma vez por mês durante quase três horas. Os membros se comprometem a comparecer às reuniões e a torná-las uma prioridade em suas vidas, tanto que, quando Lena pegou uma gripe, foi à reunião com uma laringite violenta para não faltar. Como ela me disse, os membros apareciam não apenas por si mesmos, mas em nome do grupo.

"Quanto mais sucedida eu sou nos negócios", diz Lena, "mais vejo que realmente é necessária uma fusão de vários sistemas de suporte para ajudar a impulsionar seus negócios e carreira".

Desde cedo, Lena aprendeu a importância de ser capaz de aceitar a generosidade. "Se você quer que as coisas entrem em sua vida — sucesso financeiro, perda de peso, seja o que for —, tem que estar disposto a receber. Penso em estar disposto a receber como uma parte sensorial do meu cérebro. Então, quando as pessoas querem me ajudar, eu deixo que me ajudem! Outras pessoas devem ter a oportunidade de doar. Eles querem doar — e nem sempre isso tem a ver com você."

Dê, Receba, Repita

Em *Jamais Coma Sozinho*, escrevi sobre quando meu pai, que estava desempregado na época, notou um triciclo sendo jogado fora por uma mulher que morava perto de nós. Faltavam poucos dias para o Natal. Papai bateu na porta dela e perguntou se poderia pegá-lo para mim. A mulher não apenas nos deu — ela também nos deu uma bicicleta e um kart!

Meu pai se foi, mas sempre que volto para casa para visitar minha mãe, passo pela casa daquela mulher e penso em sua generosidade (e em meu triciclo). Sempre serei grato a ela. Também penso em como ela deve ter se sentido bem ao dar um triciclo sem uso a uma família de desconhecidos necessitados. Quem ganhou o melhor presente naquele Natal — eu ou ela? O fato é que nós dois fomos os grandes vencedores. O que é, precisamente, o meu argumento. O poder da generosidade é que ela cria boa vontade em ambas as direções. Meu pai pode ter sido um cara orgulhoso, mas acho que ele também entendeu que o auge da generosidade não é apenas ajudar os outros, mas permitir que eles nos ajudem. É a maneira mais segura que conheço de quebrar o gelo em um relacionamento e permitir que ele se transforme em algo mais profundo e significativo.

MINDSET #2

vulnerabilidade

De Quem Você Gosta Mais?

"Olá, sou Keith Ferrazzi. Deixe-me contar o que conquistei em minha vida!"

Se eu me apresentasse dessa forma, recitando uma lista de realizações e feitos, você pensaria: *Ok, grande coisa. Agora, por que estou aqui?* ou *O que você pode fazer por mim?* ou talvez *Que idiota!* Então, vamos rebobinar essa cena.

"Oi, eu sou Keith. Cresci em Pittsburgh, filho de uma faxineira e de um metalúrgico. Felizmente, fui abençoado com pais que acreditavam em dar uma boa educação a seus filhos. Foi muito difícil para todos nós e, desde então, tenho trabalhado o máximo que posso para compensar seus sacrifícios. O que estou tentando fazer não é apenas um trabalho, é um sonho. É também uma luta, principalmente autoimposta. Deixe-me falar disso para você."

Mesmo cara, duas histórias diferentes. O primeiro soa como o início de um verbete da Wikipédia, enquanto o segundo parece alguém que realmente deseja compartilhar algo de si para ajudá-lo a saber quem ele é e qual é o seu histórico. O primeiro Keith é um fanfarrão e presunçoso. O segundo é o que meu pai chamaria de cara normal. Ambas as apresentações são factuais. Mas elas representam duas versões da minha biografia. Infelizmente, essa primeira introdução é aquela que eu costumava tentar passar o mais rápido possível quando estava construindo minha carreira e querendo impressionar as pessoas. Fiz isso, embora tenha certeza de que quase todo mundo que eu conhecia preferiria ter o segundo Keith como amigo e conselheiro de confiança. O que levanta algumas questões importantes.

A primeira é: em um mundo que valoriza tanto o sucesso e as realizações, por que nos sentimos mais à vontade com o segundo Keith? Não é porque simpatizamos com sua infância pobre; crianças abastadas de origens privilegiadas têm seus próprios problemas e desafios e suas próprias histórias para contar. Não, nós nos inclinamos para o segundo Keith, eu acho, porque simpatizamos com sua humanidade. Aquele Keith está se tornando vulnerável. Nós nos identificamos com suas lutas e vulnerabilidades porque todos nós (ricos e pobres) passamos por nossas próprias.

O que nos leva à segunda pergunta, mais difícil: se todos preferimos pessoas vulneráveis como o segundo Keith, por que a maioria de nós se esforça tanto para esconder nossas vulnerabilidades? Dito de outra forma, por que eu me apresentaria de uma forma que essencialmente me aliena dos outros?

A resposta é que tememos que o segundo mindset, a vulnerabilidade, apesar de seu apelo, seja visto pelos outros como mole, até mesmo covarde. Mas, se você acredita nisso, está completamente errado.

Não Seja um Covarde — Tenha a Coragem de Ser Vulnerável

Não podemos nos dar ao luxo de parecer fracos, seja no escritório ou em nossas vidas pessoais — certo? Isso coloca um alvo nas nossas costas, ou assim acreditamos. Mas, acredite em mim: ser vulnerável exige uma coragem incrível. É um mindset crucial para dominar se você espera construir um círculo de conselheiros de confiança em sua vida. Além disso, é o parceiro e antecessor necessário para a sinceridade — a coragem de expressar a verdade sobre você e os outros e receber a verdade em troca. Então, o que é vulnerabilidade? É a coragem de revelar seus pensamentos íntimos, defeitos e tudo, para outra pessoa. É por isso que é fundamental criar primeiro um lugar seguro, em que você possa experimentar uma intimidade profunda — ou o que costumo chamar de intimidade ao ponto da vulnerabilidade.

Vulnerabilidade é admitir que você tem dúvidas e medos — e que precisa do apoio e incentivo de outras pessoas para superar aquilo que o atrasa e alcançar seus objetivos.

Muitas vezes permitimos que nossos medos — de ser vulneráveis ou de qualquer outra coisa — se tornem fantasias horríveis que fogem de nosso controle. E o que acontece em seguida é nossa imaginação nos dizer que tomar alguma atitude inócua, como pedir ajuda, vai nos matar. Nós congelamos e corremos para o outro lado.

Existe um termo científico para esse medo irracional: "saliência da mortalidade". Refere-se ao medo natural da morte que todos os humanos compartilham. Alguns cientistas comportamentais especulam que projetamos nosso medo da morte em todos os tipos de eventos desconfortáveis — como deixar de atingir uma meta nos negócios. Como muitos de nossos comportamentos, a saliência da mortalidade é outro instinto de sobrevivência. Sabemos que não vamos realmente morrer de vergonha, mas nos sentimos assim no momento — como se estivéssemos lutando por nossa própria sobrevivência.

Um Risco que Paga Dividendos

O ingrediente secreto para estabelecer relacionamentos de linha de vida é a vulnerabilidade, mas é um segredo que está escondido à vista de todos. Para nos conectarmos genuinamente com os outros, precisamos estar dispostos a nos revelar. Afinal, não adianta reter informações. É como mentir para seu terapeuta sobre o que está acontecendo em sua vida — de que adianta? Levei décadas para perceber que, ao compartilhar nossas vulnerabilidades, nos permitimos uma maneira de nos livrarmos delas.

Ao compartilhar seus medos mais profundos e momentos ou fracassos mais embaraçosos com outra pessoa cujo conselho e amizade você admira e respeita, você descobrirá que várias coisas acontecem.

1. Ao deixar outra pessoa saber sobre seus medos e preocupações, você abriu uma válvula de pressão emocional, permitindo que a tensão que você estava segurando escapasse. Você descobrirá que pode respirar novamente e começar a seguir em frente e abordar o problema de uma maneira melhor.
2. A pessoa em quem você confia provavelmente ficará mais próxima, graças à sua disposição de arriscar revelar seus medos e fracassos. Além disso, é somente trabalhando para estabelecer algumas amizades íntimas dessa natureza que você poderá confiar nessas pessoas o suficiente para pedir ajuda quando mais precisar, e que elas se importarão o suficiente para oferecê-la.
3. Você descobrirá que quanto mais estiver disposto a falar abertamente sobre o que precisa, mais pessoas virão até você e oferecerão ajuda.
4. O resultado cumulativo de todas essas coisas é que você dominará a capacidade de criar e sustentar uma experiência de espaço seguro com mais e mais pessoas em sua vida. Ao confiar nos outros, você se tornará confiável. As pessoas vão procurá-lo como conselheiro e confidente. Quando ninguém mais tiver as respostas, você se tornará aquela pessoa chamada a ajudar. Em outras palavras, se tornará uma linha de vida para os outros. E porque criamos nossa realidade por meio de nossas palavras e ações, outros se tornarão linhas de vida em troca.

As recompensas são enormes, acredite. Quando se abre para as pessoas, você se sente muito menos sozinho. Você não apenas ganhará o respeito e a empatia delas, mas também descobrirá que outras pessoas realmente querem ajudá-lo. Você terá mais energia e foco no que faz, porque ficará aliviado daquilo que o Dr. Mark Goulston chama de "apoiar todos os seus problemas e preocupações acima de sua própria cabeça — como Atlas sustentando o mundo."

Pouco depois do 11 de setembro, Mark foi contratado para trabalhar com um grupo de cerca de duas dúzias de advogados e consultores financeiros. Todos confessaram estar profundamente deprimidos com os ataques terroristas, que os deixaram (e a todos os outros) assustados e vulneráveis.

A abordagem de Mark era tornar a experiência pessoal. Ele pediu a cada pessoa na sala para compartilhar um momento doloroso e altamente vulnerável em suas vidas e, em seguida, falar sobre como ela passou por aquilo. "Eu queria que eles vissem por experiência própria como os humanos realmente são resilientes", recorda Mark.

As respostas que obteve o surpreenderam. Um cara era um advogado de defesa criminal experiente e duro, não o tipo de pessoa que você imaginaria se abrir facilmente com as outras. Os ataques terroristas, porém, o haviam abalado muito. Outro evento o mudou também. Sua filha mais nova, ele disse ao grupo, nasceu prematura, pesando apenas um quilo e meio. "Eu ia visitá-la no berçário", disse o homem, "e colocava meu dedo mindinho em sua mão e ela o agarrava com toda a força. Pensava: se ela pode fazer isso, eu também posso."

Ali estava esse advogado competitivo e analítico que confessou a uma sala cheia de estranhos que precisava de algo em que se agarrar após o 11 de setembro. Uau.

Primeiro, Construa uma Base

Certa vez, quando eu estava na Itália, visitando minha família perto de Milão, uma de minhas tias-avós me levou ao cemitério de uma igreja local onde muitos de meus parentes estão enterrados. A própria igreja é uma daquelas catedrais renascentistas com uma cúpula alta. Olhando acima dos bancos, é difícil imaginar como foi construída. Mas, do lado de fora, quando você percorre com os olhos de cima a baixo o exterior, pode ver como a cúpula abobadada repousa sobre colunas firmes, que por sua vez são sustentadas por fundações consideráveis. Está tudo ali, para qualquer um ver.

Para mim, a coragem de revelar suas vulnerabilidades me lembra a estrutura que sustenta aquela cúpula. Ninguém jamais tentaria construir uma igreja de cima para baixo. Mas as pessoas muitas vezes cometem o erro de pensar que estou pedindo que revelem seus medos e vulnerabilidades mais profundos antes de construírem uma base de intimidade com outra pessoa. Elas, com razão, temem parecer patéticas ou arrogantes.

A chave para construir esse tipo de fundação, levando ao respeito, empatia e confiança, é fazê-lo gradualmente, por meio de graus crescentes de intimidade e autorrevelação.

É claro que aprender a ser mais vulnerável com as pessoas certas parece ótimo no papel, mas como começar? Poucas pessoas se sentem à vontade para abordar um estranho em um evento de negócios e contar seus medos e inseguranças. E sabe de uma coisa? Você não deve fazê-lo! Você primeiro tem que construir aquela base que dá permissão para tais níveis de intimidade.

Tente o seguinte: durante o almoço com um colega ou amigo, alguém em quem você sente que pode confiar, compartilhe uma fraqueza, uma preocupação ou uma insegurança — de preferência algo com alguma substância razoável. Comece com a menor preocupação possível — apenas certifique-se de que é algo que realmente o incomoda. Você descobrirá que não morrerá e isso pode até levar esse relacionamento a outro nível. Provavelmente descobrirá que a pessoa com quem está conversando oferecerá conselhos ou compartilhará algo sobre si mesma. Caramba, essa pessoa pode ter exatamente o mesmo problema — muitas vezes somos menos únicos do que pensamos! A questão é que você vai perceber, se ainda não percebeu, que ser aberto é o que nos permite parecer humanos e nos conectar.

SCOTT BOWEN, DIRETOR FINANCEIRO

Conheci Scott Bowen quando ele era CFO do Deutsche Bank Americas, a empresa de investimentos. Ele contratou a Ferrazzi Greenlight para entrar e trabalhar com cerca de uma dúzia de pessoas em sua equipe sênior de finanças em Nova York. Na época, ele passava por uma grande transformação em sua divisão e estava, em suas próprias palavras, "tentando levar esse grupo de pessoas ao ponto em que pudéssemos trabalhar juntos e fazer com que todos fossem abertos e totalmente responsáveis uns pelos outros".

Eu sabia que isso seria um grande desafio, porque empresas de Wall Street como o Deutsche Bank são bem conhecidas por sua cultura conservadora. As relações no trabalho podem ser formais e hierárquicas. Então, eu e a equipe da FG organizamos uma série de workshops com o objetivo de quebrar barreiras no relacionamento entre os membros da equipe de Scott. A ideia era fazer com que todos compartilhassem suas histórias pessoais e alcançassem um nível completamente novo de intimidade, que facilitaria um ambiente totalmente novo marcado pela comunicação franca. (Isso deve soar familiar, pois é o processo de espaço seguro sobre o qual você acabou de ler neste livro.)

Ao promover uma cultura de apoio mútuo no Deutsche Bank, primeiro entre sua equipe e, depois, da equipe para aqueles a quem serviam, os desafios estratégicos e operacionais significativos que enfrentavam foram resolvidos com mais facilidade. Mas o resultado mais importante? Scott se tornou um líder muito melhor. Ele pediu à FG algumas rodas de treinamento em torno do conceito de "apoio pessoal mais profundo no local de trabalho" e encontrou seu lugar seguro com nossa equipe como coaches externos.

"A medida do sucesso para mim foi que comecei a ter reuniões muito francas com esses caras", explicou Scott, "e conseguia fazer isso regularmente — muito mais do que antes. Fui capaz de obter respostas muito mais rapidamente e, como resultado, fui mais aberto com minha equipe."

O relacionamento de Scott com sua equipe melhorou em grande parte porque ele estava disposto a tratá-los como colegas e perguntar o que poderia fazer para servi-los melhor como líder. "Keith diz que sou um espertinho", relata Scott com uma risada. "Eu tinha um estilo de gestão em que, às vezes, era um pouco sarcástico com as pessoas, talvez até um pouco ácido. Então, aceitei as críticas que minha equipe me fez e mudei um pouco desse comportamento. Parei de atacar as pessoas. Sem a contribuição do grupo, eu teria reagido negativamente. Eu estava mudando minha maneira de liderar. E funcionou."

Não apenas funcionou, mas recentemente Scott assumiu um papel de liderança ainda maior, como diretor administrativo e CFO global de banco de investimento em outra empresa. Hoje, ele está fazendo para sua nova equipe o que a FG fez com ele para sua antiga equipe (uma das primeiras coisas que Scott fez foi nos trazer para conhecer o chefe de RH de sua nova empresa). Além do mais, ele se tornou um evangelista de algo sobre o qual ele fazia piada!

"Sério, Até no Trabalho?" Sim, Até no Trabalho

A maioria de nós foi condicionada a evitar falar sobre as coisas em que não nos destacamos, por medo de parecer fracos, principalmente em nossas vidas profissionais. O problema é que essa tática, geralmente, não funciona. Nos negócios, vejo pessoas fracassando o tempo todo porque se recusam a reconhecer o medo de falar na frente do chefe ou o medo de não ter certas habilidades ou conhecimentos. (Eu frequentemente vejo isso nas revisões anuais.) Elas ficam petrificadas para admitir suas deficiências. Elas tentam escondê-las, ignorá-las ou, pior de tudo, negá-las.

Quando uma empresa de tecnologia de renome contratou a FG para transformar as habilidades de relacionamento de sua equipe global de vendas e melhorar sua capacidade de se diferenciar diante dos clientes, percebi imediatamente um dos problemas que eles estavam enfrentando: a alta administração se recusava a admitir suas falhas. Individual e corporativamente, o ego e a fanfarronice que aconteciam para não serem vistos como fracos eram quase risíveis. A administração fazia um grande esforço para evitar parecer algo diferente de excepcional.

É claro que todos na equipe de vendas podiam identificar as falhas e fraquezas da empresa a mil metros de distância, bem como as tentativas da administração de negá-las. Como resultado, criou-se involuntariamente um ambiente de trapaça e desconfiança. Pior ainda, a mensagem transmitida indiretamente por toda a empresa era a seguinte: se você quer chegar ao topo, nunca deixe as pessoas verem que você está suando. Nunca peça ajuda e nunca admita um erro. Não é de admirar que a empresa estivesse em dificuldades; não é de admirar que a administração não conseguisse fazer com que a equipe de vendas adotasse a melhoria e a mudança, apesar dos milhões de dólares que haviam gastado.

Vejo isso o tempo todo: equipes de liderança que estabelecem um padrão de falsa perfeição, fechando assim o potencial para uma cultura de melhoria contínua e crescimento genuíno.

Uma coisa que aprendi nos negócios e na minha vida pessoal é que, quando nos permitimos ser vulneráveis — quando expomos nosso verdadeiro eu interior aos colegas, com todos os nossos pontos fortes e fracos, todas as nossas realizações, habilidades e falhas —, criamos uma conexão elétrica que leva à confiança e à intimidade como nada mais é capaz de fazer. Permitir-nos ser vulneráveis com outra pessoa pode rapidamente transformar relacionamentos formais de trabalho em amizades verdadeiras — e formar a base para um nível mais profundo de compromisso, confiança e até mesmo alegria na vida cotidiana.

Confie em Mim

Quando pergunto às pessoas qual é o elemento mais importante de qualquer relacionamento, desde salas de reuniões até salas de aula do ensino médio, a primeira coisa que ouço é confiança. Mas a confiança não acontece simplesmente pedindo aos outros que confiem em você. Ela tem que ser conquistada. Você não pode dizer "Os membros desta equipe precisam começar a confiar uns nos outros", assim como não pode dizer "Você precisa me amar" para uma pessoa que não tem interesse em um relacionamento romântico com você. (Sim, eu tentei isso também.)

Na realidade, desenvolver confiança é um processo que resulta de sua disposição de ser vulnerável. Alguns de nós nos sentimos vulneráveis só de nos apresentar, compartilhar algo pessoal sobre nossa família ou falar sobre uma ou duas coisas que realmente importam para nós. Outros podem ir mais longe, mais rápido. Mas ninguém vai realmente confiar em você até que você se torne aberto o suficiente, sincero o suficiente e corajoso o suficiente para arriscar baixar a guarda.

Em *Jamais Coma Sozinho*, citei a frase "A luz do sol é o melhor desinfetante", proferida pelo juiz da Suprema Corte Louis Brandeis. É uma citação que sempre adorei. Para mim, isso significa que nossa capacidade de expor as coisas e compartilhá-las com os outros nos alivia da angústia de reter tudo. Quanto mais rápido pudermos identificá-las, mais as puxaremos para a luz; quanto mais as compartilhamos com nossos colegas, mais eles podem nos ajudar a deixá-las para trás.

Os Oito Passos para a Intimidade Instantânea

Então, agora que você entende os benefícios da vulnerabilidade, o estado final, vamos dar uma olhada nas Oito Etapas para a Intimidade Instantânea que o levarão até lá. Isso pode ser colocado em prática ao conhecer alguém novo ou quando você quiser transformar um relacionamento que já tem em algo maior e melhor — uma linha de vida.

1. Crie um ambiente autêntico ao seu redor

Vou começar com o tipo de ambiente que você não quer ao seu redor. Um dos meus momentos menos autênticos — um que nunca esqueci — veio depois do sucesso de *Jamais Coma Sozinho*, quando fui convidado para um jantar privado em Chicago com Larry King. Quando cheguei, Larry disse: "Então você é o próximo Harvey Mackay?" Harvey Mackay, claro, é o autor best-seller de *Como Nadar Com os Tubarões Sem Ser Comido Vivo* e um grande orador que já apareceu inúmeras vezes no programa de TV de King. "Teremos que fazer algo com você", disse King.

Eu pensei: *Uau! Larry King acabou de me conhecer e já está falando em me ter em seu programa!* Mas, em vez de ser apenas eu mesmo, tentando conversar e entender melhor o homem Larry King, passei o jantar inteiro me apresentando. Eu estava constrangido, com medo e tentando muito impressioná-lo. Enchi Larry e outros de perguntas no jantar, lancei farpas espirituosas e dominei completamente a conversa. Em vez de recuar, deixando King explorar nosso novo relacionamento em seu próprio ritmo e ouvir o que os outros tinham a dizer — em vez de ser *verdadeiro* — eu vesti o manto do Sr. No Comando.

Pude ver pela linguagem corporal dele que King estava desconcertado com minha performance boba e equivocada. (Eu quase podia ouvi-lo pensando: *Alguém tire-o daqui!*) Mas eu estava tão nervoso e agitado que, em vez de recuar, apenas segui atuando com mais força. Não surpreendentemente, não fui convidado para o programa naquela época.

Autenticidade tem tudo a ver com ser realmente quem você é. Veja minha tia Rose. Ela era o tipo de pessoa que fazia você se sentir bem-vindo quando entrava na sala. E você também não precisava ser sobrinho dela. Ela era assim com todo mundo. Você sempre sentia que ela estava do seu lado de alguma forma. Tia Rose era alguém que você adoraria ter em seu círculo íntimo — o tipo de pessoa com quem você poderia ser completamente aberto e ainda assim se sentir seguro.

Então, como essas pessoas fazem isso? Na verdade, é bem simples. E cada um de nós também pode fazer isso. Tudo começa com autenticidade — a arte de se tornar verdadeiro.

"O desafio mais difícil é ser você mesmo em um mundo onde todos estão tentando fazer você ser outra pessoa", disse o poeta E. E. Cummings. É verdade. Autenticidade é saber quem você é e não tentar parecer alguém ou algo que você não é. Trata-se de sair de si mesmo e tentar se conectar genuinamente com outra pessoa.

Você já entrou em uma sala completamente intimidado com antecedência, tentando se preparar antes de entrar pela porta? O primeiro passo é manter os pés no chão. Respirar fundo. Relaxar. Deixar a outra pessoa ver quem você é e o que tem a oferecer — sua preocupação, seu interesse, sua paixão, sua inteligência, sua habilidade. Ouça aquela autêntica voz interior. Medite por alguns minutos ou apenas respire fundo algumas vezes. Para mim, o exercício me ajuda a esvaziar minha mente e encontrar essa voz interior.

2. Suspenda seus preconceitos

Depois de ler o subtítulo desta seção, você pode estar pensando, *Keith, você foi longe demais. Eu não sou preconceituoso*!

Ah, mas você é. Todos nós somos. Todos nós fazemos prejulgamentos rápidos e furiosos dos outros. Considere o que acontece toda vez que você entra em uma sala cheia de pessoas. Você olha para alguém, essa pessoa olha para você, vocês avaliam um ao outro. Vocês estão se julgando.

Preconceito é simplesmente parte do ser humano. É assim que nossas mentes são projetadas! Pense desta forma: todos os dias, somos inundados com informações. A estereotipagem é um atalho que permite ao cérebro operar no dia a dia em um mundo repleto de informações. Milhares de anos atrás, avaliações rápidas de "amigo ou inimigo?" provavelmente salvaram a vida dos nossos ancestrais. Como resultado, somos todos vítimas e perpetradores de preconceito.

Recentemente, tive a honra de fazer o discurso de boas-vindas para a turma de calouros em Yale. Após meu discurso, no qual incluí alguns exercícios destinados a encorajar o apoio mútuo, uma estudante afro-americana se aproximou de mim timidamente. "Muito obrigada," ela começou. Mas eu percebi que ela tinha algo além de gratidão em sua mente. "Eu sei que todos os meus colegas de corredor devem pensar que sou realmente antissocial e estranha porque não falo com eles e visto as mesmas roupas todos os dias. Mas a razão pela qual não falo com ninguém é porque tenho vergonha de dizer às pessoas que, até o dia em que cheguei aqui, eu era uma sem-teto. Eu estava morando em um carro com minha mãe e meu irmão. Ela perdeu o emprego e estava fazendo o melhor que podia conosco, mas fomos expulsos de nosso apartamento e todas as nossas roupas ainda estavam trancadas lá dentro. Isso é tudo o que tenho."

Ela continuou: "De qualquer forma, finalmente criei coragem para compartilhar minha história com esse menino branco rico de Greenwich. Ele parecia não ter muito com o que se preocupar na vida. Mas quando ele ouviu minha história, ele começou a chorar. Ele disse que, durante toda a sua vida, o pai bateu nele e a mãe não fez nada para protegê-lo. Ele estava tão feliz por ficar longe de sua família surtada. Então, você nunca sabe tudo sobre as pessoas."

No complexo ambiente social de hoje, em que encontramos inúmeras pessoas, fazemos julgamentos errados o tempo todo. Todos nós conhecemos alguém de quem pensávamos que não gostávamos e, mais tarde, depois de conhecer essa pessoa, descobrimos que gostamos muito dela e que nossas impressões iniciais estavam totalmente erradas. Algumas dessas pessoas acabam se tornando nossos amigos mais próximos.

Mas, espere, você pensa. Estou disposto a admitir que tenho preconceitos sobre novas pessoas que conheço, mas certamente não os tenho sobre alguém que consideraria para meu círculo íntimo. Adivinhe novamente! Posso garantir que você tem noções preconcebidas até mesmo sobre seus amigos mais próximos. Esses preconceitos são uma das principais razões pelas quais tantos de nós temos tão poucos amigos íntimos ou conselheiros de confiança.

Em uma escala maior, as organizações empresariais também têm preconceitos culturais que atrapalham a produtividade — vendas desprezam o marketing, o marketing desrespeita o pessoal da pesquisa, as finanças parecem odiar todo mundo e todo mundo odeia o departamento de recursos humanos. E a empresa como um todo costuma desconfiar dos clientes e de suas exigências irracionais.

É por isso que acredito que a melhor habilidade pessoal para se praticar ao conhecer novas pessoas é entrar em todas as situações com o menor número possível de suposições. No mínimo, espere o melhor e procure maneiras de expressar seu interesse e preocupação pela outra pessoa.

Faça um experimento para mim. Da próxima vez que estiver em um coquetel, na hora do café ou em um evento da empresa, escolha um estranho na sala que você acha que parece um idiota ou parece intimidador e aborde-o. Faça um esforço genuíno para se aproximar e conhecer essa pessoa — e isso quer dizer ir além da conversa fiada. Significa abrir sua mente para a possibilidade de que esta é uma pessoa com quem você pode se importar. (Costumo dizer aos convidados em minhas festas que o trabalho deles naquela noite é exatamente isso, encontrar várias pessoas com quem eles realmente se importem).

Aqui está o que eu acho que vai acontecer: um indivíduo real emergirá daquela caricatura recortada de papelão que você imaginou em sua mente — e pode até ser uma pessoa de quem você gosta e quer conhecer melhor. Todos os dias vemos pessoas que não conhecemos. Corrija isso — você nunca sabe o que vai aparecer.

A vulnerabilidade não é fácil no início. Requer sair da nossa zona de conforto. Em minhas palestras, previsivelmente, este é o lugar em que começo a perder as pessoas. Alguém certamente gritará: "E se alguém usar essa informação contra mim?" Ou "Onde eu trabalho você simplesmente não conseguiria fazer isso — não faz parte da nossa cultura."

As mulheres me dizem: "Os homens nunca poderiam ser vulneráveis dessa maneira, eles são muito competitivos". E os homens me dizem: "As mulheres não farão isso, elas não podem se dar ao luxo de parecer fracas ou femininas no local de trabalho". No entanto, quando dou palestras, peço aos membros da plateia que se levantem e conversem com um estranho sobre algo que realmente importa para eles — e nada de conversa fiada em coquetéis, nem de "O clima não é ótimo onde você mora?" Esse é o tipo de conversa que leva as pessoas a esquecerem os nomes umas das outras antes mesmo de ela terminar.

Não, a ideia é dar início a relacionamentos reais, acontecendo em tempo real. Isso significa forçar o público a correr riscos pequenos e seguros que normalmente não acontecem em um auditório. Não estou interessado apenas em entreter as pessoas ou em intelectualizar o processo. Eu quero que o público realmente mude — agora! Quando digo às pessoas pela primeira vez para se levantarem e compartilharem algo pelo qual são realmente apaixonadas, posso ver todos os braços cruzados e rostos carrancudos. Mas o engraçado é que, quando elas começam, tudo o que consigo fazer é encurralá-los de volta em seus assentos!

Acho especialmente importante dizer a elas para não apenas dizerem pelo que são apaixonadas, mas para explicar o porquê. Peça-lhes que contem uma história! Francamente, houve momentos durante este exercício em que perdi o controle do meu público e não consegui colocá-los de volta em seus lugares — e é nessa hora que sei que estamos no caminho certo.

3. Projete o positivo

Em seguida, seja proativo e positivo. Depois de encontrar sua voz interior e saber que está falando com autenticidade, a partir daí é um passo simples para projetar sentimentos positivos em outras pessoas — os tipos de sentimentos que ajudarão a preencher a lacuna entre vocês e estabelecer um ambiente acolhedor e seguro para a outra pessoa, como fazia minha tia Rose.

Maxine Clark, fundadora e CEO da Build-a-Bear, é uma das empresárias mais dinâmicas que conheço. Certa vez, ela me contou uma ótima história sobre como lidar com pessoas duras. Quando ela era criança, crescendo em Coral Gables, Flórida, os amigos de seus pais às vezes apareciam em sua casa. Para uma criança, esses caras corpulentos e fisicamente imponentes eram simplesmente tio Joe e tio Don, amigos íntimos da família com os quais ela se sentia totalmente à vontade e que a cobriam de cuidados paternais na segurança de sua casa.

Mas quando Maxine entrou no mundo dos negócios, ela começou a encontrar caras que se pareciam com o tio Joe e o tio Don, mas que eram muito menos gentis com uma jovem que tentava chegar a algum lugar no mundo.

Então Maxine desenvolveu uma estratégia: toda vez que se deparava com injustiça ou preconceito, ela olhava nos olhos desses homens e lembrava que em algum lugar dentro da cabeça desse velho difícil estava o coração do tio Don e do tio Joe. Por fim, ela soube que poderia entrar em contato com esse coração para o benefício do relacionamento e, finalmente, para o benefício de sua missão, seja para obter financiamento e fazer seu negócio decolar ou ajudar uma escola do centro da cidade. Na maioria das vezes isso funcionou também!

Aqui está um ótimo conselho: pouco antes de entrar em uma sala, olhe nos olhos de todos que estão dentro dela. Agora, projete cada grama do seu ser no pensamento de que eles vão adorar sua mensagem. (Também pode ajudar elaborar sua mensagem desde o início com seu público em mente — não para impressionar ou parecer inteligente, mas para ser o mais generoso, útil e prestativo possível para seu público.)

Hoje em dia, sempre que entro em uma sala cheia de pessoas estranhas e fico nervoso ou com medo de que minha mensagem não ressoe, uso meu próprio truque para reorientar minha energia para o positivo. Imagino-me em algum momento no futuro, abraçando-as, como se fossem familiares há muito perdidos! Ou eu as imagino se aproximando de mim depois da palestra, contando como minha mensagem as impactou fortemente. Coisa interessante: minha percepção delas começa a mudar na hora. Eu as vejo se iluminar e seus gestos se tornam mais positivos. Percebo mais cabeças acenando (e menos olhares intimidadores) e esqueço completamente minhas inseguranças.

Sempre que penso de maneira positiva, o grupo também o faz. Tente, isso funciona.

4. Compartilhe suas paixões

Nada de realmente valioso pode acontecer em um relacionamento sem compartilhamento. E as coisas mais fáceis para começar são seus interesses e paixões. Compartilhar isso inicia uma reação em cadeia que faz com que todos se abram.

Os vendedores muitas vezes interpretam mal esse tipo de compartilhamento como um roteiro ou fórmula para aquecer uma fria visita ao escritório. Bobagem! Fale sobre as coisas da vida que realmente o motivam — e que nem sempre precisam ser algo que a outra pessoa tenha em comum com você. Lembre-se, não sinta que precisa ter algum gosto compartilhado, apenas compartilhe suas paixões, de preferência por meio de histórias. "Contar histórias é um transporte emocional", Peter Guber me disse mais de uma vez, e ele está certo.

Boas histórias podem dissolver limites emocionais. Às vezes, elas podem até ajudar as pessoas a conseguir empregos! Certa vez, perguntei a uma sala com dois mil representantes de vendas farmacêuticas quais eram suas maiores paixões. "E grite bem alto!" Eu berrei. Do fundo da sala, ouvi: "Sapatos!" Agora, eu não ia deixar isso passar. Desci até a plateia e encontrei a mulher que acabara de gritar aquilo. Eu perguntei a ela: "Então, por que sapatos? Conte uma história que me ajude a entender por que isso pode ser uma paixão."

A mulher olhou para seus pés antes de olhar para cima novamente. Era óbvio que estava avaliando se estava ou não em um ambiente seguro. Ela estava. "Bem, você pode ver que estou acima do peso." Ela parou por um longo tempo. "E quando experimento um novo par de sapatos, me sinto bonita."

Dei um grande abraço nela e o resto da sala aplaudiu sua coragem. A melhor parte? Uma semana depois, a mulher me mandou um e-mail para me agradecer por sua promoção. Ela explicou que sempre foi tímida e não se relacionava bem com seus colegas de trabalho. Aparentemente, após o evento, seu gerente a convidou para sair com vários outros gerentes naquela noite; ao relaxar, ela permitiu que sua personalidade e inteligência brilhassem. Um dos gerentes perguntou se ela queria fazer uma entrevista para uma vaga não publicada na sede, da qual ela nem sabia. Ela aceitou — e conseguiu o emprego.

Compartilhar suas paixões deve ser fácil, principalmente com pessoas que pensam da mesma forma. No entanto, sempre fico surpreso com quão poucas pessoas fazem isso. Certa vez, dei um seminário de treinamento para um grupo das mil principais executivas de tecnologia de uma empresa Fortune 500, reunidas como parte de um grupo de liderança feminina de apoio mútuo. Pedi a cada mulher que se voltasse para alguém que não conhecia e discutisse suas maiores paixões na vida. Você sabia que nenhuma na sala compartilhou qualquer informação sobre sua família e filhos? Nenhuma! Como elas poderiam esperar apoiar uma à outra se não conseguiam se sentir seguras o suficiente para chegar a esse nível básico de intimidade? Em outra ocasião, encontrei uma pequena equipe de dez homens em cargos altos de uma empresa, que trabalhavam uns com os outros quase todos os dias há anos. Em pouco tempo, conseguimos que eles falassem sobre suas vidas. Acontece que dois deles, colegas há oito anos, moravam no mesmo quarteirão e não sabiam. No mesmo quarteirão! Isso nem é intimidade, é apenas geografia simples.

5. Fale sobre seus objetivos e sonhos

O próximo nível envolve compartilhar seus objetivos e sonhos. Todo mundo os têm — objetivos para si mesmos, seus negócios, suas famílias. Muitas vezes, esses sonhos ficam trancados dentro de nossas cabeças. Mas falar sobre nossos sonhos com outras pessoas os torna mais concretos — e muito mais próximos de se tornarem realidade. É muito provável que outras pessoas se identifiquem com seus sonhos, os compartilhem e até mesmo o ajudem a realizá-los.

Mas você não pode saber nada disso até que se abra e compartilhe esses sonhos. Poucas coisas são mais poderosas — seja com clientes, entre equipes ou com qualquer pessoa com quem esperamos estabelecer um relacionamento mais profundo — do que poder conversar uns com os outros sobre para onde queremos ir neste mundo!

Recentemente, eu estava conversando com o chefe de treinamento e desenvolvimento de vendas de uma empresa de software. A conversa se concentrou em nosso programa de treinamento de relacionamento e em como ele diferia de outros treinamentos de vendas que a empresa havia recebido. Meu colega achou que nosso programa poderia complementar bem a metodologia de vendas que a empresa já estava usando. Ok —até aquele momento parecia uma ligação de vendas normal.

Mas, por instinto, perguntei-lhe de repente: "Qual é o seu verdadeiro objetivo profissional? Você trabalha no desenvolvimento de vendas por um motivo, o que realmente o motiva, o deixa animado com o que faz?"

Superficialmente, a questão não tinha nada a ver com a venda de nosso programa. Eu só estava interessado em saber mais sobre esse homem com quem eu estava conversando. (E, claro, quanto mais eu soubesse, mais me importaria e melhor poderia ajudá-lo.)

Minha pergunta levou nossa conversa por um caminho novo e inesperado. Seu sonho, ele me disse, era entender melhor como as pessoas realmente aprendem. A dinâmica da mudança comportamental humana o intrigava. Seu objetivo na vida era decifrar esse código e, talvez, publicar um artigo ou livro no processo. Bem, isso mexia comigo também! Afinal, abri minha própria empresa com essa missão em mente — transformar comportamentos, não apenas ensinar habilidades. Discutimos nossos valores compartilhados e nossas perspectivas distintas, e sugeri que ele falasse mais sobre o assunto com nossa equipe do Greenlight Research Group.

Ao ir mais fundo em uma simples ligação de vendas, encontrei mais do que meu próximo cliente. Encontrei um novo colega e potencial colaborador.

6. Revisite seu passado

Agora que nos abrimos o suficiente para compartilhar nossos interesses, paixões, aspirações, sonhos e objetivos — todas as coisas boas —, o próximo passo é projetado para nos tirar um pouco mais de nossa zona de conforto, compartilhando nossas lutas passadas. Se vulnerabilidade é como andar de bicicleta, é nesse momento que tiramos as rodinhas.

Por que focar em coisas de nossas vidas que já aconteceram? Bem, a maioria das pessoas acha mais fácil falar sobre as lutas do passado porque elas estão atrás de nós (é o que esperamos) e nós as superamos. Na verdade, falar sobre as lutas do passado pode até ser considerado como focar em nossos pontos fortes, porque não estaríamos aqui hoje se não tivéssemos superado as coisas que fizemos anos atrás.

Certa vez, trabalhei com uma empresa imobiliária de abrangência nacional cujo CEO não conseguia melhorar o desempenho de sua equipe executiva. David pegou uma agência sonolenta fundada por seu pai, presente em apenas uma cidade, e a transformou em uma potência de franquia. Ele era um empresário brilhante. O problema era que seu estilo pessoal dominador alienava muitos membros de sua equipe sênior.

Durante uma sessão de coaching com ele e sua equipe, eu disse a David: "Conte-nos sobre a maior luta pessoal que você teve em sua vida — aquela coisa única, que mais influenciou quem você é hoje."

Depois de ponderar por um minuto, David disse: "Meu relacionamento estranho com meu pai. Ele é um cara altamente competitivo, sempre tentando provar seu valor — até mesmo para mim. Mesmo estando semiaposentado, até hoje ele nunca me deu nenhuma validação pela maneira como desenvolvi este negócio. Não importa o que eu faça, sinto que estou vivendo na sombra dele."

Depois de uma pausa, ele acrescentou: "Às vezes acho que meu pai realmente gosta de me ver lutar, e até de fracassar."

Era como se alguém tivesse soltado o ar de um balão da empresa, que estava bem cheio e pronto para estourar. Houve uma expiração audível na sala. Todos conheciam o pai de David — ele era um personagem notório que ainda passava pelo escritório de vez em quando — e a tensão entre pai e filho era óbvia para todos.

Mas o fato de David ter admitido deu a seus funcionários um novo contexto para avaliar o homem. Antes da reunião, eles poderiam ter presumido que o estilo abrasivo e impetuoso de David era apenas o comportamento de mais um filho mimado representando o papel de seu pai, tentando impressionar o velho e descontando suas frustrações na equipe. Mas, em menos de dois minutos, a compreensão das próprias lutas de David fez com que começassem a sentir empatia por seu chefe.

Agora eles podiam entender seu medo de não cumprir o legado de seu pai e sua necessidade de sair da sombra dele. De repente — eu conseguia sentir isso —, eles começaram a torcer pelo cara.

O Entrepreneurs' Organization, um fórum de suporte de pares sobre o qual você ouvirá mais tarde, tem um exercício em que novos membros percorrem as linhas do tempo de suas histórias individuais, compartilhando os altos e baixos com o grupo. É um exercício comovente que instantaneamente aprofunda a compreensão mútua.

Meu argumento é o seguinte: se pudermos treinar empreendedores obstinados a se abrirem dessa maneira, você não terá desculpa para não fazê-lo com seus amigos, dentro de seu pequeno grupo de apoio e até mesmo dentro de sua família. Toda essa hostilidade e tensão evaporam quando falamos sobre como as experiências passadas contribuem para o nosso comportamento hoje — simplesmente cria alguma empatia mais básica. Não há melhor maneira de aprofundar seu relacionamento com as pessoas que você deseja em sua equipe e em sua vida.

7. O que está tirando o seu sono à noite?

Depois de estabelecer um lugar seguro para conversar, é hora de focar no agora. O que há na sua carreira que o está incomodando? E no seu trabalho? E naqueles que trabalham acima ou abaixo de você? O que tira o seu sono à noite? Como vai seu relacionamento com seu cônjuge ou parceiro, seus filhos ou pais? Você está com algum problema de saúde? Como está sua situação financeira? Lembre-se, não estou dizendo que você pode ou deve mergulhar nesse nível de autorrevelação com alguém que acabou de conhecer, mas esse é um nível necessário de compartilhamento para ambos os parceiros em um relacionamento de linha de vida.

Everette Phillips é um empresário que aproveitou seu conhecimento do setor manufatureiro chinês (trabalhou durante anos na Seiko Instruments, a relojoaria) em um negócio chamado Global Manufacturing Network. A empresa oferece uma cadeia de suprimentos sob demanda para ajudar as empresas dos EUA a obter rapidamente componentes e montagens na China. Enquanto estava na Seiko, Everette foi encorajado por um mentor a ingressar em uma rede formal de apoio mútuo na área. O conceito por trás disso era criar um lugar em que proprietários de pequenas e médias empresas pudessem se reunir em mesas-redondas comuns, de acordo com seu setor, para discutir os problemas que estão tirando seu sono à noite.

"Em cada reunião", diz Everette, "entramos em uma seção chamada 'O Que Está Tirando o Seu Sono?' Pode ser um problema com algum funcionário, um problema de vendas, um problema jurídico, você escolhe. Todo mundo traz um problema atual, então nós fornecemos um feedback honesto. Poderia ser 'Esta é a sexta vez que você traz isso à tona. Parece um ajuste ruim. Eu não acho que você pode fazer esse funcionário mudar.' Ou outra pessoa pode contar uma anedota de algo que a ajudou em uma situação semelhante. Assim, coletamos muitas informações uns dos outros e, em seguida, compartilhamos contatos que podem ajudar: 'Conheço um bom advogado para isso' ou 'Conheço um banqueiro de investimentos que pode ajudar com seu financiamento.'"

Seis anos atrás, Everette conheceu seu parceiro de negócios, Al Tien, em sua mesa-redonda de apoio. Ambos os homens tinham uma vasta experiência em manufatura. Ambos sabiam que gostariam de trabalhar juntos. Então, eles se sentaram para discutir onde suas capacidades se sobrepunham e onde não — uma conversa profunda só foi possível porque eles já tinham prática em compartilhar seus desafios mais prementes.

8. Medos futuros

O passo final em direção à intimidade e confiança é estar aberto e compartilhar seus medos e preocupações sobre o futuro.

Esta é a parte difícil. O passado superamos. O que estamos vivendo agora pode ser trabalhado. Mas nossos medos sobre o futuro são do que fantasias (e pesadelos) são feitas. É aqui que as verdadeiras inseguranças e fraquezas entram em jogo. Nossas preocupações podem girar em torno da economia, de que nossas limitações pessoais nos prejudiquem ou de que, afinal, não conseguiremos aquela promoção — seja o que for, em suma, que nos deixe com medo.

A experiência me diz que o que está por trás desses medos é nossa crença básica de que simplesmente não somos bons o suficiente para atingir o objetivo ou os objetivos que estabelecemos para nós mesmos. Que não merecemos qualquer que seja o nosso sonho. Que trabalhamos duro para manter o sonho vivo, mas em algum lugar lá no fundo proibimos que o sonho aconteça porque realmente não acreditamos que seja possível.

Eu mesmo lutei com esse problema. Toda a minha vida, eu tive que ir ao limite para chegar à frente. Quando terminei de carregar tacos depois da escola, entreguei jornais; nos fins de semana eu varria o canteiro de obras do meu pai. Estou bem familiarizado com a sensação de ralar muito para seguir em frente.

Mas eu sou assim. Esse sou eu. Aceitar as recompensas mais tarde na vida não me parece totalmente confortável; não é uma sensação "familiar", como meu colega Morrie Shechtman me lembra. Sempre temo que, inconscientemente, vou impedir minha equipe e a mim mesmo de alcançar o máximo do sucesso por causa de minha necessidade profundamente enraizada de batalhar.

Mas, ao compartilhar essa mentalidade com aqueles que se preocupam comigo, pude reconhecê-la e alterar meu pensamento. Falar sobre meus medos e me tornar vulnerável simplesmente me mudou. Agora posso ver meu comportamento com clareza e trabalhar para superá-lo. E minha equipe de consultores — aqueles que se preocupam com o sucesso da minha carreira — tem permissão (uma responsabilidade, na verdade) para me ajudar nessa luta. A melhor parte é que está dando certo.

Não vou mentir — romper esse modo de pensar não foi fácil para mim. A maioria de nós vive de uma maneira que envolve vender uma imagem de quem pensamos que as pessoas querem que sejamos (além de nós mesmos tentarmos comprá-la). Mas o poder de nos permitirmos ser vulneráveis aos outros e falar sobre nossas inseguranças e medos é a única coisa em que consigo pensar que pode nos ajudar a romper com esses velhos hábitos e formas de pensar.

MINDSET #3

sinceridade

Como um jovem estudante de graduação em Yale, fiz um curso de economia com James Tobin, o falecido estudioso keynesiano e vencedor do Prêmio Nobel. Eu me inscrevi em sua aula, embora nem remotamente me qualificasse para isso, porque queria aprender tudo o que pudesse com um cara tão brilhante quanto aquele. Não surpreendentemente, a disciplina acabou indo além da minha capacidade; obtive um C menos, e mesmo assim por um triz. A boa notícia é que pude conversar sobre ideias com um ganhador do Prêmio Nobel e até jogar pôquer com ele. Ele geralmente ganhava, eu voltava para casa com a carteira vazia, mas com a cabeça cheia de perguntas e ideias.

Com Tobin, aprendi que, em um mercado de ações ideal, todos os jogadores teriam conhecimento completo e igual sobre as ações que estavam negociando — o que ele chamava de "informação perfeita". O oposto de informação perfeita — um punhado de pessoas negociando ações com base em informações que o restante de nós não tem — também é conhecido como negociação com informações privilegiadas. Não é uma coisa boa.

Nada é perfeito, é claro, mas o ponto é que, para que todo o sistema funcione com mais eficiência, todos devem concordar em princípio com a divulgação completa e honesta. (Warren Buffett baseia suas decisões de investimento em parte se ele sente que os executivos de uma empresa são sinceros e não mascaram os problemas.) Você investiria no mercado de ações de um país em desenvolvimento onde suspeitasse que os números relatados pelas empresas fossem mentiras descaradas? Claro que não.

E assim é — ou deveria ser — em nossa vida pessoal e profissional. Aquele feedback valioso de outras pessoas que respeitamos e que se preocupam conosco e com nossas carreiras (chefes, amigos, colegas, cônjuges ou até mesmo coaches e terapeutas) pode nos ajudar a ficar mais conscientes de onde estamos, do que deveríamos fazer de diferente, do que devemos parar de fazer e como podemos ter um desempenho melhor. O poeta Robert Burns colocou de forma mais sucinta: "Ver a nós mesmos como os outros nos veem! Isso nos livraria de muitos erros."

Abrir-se ao feedback também é relativamente livre de riscos. Porque o que quer que nossos colegas de trabalho estejam pensando, eles estarão pensando de qualquer maneira! A franqueza deles não vai mudar isso. Por outro lado, isso pode nos abrir para oportunidades que nunca vimos antes.

O que eu quero dizer com sinceridade? A sinceridade é a capacidade de se envolver em críticas saudáveis, solidárias e com propósito — em oposição a guerras territoriais, picuinhas ou simplesmente virar as costas e não se comunicar sobre os problemas. Para mim, a sinceridade é o maior presente que você pode dar se vier de um lugar de preocupação suficiente com a outra pessoa para querer que ela melhore. Também é uma via de mão dupla — precisamos ser capazes de contar a verdade aos outros e recebê-la em troca.

No entanto, o maior problema com o qual lido ao trabalhar com clientes em todo o mundo é a falta de comunicação aberta, honesta, robusta e respeitosa. No mundo corporativo, a ausência de sinceridade é a causa mais corrosiva para um desempenho medíocre que conheço — e o principal culpado por trás daquela coisa conhecida como "política do escritório". A falta de sinceridade gera ressentimento e comportamento passivo-agressivo.

Então, por que não queremos ouvir a verdade? Porque pode doer!

Preocupamo-nos em ouvir algo que contradiga nossa autoimagem cuidadosamente construída. Da mesma forma, temos um medo mortal de ofender os outros dizendo-lhes a verdade. Como resultado, ficamos calados, abstemo-nos de comentar, falsificamos nossas opiniões, protegemos nossas apostas, suavizamos nossas críticas ou feedbacks e reformulamos nossas reações reais com um toque mais positivo (às vezes, até mentimos). Ser sincero um com o outro pode nos custar nossa autoestima, nosso emprego e até mesmo nossos amigos. A coisa toda é muito arriscada!

Ei, todos esses medos são compreensíveis.

Meu colega da Greenlight Research, Dr. Mark Goulston, diz: "Parte da razão pela qual não queremos ouvir a verdade é que temos medo de que ela se espalhe por todo o nosso ser. Então, se estou errado sobre uma coisa, posso estar errado sobre tudo! Na verdade, toda pessoa está errada sobre algumas coisas e certa sobre outras. Cada pessoa é muito boa em algumas coisas e não tão boa em outras. Uma vez que aceitamos que nossas deficiências não anulam nossos méritos, podemos compartimentalizar a crítica e não permitir que ela nos domine."

O Valor da Completa Transparência

Ser capaz de ouvir a verdade sobre o que os outros pensam de nós, nossas ações e nossos comportamentos é essencial para nos aproximarmos deles e formarmos um conselho de conselheiros próximo.

Primeiro, é vital que estejamos cientes do que está acontecendo, para que tenhamos a oportunidade de mudar nosso comportamento se estivermos agindo de maneira inadequada ou abaixo do ideal.

Em segundo lugar, no final, a verdade não vai a lugar nenhum. Ignore-a e ela o morderá no traseiro. Reprima-a e quase sempre vazará ou entrará em erupção de uma forma ou de outra — geralmente no pior momento possível — resultando em desempenhos medíocres a longo prazo. Tantas pessoas trabalham sob a suposição de que, se apenas fecharem a boca, ficarem fora da linha de fogo e colocarem uma mordaça em seus verdadeiros sentimentos, as coisas de alguma forma se consertarão. Desculpe, mas os problemas pioram quando são trancafiados.

Em terceiro lugar, evitar a sinceridade é mortal para o nosso sucesso a longo prazo. Estudos conduzidos desde a década de 1970 deixam claro que as pessoas que evitam conflitos prejudicam seus relacionamentos e seu sucesso. A sinceridade implica o envolvimento em conversas verdadeiras, duras e solidárias. Os funcionários que evitam a sinceridade genuína podem se tornar socialmente isolados daqueles ao seu redor. Evitar a transparência pode minar todos os aspectos de sua vida, desde o local de trabalho até seu lar, quer seja um cara que vai para a cama com raiva de sua esposa ou uma mãe que faz vista grossa quando sua filha repetidamente desrespeita o horário de voltar para casa.

Ao passo que aqueles que se engajam em ser transparentes:

- Facilitam uma compreensão geral das perspectivas de todos. Eles ouvem com atenção, não apenas esperam a sua vez de falar e muitas vezes são os mediadores de uma conversa com uma compreensão mais clara das necessidades, desejos e preocupações de ambas as partes. Por não terem medo de se expressar, eles podem expressar abertamente o que estão ouvindo e quais são suas impressões e interpretações pessoais do que realmente está sendo dito.
- São mais capazes de desenvolver soluções de alta qualidade. Como essas pessoas falam as coisas como são (não retendo informações ou fazendo política), as outras tendem a confiar nelas para apresentar soluções imparciais e equilibradas.
- São mais propensos a construir e manter relacionamentos mais fortes. As pessoas não estão preocupadas com o que a gente pensa delas e de suas ideias — e, como resultado, podemos nos voltar mais facilmente para um relacionamento de confiança com elas sem temer o que pode estar escondido sob a superfície.
- São mais competentes e mais respeitados. As pessoas respeitam a verdade mesmo quando não querem ouvi-la. Curiosamente, aqueles que tendem a ser mais transparentes tendem a gastar menos tempo com rodeios. Em vez disso, vão ao cerne do tópico em questão.

As Maneiras Certas e Erradas de Ser Sincero no Trabalho

As organizações e líderes para quem prestamos consultoria na FG, geralmente, veem o valor da sinceridade. O problema é que eles apenas fazem isso de todas as maneiras erradas possíveis.

A Maneira Errada

Primeiro, há a "entrevista de desligamento", uma prática corporativa comum. Quando um funcionário se demite, ele se senta à mesa de um representante de recursos humanos e é encorajado a fazer uma avaliação franca de sua experiência profissional para seu próprio bem e para o bem da empresa. A suposição, claro, é que quando os trabalhadores não têm nada a perder, eles falarão o que pensam sem medo de represálias. Mas isso realmente funciona?

Quando as empresas esperam até que os funcionários saiam (ou sejam demitidos) para ouvir o que eles realmente estão sentindo e pensando, é tarde demais para resolver o problema no que diz respeito ao funcionário em questão. Quando os funcionários que estão saindo não oferecem insights construtivos durante uma entrevista de desligamento, não é difícil descobrir o porquê. Eles provavelmente não se importam mais (não veem sentido em dizer à empresa o que pensam agora), estão chateados (e usam a entrevista de desligamento para se vingar) ou não querem correr o risco de ofender colegas (porque foram instruídos a não fechar nenhuma porta — bem, eles podem trabalhar com essas pessoas novamente algum dia).

Além disso, a simples ideia de uma entrevista de desligamento desencoraja inconscientemente a franqueza em uma organização. O processo pressupõe que os funcionários só desabafem quando não têm nada em jogo. Isso é exatamente o oposto da mentalidade de sinceridade, que é forjar relacionamentos mais próximos e profundos com um círculo confiável de conselheiros.

Outro exemplo equivocado de sinceridade corporativa é a avaliação 360 graus, na qual os funcionários dão feedbacks anônimos sobre um colega. Aqui o problema é o sigilo. Sem ninguém sentado à sua frente, os funcionários se sentem à vontade para apontar o dedo, enquanto as pessoas que são o alvo ficam frequentemente na defensiva ao receber o que consideram um "presente" indesejado. Em vez de críticas pelas costas, devemos aspirar a dar feedbacks sinceros e construtivos uns aos outros cara a cara. Isso torna a equipe muito mais forte. Nós nos esforçamos para alcançar esse tipo de abertura na FG e com nossos clientes.

Algumas empresas defendem a equidade e igualdade de condições para todos os seus funcionários e gerentes. Em tais culturas, a opinião de todos conta, e a sinceridade é mais comum. Outras firmas têm hierarquias distintas nas quais o poder e a comunicação são distribuídos de forma desigual — o que dificulta o enraizamento da sinceridade. Os funcionários dessas empresas podem se sentir incapazes de falar abertamente por medo de "dizer algo errado" e poderem irritar seus superiores.

Com toda a honestidade, acho que esse tipo de pensamento é contraproducente para as empresas e seus acionistas. Pesquisas têm mostrado que as organizações sinceras (e acredito que as famílias também) se beneficiam — até mesmo prosperam — das ideias e insights que resultam da comunicação aberta. Em seu best-seller *Paixão por Vencer*, Jack Welch, o lendário CEO da General Electric, e sua esposa, Suzy, dedicaram um capítulo inteiro à importância crítica da sinceridade. Mesmo em uma empresa muito tradicional como a General Electric, os Welch valorizavam, abraçavam e encorajavam a sinceridade e a transparência em toda a organização.

A Maneira Certa

Não estou dizendo que você tem que ser sincero com todos logo de cara. Experimente com pessoas em quem confia e em lugares em que há poucas desvantagens, como perguntar ao seu chefe como está se saindo em um projeto ou tarefa específica (você deveria fazer isso constantemente).

A chave é realmente querer ser um funcionário melhor — o que começa com um desejo pessoal de estar sempre na sua melhor forma. Peça feedbacks do topo e facilite para seu chefe responder. Envie-lhe um e-mail com antecedência pedindo-lhe que considere apenas uma coisa que você poderia fazer para melhorar seu desempenho no trabalho. Além disso, certifique-se de que o chefe descreva claramente os resultados finais pelos quais ele avaliará você e relate consistentemente seu progresso em relação a esses resultados por e-mail (e verbalmente também). Além disso, descubra se sua trajetória atual está adequada e se, por algum motivo, as expectativas do local de trabalho mudaram — porque as coisas mudam, como todos sabem, e fazer suposições é perigoso.

E se você der uma escorregada? Seja o primeiro a arrumar as coisas. Em última análise, você será recompensado por sua sinceridade e coragem se sugerir proativamente como resolver o problema. Certifique-se de pedir desculpas pelo erro e propor uma ação corretiva ou solução para diminuir as chances de que isso aconteça novamente. Agora, aja de acordo com sua promessa!

Vamos Ser Sinceros

Se queremos oferecer e receber sinceridade de outra pessoa, cabe a nós fazer isso acontecer. Se as pessoas de quem você gosta não estão sendo sinceras ou o estão protegendo da verdade sobre você ou suas ações, há um motivo. De alguma forma, você está transmitindo a elas que realmente não quer ouvir a verdade. Sim, o problema é seu.

Espere um minuto, você está pensando. *Por que é meu problema quando as pessoas são menos comunicativas ou honestas comigo? São elas que estão travando isso.* Talvez sim, mas geralmente há uma razão pela qual seus amigos o alimentam com bajulação o tempo todo e retêm a sinceridade.

Dizemos a nós mesmos que nossos amigos simplesmente não querem nos machucar, mas isso não é ser totalmente honesto. A verdade é que nossos amigos não querem dizer algo que possa prejudicar seu relacionamento conosco. Em outras palavras, na maioria das vezes eles não querem arriscar dizer algo que magoaria ou que os deixaria desconfortáveis. Eles estão com medo. E esse é, em última análise, nosso problema — e responsabilidade.

Levando a Sinceridade para Outro Nível

Então, você criou um lugar seguro abrindo-se para os outros, primeiro sendo generoso, depois sendo vulnerável. Agora, como você começa a ser mais sincero com seus amigos ou associados? Comece com um telefonema, uma xícara de café ou um jantar tranquilo. Você pode até mesmo fazê-lo de maneira eletrônica. Mas o mais importante, você quer que seus amigos entendam que a sinceridade é uma característica que você aprecia e valoriza — e que é seguro para eles lhe oferecerem um pouco.

Certa vez, enviei um e-mail a vários amigos próximos, solicitando um feedback sincero deles sobre as vezes em que sentiram que eu os havia decepcionado ou a outras pessoas. Quando meus amigos pegaram leve comigo, enviei outro e-mail, desta vez com o assunto "Eu estava falando sério, por favor! Isso é um favor para mim! Não tenham medo — preciso da ajuda de vocês!"

Bem, a represa se abriu — embora não da maneira que eu esperava. Um amigo escreveu de volta: "Seu e-mail parece o de um cara ocupado que realmente não se importa o tempo todo. Sem amabilidades, sem olá, sem reconhecimento do que significamos para você, sem maneira gentil de solicitar nosso tempo e esforço, sem explicação real sobre o propósito de como essas histórias irão ajudá-lo, não, obrigado."

Ele estava certo — e a verdade doía. Às vezes, quando estou no meu celular, respondendo a centenas de e-mails todos os dias em aviões, táxis ou apenas andando pela rua, uso uma forma abreviada de comunicação que não ganharia nenhum ponto da Srta. Boas Maneiras. Não estou tentando ser rude ou desrespeitoso, apenas eficiente — e o e-mail não é conhecido por sua capacidade de transmitir nuances, como a maioria de nós descobriu da maneira mais difícil. Ainda assim, isso não tornava meu comportamento aceitável.

Daquele momento em diante, jurei ser muito mais cuidadoso em meus e-mails, e é algo em que continuo trabalhando até hoje. Devo estar fazendo algo certo, pois tanto meus colegas quanto meus clientes me disseram que meus esforços para suavizar meu estilo de e-mail me ajudaram a (a) me expressar melhor e (b) transmitir melhor meu respeito aos destinatários.

J. P. Kelly, diretor administrativo da minha empresa, confessou que inicialmente ficou cético quando levantei a questão da sinceridade dentro da empresa. "Parecia um grande investimento de tempo, e estávamos todos sob pressão para atingir nossos números e garantir que nossos clientes fossem atendidos adequadamente", disse ele. "Eu pensei que essa coisa da psicologia sentimental seria perigosa. Mas, na verdade, isso nos tornou um tipo de lugar muito real e direto."

Para tornar o ato de dar e receber sinceridade uma parte maior de sua vida, aqui está uma lista de coisas a serem lembradas.

1. Encontre Pessoas Que Você Respeita

Não podemos ser sinceros com todos — nem gostaríamos de ser. É por isso que precisamos escolher criteriosamente as pessoas ao nosso redor cujas opiniões valorizamos. Quando você pensa sobre isso, nós respeitamos as pessoas por sua bondade, sua amizade, sua inteligência, sua sabedoria, sua motivação. É importante encontrar alguém que respeitamos antes mesmo de tentarmos nos envolver abertamente com ela. O que quero dizer com respeito? Tudo se resume a reconhecer a singularidade, o valor, a perspectiva e a sabedoria da outra pessoa. Se você não respeitar alguém, acredite, ela sentirá isso, e será impossível estabelecer um lugar seguro entre vocês dois.

E que tal aquelas pessoas que podem não ter a visão de negócios que você gostaria de ver em um consultor, mas a quem você respeita profundamente como pessoa? Essas pessoas podem ser ótimos relacionamentos de linha de vida, mas provavelmente não são elas que deveriam aconselhá-lo sobre questões de negócios específicas, que exigem conhecimentos específicos. Certifique-se de fazer as perguntas certas às pessoas certas — mas, em todos os casos, você precisará da espinha dorsal do respeito mútuo.

2. Crie a Oportunidade

Para iniciar um diálogo com outra pessoa e pedir seu feedback sincero, você pode precisar preparar as coisas antes de uma reunião com um e-mail, para que seu amigo tenha tempo de refletir sobre o que ele pode dizer de antemão. Aqui está um exemplo: "Jim, eu esperava que você me fizesse um favor. Você sabe que estou mirando nessa promoção. Francamente, todos os conselhos que eu puder obter seriam úteis. Eu realmente respeito a sua opinião. Você me vê todos os dias — você estaria disposto a dedicar meia hora do seu tempo para me dar um feedback sincero sobre o que faço bem e no que sou menos forte, da sua perspectiva? Tudo o que me disser será profundamente apreciado."

Se você está atrás de um feedback honesto de alguém, deixe-o saber que você está procurando uma crítica real e objetiva — não elogios ou meias-verdades. Para fazer isso, primeiro seja honesto consigo mesmo. Pergunte-se: por que estou abordando essa pessoa? Para que fim?

3. Deixe Claro Que Qualquer Feedback Que Você Recebe É um Presente

Expresse sua gratidão ao receber um feedback. O que você está pedindo é um presente — tempo, honestidade e feedback atencioso. Aqui está um exemplo: mesmo em minhas negociações com Greg Seal, às vezes tenho que lembrá-lo de que preciso de um feedback objetivo e duro! Quando ele o entrega, sempre transmito meus agradecimentos porque, mais uma vez, ele me lembrou do significado da verdadeira amizade.

4. Reconheça Suas Falhas

Não tente fingir ser algo que não é. A maioria de nós sabe, lá no fundo, o que está nos segurando. Ao reconhecer que tem questões que precisa trabalhar, você torna muito mais fácil para os outros serem honestos com você. Você pode começar: "Escute, eu sei que tenho muito trabalho para fazer, mas espero que você possa apontar algumas coisas em particular nas quais eu poderia me concentrar". Ao reconhecer de antemão que é imperfeito (quem não é?), você abre caminho para que a outra pessoa seja honesta.

5. Diga À Outra Pessoa o Que Você Planeja Fazer com o Conselho

Você não está pedindo conselhos para expor a outra pessoa, ou para "testá-la". E certamente não vai ficar com raiva ou na defensiva. Você está simplesmente coletando informações. Diga à outra pessoa honestamente: "Espero coletar feedbacks suficientes de um grupo de pessoas que respeito, para priorizar no que devo focar. Certamente entrarei em contato sobre isso, se você quiser. Apreciarei qualquer coisa que você tenha para me dizer. Não seja tímido — por favor, diga-me exatamente o que pensa."

6. Não Diga a Elas o Que Você Quer Ouvir

Meu conselho é começar de uma maneira mais geral e esperar que a outra pessoa dê o primeiro passo, apresentando algo específico. Se ela hesitar, gaguejar e resistir a dar um feedback direcionado a você, diga algo como: "De verdade, estou falando sério. Eu ficaria profundamente grato." Então faça uma pausa. Uma pausa é uma maneira muito eficaz de encorajar os outros a responder — a maioria das pessoas fará qualquer coisa para evitar um silêncio esquisito ou embaraçoso.

Certifique-se de não começar tomando a dianteira — identificando suas falhas e pedindo à outra pessoa que as confirme. Você está atrás de franqueza aqui, não de um efeito de eco. Deixe-se surpreender.

7. Faça Perguntas Específicas

Uma vez que a outra pessoa tenha dado o feedback, não há problema em trazer exemplos específicos para os quais você deseja obter reações. Por exemplo, você pode dizer: "Acho que posso ser muito intenso às vezes. O que você acha? Você se lembra de algum exemplo específico?"

8. É Pegar ou Largar — Mas Transmita Segurança

Lembre-se de que pedir críticas não significa que você deva agir de acordo com elas. Uma crítica é o que é: um feedback sincero de alguém que você respeita e cuja opinião é importante para você. Em última análise, você decide como ou se usará ou agirá com base nesse feedback. Quando discordo da perspectiva de alguém, simplesmente digo: "Obrigado" ou "Agradeço ouvir isso". Se estiver confuso, pedirei esclarecimentos — antes de agradecer à pessoa mais uma vez! Lembre-se, não há nada a perder — você está no controle.

9. Retribuindo

Idealmente, a sinceridade deve ser mútua — mas não precisa ser se a pessoa não tiver interesse em seu feedback sincero. Essa é a escolha dela. Lembre-se, a maioria das pessoas ganha muito ajudando os outros. Se você for realmente grato por suas contribuições, eles serão retribuídos instantaneamente pela boa sensação que estão tendo ao ajudá-lo. Para mim, o ápice da generosidade é permitir que outras pessoas nos ajudem — principalmente quando se importam conosco.

Seja a Pessoa que Fala na Cara

Muitas vezes, o problema mais óbvio — o elefante na sala, ou o que um cliente meu chama de "o peixe fedorento" — é o problema que todos percebem, mas que não é dito. Quando Peter Guber — e às vezes outros colegas — me contou sobre minha falta de foco, eles deixaram escapar algo que todos podiam ver.

Bob Kerrigan acha que metade da batalha para ser sincero é simplesmente reconhecer que o elefante (ou o peixe) está ali. Às vezes, apenas dar um feedback às pessoas sobre como você as vivencia pode ser uma revelação surpreendente, mas também pode ser uma maneira extremamente eficaz de consolidar um relacionamento.

Certa vez, fui consultor de uma empresa de gestão de riscos dirigida por um CEO obstinado e direto. Esse cara era um homem grande fisicamente e claramente gostava de usar isso a seu favor. Ele era, literal e figurativamente, o elefante na sala. Naquela noite, durante um coquetel com um grupo de altos executivos, ouvi-o gabar-se de ter subjugado repetidamente o presidente de sua própria empresa sobre este ou aquele assunto em que o CEO obviamente estava em vantagem. Ele estava se divertindo muito presenteando seus amigos com histórias de como se divertira às custas do presidente.

A certa altura, inclinei-me para ele e disse casualmente — como se fosse a coisa mais normal do mundo — "Diga, você realmente gosta de mexer com as pessoas, não é?" Sorri levemente ao dizer isso, mas, ao mesmo tempo, estava sendo completamente sincero e ele sabia disso.

Pelo olhar em seu rosto, era óbvio que ninguém jamais havia apontado isso para ele antes. Era igualmente óbvio que ele gostou da observação e apreciou minha coragem por apontar isso. Ele começou a rir e me deu um tapa nas costas. Eu ainda não tinha terminado, no entanto. Pensei em estabelecer um lugar seguro com ele. Eu estava sorrindo e me inclinando, meu tom meramente interessado e preocupado. "Você sempre consegue bons resultados com essa estratégia?" eu disse.

Desta vez, o CEO apertou os olhos, inclinou um pouco a cabeça, finalmente deu de ombros, olhou para o chão e depois olhou de volta para mim. "Sei o que você quer dizer", disse ele. Eu tinha a resposta, e ele também.

Senti, então, como sinto agora, que era importante para mim transmitir aos meus clientes que não os estou sobrecarregando. Sempre imaginei que 50% do meu trabalho é atender a empresa que me contrata e 50% é atender meu cliente, para ajudá-lo a ter mais sucesso pessoal. Essa foi minha maneira de mostrar ao CEO que me importava o suficiente — que estava engajado o suficiente — para dizer a verdade. E, nas semanas seguintes, ele me pediu para ajudá-lo a se concentrar em seu estilo desagradável, que eu estava convencido de que ele queria sinceramente mudar.

Elefante eliminado!

Fale na Cara, Mas Nunca Quando Estiver Bravo

Somos todos culpados de falta de sinceridade individual de tempos em tempos. Mas, lembre-se, quando evitamos a sinceridade — quando sufocamos nossos sentimentos ou o que nossos instintos nos incitam a dizer — os problemas não desaparecem. Em vez disso, eles se acumulam até explodirmos — e acabamos parecendo completamente loucos por termos uma reação exagerada.

Sou alguém que costumava evitar conflitos quando era mais jovem e, como resultado, meu temperamento costumava explodir muito. Hoje em dia, sou muito melhor em reconhecer meu próprio medidor de pressão. Por abordar os problemas quando eles acontecem, eles não aumentam a pressão dentro de mim em primeiro lugar.

Mas, naquela época, eu era um mestre do que hoje chamo de "sinceridade do bule". Pense em um bule no fogão. Está fervendo, chamas azuis do queimador lambendo o fundo. A tampa pode estar bem fechada, mas eventualmente o vapor tem que sair em algum lugar, certo? Então, como o vapor vai escapar? Resposta: de duas maneiras, em pequenos surtos (por meio de comportamento passivo-agressivo) ou em uma grande explosão ou estouro.

Olhando para trás, minha sinceridade de bule me envergonha. Não serviu a ninguém. Imagino que haja algumas pessoas por aí que conseguiram segurar o vapor durante todo esse tempo, e essas são as que têm úlceras e dores nas costas! Naquela época, eu não conseguia nem imaginar que havia outra opção, que era ser aberto e sincero desde o início, confiando nos meus instintos desde o início quando sentia que algo estava errado ou se sentia que alguém estava me decepcionando ou fazendo algo que pensava ser inapropriado.

A parte estranha é que, quando meu bule começou a ferver, pensei que estava sendo ultrassincero! Na verdade, ainda estava evitando os problemas reais; meu estilo de comunicação paralisava as outras pessoas ao meu redor e as desencorajava de realmente se envolverem comigo. Eu ainda estava evitando as verdadeiras conversas. Como resultado, consegui exatamente o que meu subconsciente queria — evitar conversas difíceis. Meu estilo de comunicação, para resumir, era totalmente improdutivo, não deixando espaço para uma discussão ou debate saudável. Explosões de temperamento permitem que pessoas avessas ao conflito evitem lidar com as emoções e questões reais — como descobri da maneira mais difícil.

Armadilhas da Sinceridade

Ser sincero com outra pessoa, às vezes, não sai do jeito que deveria. Aqui estão algumas coisas sobre as quais você deve estar atento.

Sinceridade Rebote

Sua primeira reação a um feedback sincero pode ser responder com o que chamo de "sinceridade rebote" — ou seja, uma sinceridade que é realmente mais olho por olho do que de coração. Por exemplo, em resposta à crítica de que estou exagerando, posso responder aos meus colegas: "Se você prestasse mais atenção à sua parte do negócio, eu não teria que fazer tanto, e eu poderia focar e priorizar melhor." Verdade ou não, isso teria basicamente refutado a opinião deles e os afastado.

Preparando-se para o "Mas"

Uma maneira realmente ruim (mas comum) de praticar a sinceridade é o que chamo de "preparar-se para o 'mas.'" Em uma tentativa sincera de amenizar as más notícias, as pessoas expressam suas críticas em uma enxurrada preliminar de elogios: "Adoro muito a maneira como você conduz as reuniões, e você é tão bom em envolver a equipe em novos programas, e você realmente sabe como escrever uma carta de apresentação..."

Todo mundo sabe o que vem depois da curva: mas. Isso deixa as outras pessoas nervosas, já que elas desconfiam das más notícias que sabem que estão prestes a atingi-las. Meu colega Morrie Shechtman, cujos ensinamentos sobre sinceridade o tornaram um dos coaches mais influentes da minha vida e de nossa equipe, chama isso de sanduíche de M — críticas imprensadas entre duas fatias de pão de forma.

É incrível como as empresas institucionalizaram a abordagem do "mas". Por que não ir direto ao ponto e resolver o problema? Dê o encorajamento, é claro, mas dê-o quando for devido. Afinal, esse é o ponto da sinceridade. Ninguém se beneficia com a bajulação falsa. A melhor crítica vem de um lugar que é claramente para o benefício da outra pessoa. Quando tudo estiver dito e feito, a honestidade logo de início é um presente.

Ver para Crer

Outro ponto a ter em mente sobre sinceridade é que as falhas percebidas de outra pessoa podem não ser, necessariamente, falhas. Você pode estar vendo as ações dela dessa maneira devido a um comportamento humano normal conhecido como viés de autoatendimento.

O viés de autoatendimento refere-se à nossa tendência de internalizar nosso sucesso (para ver nossos triunfos como algo que aconteceu como resultado de nossas ações — "Ganhei a regata porque sou um excelente velejador") e externalizar nosso fracasso (para ver que nossas falhas foram causadas por fatores externos — "Perdi a regata porque não havia vento").

Por outro lado, tendemos a internalizar o fracasso de outras pessoas (para ver o fracasso delas como culpa delas — "Você perdeu a regata porque não sabe velejar") e a externalizar o sucesso delas (perceber o sucesso delas como resultado de fatores externos, como sorte — "Você ganhou porque teve um grande vento de sudoeste").

Todos nós somos influenciados por vieses de autoatendimento. Eles não apenas reforçam nossos egos, mas também nos impedem de nos sentirmos inferiores. Quando criticamos outras pessoas, muitas vezes estamos realmente culpando os outros e insinuando que o fracasso deles é culpa deles. Quando os outros nos criticam, instintivamente rejeitamos suas palavras (na crença de que nossos fracassos raramente são culpa nossa) ou ficamos ofendidos.

O que não quer dizer que o comportamento pessoal nunca seja um problema. Naqueles momentos em que for, diga isso honestamente.

Você Apenas *Diz* Que Não Quer Machucá-los

Se você evita ser sincero para proteger os sentimentos de outras pessoas, então, no fundo, está sendo um covarde. Está protegendo a si mesmo mais do que a qualquer um — porque, simplesmente, não consegue lidar com a reação potencialmente negativa dos outros. Sua falta de sinceridade não tem relação com elas, mas com você. Se tivesse a ver apenas com elas, você diria, para que essas pessoas pudessem se beneficiar e seguir em frente.

Ao longo dos anos, também descobri que as pessoas que têm medo de conflitos estão preocupadas em preservar todos os relacionamentos que têm, porque não acham que podem recriar um relacionamento semelhante (ou qualquer outro) depois. Esse costuma ser o caso dos relacionamentos românticos: quantos de nós já nos preocupamos que ninguém jamais nos amaria novamente ou que nunca mais encontraríamos alguém como ele ou ela? Bobagem — há muitas pessoas por aí perfeitas para você.

Por Vergonha

Quando estamos inseguros e com raiva, é fácil descontar em outra pessoa, envergonhando-a. Mas essa crítica não surge de um desejo genuíno de ajudar um colega a resolver um problema. Ela é projetada para humilhar. Ou é a reação de um indivíduo assustado que não tem outras ferramentas à sua disposição.

Acho essa vergonha totalmente desesperadora. Isso atinge o âmago de uma pessoa, muitas vezes de uma maneira desagradável e grosseira. Diz à outra pessoa que ela é indigna não apenas por causa do trabalho que fez, mas por causa de quem ela é.

Podemos Confiar Que os Outros São Precisos?

Como você pode saber se a tentativa de alguém de ser sincero é precisa ou não? Afinal, outras pessoas às vezes podem distorcer a realidade. As pessoas projetam seus próprios problemas nos outros o tempo todo — o que significa que nos acusam de coisas que não gostam ou que fazem por conta própria. Meu conselho? Não peça apenas uma opinião. Peça conselhos a muitas pessoas. E fique atento ao que elas estão transmitindo por meio da linguagem corporal e da expressão facial.

Mas lembre-se: nunca refute ou debata com o que a outra pessoa está dizendo. Isso vai acabar detonando o lugar seguro que você criou — bum — como um castelo de cartas.

Minha empresa é muito mais sincera e aberta sobre tudo hoje em dia. Até J. P. Kelly, nosso diretor administrativo inicialmente cético, se surpreende com os benefícios da sinceridade. "As coisas aqui são tudo menos melosas", diz ele. "Um administrador pode dizer ao CEO: 'Para mim, o que você disse é besteira', e isso não faz com que ele seja demitido, mas que seja respeitado."

O que traz à tona o último ponto que quero destacar: a sinceridade, ou crítica cuidadosa, sempre acaba sendo maior do que a soma de suas partes. Em outras palavras, quando as trocas sinceras entre as pessoas colidem, a fusão gera insights inteiramente novos, novas ideias e novas abordagens — o que chamamos coletivamente de inovação, na qual o valor é criado — que poderiam nunca ter sido considerados de forma independente. A sinceridade nos dá a capacidade de assumir riscos, preparando-nos para resolver problemas de forma colaborativa — tanto no trabalho quanto em nossas vidas pessoais —, com melhores resultados do que jamais teríamos alcançado sozinhos.

MINDSET #4

responsabilização

Promessas, promessas. Todos nós já as ouvimos, todos nós as fizemos — aquela resolução de Ano Novo para perder peso ou parar de fumar, a promessa de sexta à noite para seus amigos de marchar até o escritório de seu chefe na segunda de manhã e pedir-lhe aquela promoção ou aumento... além de todas as outras promessas e amanhãs e "mais tarde" que nunca chegam. Buscar o aprimoramento é uma coisa, consegui-lo de fato, é outra. Então, o que é preciso para fazer a mudança acontecer em nossas vidas?

Deixe-me responder a essa pergunta com outra pergunta: e se o não cumprimento de nossas promessas tivesse sérias consequências? Sabemos como são as consequências de nossos atos porque, francamente, vivemos com elas todos os dias. Compre a ação errada e você perderá todo o seu dinheiro. Descumpra a lei e pagará uma multa ou irá para a cadeia. Mas essas consequências nos são impostas externamente. E se, de fato, escolhêssemos impor consequências contra nós mesmos por não correspondermos às nossas expectativas? Em outras palavras, e se, em vez de confiar em nossa autodisciplina imperfeita, criássemos maneiras novas e aprimoradas de nos responsabilizar?

Por Fim, a Mudança!

Como fazemos a mudança durar? Há anos venho buscando uma boa solução para esse problema. Quando comecei a Ferrazzi Greenlight, queria criar mudanças que durassem, tanto nas organizações quanto nas pessoas, já que muitas vezes empresas e indivíduos pagam muito dinheiro por programas de consultoria e treinamento que acabam em um belo fichário na prateleira do escritório de alguém. E embora eu soubesse que minha equipe e eu poderíamos impressionar o público, fazer um grupo se sentir animado durante 24 horas não era o que estávamos procurando. Eu não ficaria feliz até que pudéssemos garantir, de maneira absoluta, um modelo econômico (e alavancável) para o crescimento de uma empresa, por meio de relacionamentos mais profundos interna e externamente. O meu maior objetivo era poder dizer que as pessoas com quem trabalhei não só mudaram os seus comportamentos no local de trabalho como mantiveram essa mudança, tanto no trabalho como em casa, com seus amigos e familiares! Eu queria encontrar uma solução para o que os pastores chamam carinhosamente de "problema de domingo a segunda": somos inspirados pela igreja no domingo, mas, na segunda-feira de manhã, voltamos à vida ou ao trabalho como de costume.

Para isso, lançamos um projeto do Greenlight Research Group para avaliar os programas existentes para mudança de comportamento sustentável. Na melhor das hipóteses, nossas conclusões foram inconsistentes. Claro, muitos alegaram mudanças sustentáveis como resultado de treinamentos e consultorias, mas quando tentamos encontrar dados de apoio, eles simplesmente não estavam lá. Tampouco encontramos muitas empresas cujos programas mostraram mudanças mensuráveis no comportamento humano durante um período de tempo prolongado. Conversamos com centenas de executivos em outras tantas corporações — mas, quando realmente fomos a fundo, ninguém possuía nenhum sistema comprovado para criar mudanças duradouras entre os funcionários. Por mais bem-intencionados que fossem os programas de treinamento, eles fracassaram em chegar à raiz do problema.

Aqui está o que descobrimos, o que qualquer pessoa no desenvolvimento profissional já deve saber: a maior parte dos programas de treinamento concentra-se em melhorar a compreensão dos funcionários sobre os produtos de uma empresa.

Depois, há o treinamento geral baseado em habilidades para liderança e vendas. Útil e necessário? Claro, absolutamente. Mas o maior crescimento entre os profissionais ocorreu em empresas onde havia um gerente ou executivo investido e talentoso envolvido no treinamento direto de um indivíduo de forma contínua.

Infelizmente, esse tipo de envolvimento individual não pode ser repetido em todas as situações, pois alguns gerentes ou executivos são naturalmente melhores do que outros nessas coisas. Do ponto de vista econômico, simplesmente não há tempo gerencial individual suficiente para todos (particularmente devido à crescente atenção à redução de custos e ao nivelamento das hierarquias nas empresas). Dito isso, esforços generalizados para "treinar" habilidades de coaching em suas fileiras de liderança pareciam ter algum sucesso, mas, novamente, a economia tornou essa solução um desafio.

Minha equipe e eu discutimos os resultados de nosso estudo. Por um lado, ficamos felizes em saber que poderíamos fazer uma diferença real no cenário do pensamento gerencial se pudéssemos resolver isso. Ainda assim, a questão permanecia — como iríamos realizar uma mudança sustentável e escalável?

Em retrospecto, estávamos procurando em todos os lugares errados. Enquanto trocávamos ideias, minha irmã mais velha, Karen, ligou para o meu celular. Ela, como mencionei, encontrou uma maneira de sustentar sua perda de peso graças aos Vigilantes do Peso e com o apoio de uma mulher chamada Jan Shepherd. Enquanto Karen falava sobre o programa e sobre a incrível força e encorajamento de Jan, minha mente foi subitamente libertada da restrição de pensar dentro da caixa corporativa.

Se os modelos de sucesso estavam bem debaixo do nosso nariz, o que nos impedia de trazer o melhor do que aquelas organizações ofereciam para a sala de reuniões? Cada um desses grupos pratica a responsabilização, que é o quarto mindset necessário para criar apoio mútuo.

Quanto mais pesquisas nossa equipe fazia, mais empolgados ficávamos. Mesmo que a responsabilização dentro de um grupo não possa ser mantida sem cada um dos outros mindsets, em última análise, é o mais importante para alcançar e manter o sucesso duradouro.

Eu tenho outra expressão para responsabilização: "direitos de chutar o traseiro". Porque a responsabilização frequentemente obriga alguns lembretes semicontundentes daqueles ao nosso redor para nos manter no caminho certo e seguir em frente! Quando eu era apenas um garoto recém-saído da escola de negócios, lembro-me de Greg Seal me dizendo que eu deveria me mudar para Chicago, pois havia um chefe de escritório lá que realmente "chutaria seu traseiro, Keith". Olhando para trás, Greg subestimou o quanto (e quantas vezes) meu traseiro precisava ser chutado. Foi só anos depois que algumas das lições que eu precisava aprender foram absorvidas.

É claro que ter um mentor, alguns amigos ou um grupo de consultores ajudando a nos responsabilizar por nossas promessas, metas e ações envolve mais do que apenas chutar o traseiro. Como minha irmã mais velha estava descobrindo, também tinha a ver com oferecer um suporte emocional positivo e encorajamento. A responsabilização envolve o estabelecimento de objetivos. Trata-se de reconhecer o fracasso quando as coisas ficam difíceis e colaborar para encontrar soluções ou abordagens alternativas que possamos usar para nos colocar de volta nos trilhos.

Nos Vigilantes do Peso, os membros estabelecem metas de perda de peso e toda semana, na reunião, sobem na balança. Embora as pesagens sejam tecnicamente privadas e ninguém seja obrigado a compartilhar sua perda ou ganho com outros membros, a última tendência envolve membros postando seus vídeos de pesagem no YouTube! Você ainda quer aquele pedaço de bolo, sabendo que, pela manhã, 250 mil pessoas de todo o mundo podem ter assistido à sua pesagem? A responsabilização funciona.

Um relatório da Human Relations descobriu que a responsabilidade também encoraja as pessoas a estabelecer metas mais altas para si mesmas. Em um estudo, os participantes foram questionados sobre metas e decisões de desempenho. Um subconjunto foi informado de que, depois, eles teriam que discutir suas respostas com um líder de equipe. A antecipação dessa discussão os levou a determinar, em média, metas significativamente mais altas para si mesmos do que o grupo de pessoas que não foi solicitado a se responsabilizar pelo que respondeu.

Meu argumento é que o apoio ponto a ponto é crucial para a responsabilização e, em particular, para sustentar as mudanças comportamentais de que precisamos para nos ajudar a alcançar nossos objetivos. Não estou dizendo que algumas pessoas não conseguem fazer isso sozinhas. Elas fazem, o tempo todo. Mas a esmagadora maioria das pessoas mais bem-sucedidas do mundo conta com conselhos, apoio, encorajamento e incentivos firmes de algumas pessoas de confiança que as ajudam quando tropeçam, vacilam ou hesitam. Poucos de nós questionam a possibilidade de recorrer ao clero para obter aconselhamento e apoio espiritual; por que não deveríamos precisar do conselho contínuo de um consultor de confiança, ou grupo de consultores, para nos ajudar a alcançar nossas ambições pessoais e profissionais?

O Cara Certo, Não um Cara Qualquer

É fácil requisitar os direitos de chutar o traseiro de um amigo. Um ano atrás, eu tinha em mente o objetivo vago de que meus próximos livros ajudariam as pessoas a adotar uma vida que enfatizasse o poder dos relacionamentos e fornecesse um roteiro robusto para indivíduos e líderes que criariam resultados comprovados. "Rob", eu disse ao meu amigo Dr. Dirksen, "faça-me um favor. Não me dê folga até que eu mostre minha estratégia e visão para meu negócio editorial. Há coisas que preciso fazer — começando por um resumo de cada livro e determinar o plano de pesquisa para garantir que o trabalho seja baseado em grandes histórias e na ciência. Quero terminar em dois meses. Você pode ter certeza de chutar minha bunda até eu te mostrar isso?"

Rob fez exatamente isso. Um dos motivos para ter funcionado tão bem foi que perguntei a ele se havia algo pelo qual eu também pudesse responsabilizá-lo. Rob sugeriu algumas coisas, e fiz questão de ligar para ele algumas vezes naquela semana apenas para cutucá-lo.

Basta escolher um plano ou objetivo simples e de curto prazo que você tem este mês e que precisa ser trabalhado algumas vezes antes de concluí-lo. Agora, peça a um amigo para cobrar sua promessa. No começo, ajuda a lembrar aos outros de que você é sério e que a responsabilização não é apenas uma ideia legal, mas o início de um compromisso e um hábito. Além disso, certifique-se de tornar isso algo agradável para seu amigo ajudá-lo a prestar contas. No começo, expresse sua gratidão; no final, agradeça a ele por ajudá-lo a atingir seu objetivo. Tal como acontece com a sinceridade, o ônus recai sobre você para fazer as coisas funcionarem.

Ah, e para sua informação, Rob não sabia absolutamente nada sobre meus planos de publicação. Rob não era um parceiro de ideias em relação a isso, alguém com quem eu planejava estratégias. Em vez disso, ele atuou simplesmente como um "companheiro de responsabilização" — alguém que iria colocar alguma pressão sobre mim. O simples fato de dizer em voz alta na frente de outra pessoa que eu iria fazer alguma coisa já fazia uma enorme diferença.

O resultado? Rob e eu começamos o que chamamos de "corridas de responsabilização" semanais. Nós dois nos exercitávamos e decidimos que nossas corridas seriam o momento ideal para falar sobre nosso progresso semanal em direção a nossos objetivos.

Inspirado pelas corridas de responsabilidade de Rob e as minhas, instituí ligações diárias de responsabilização na Ferrazzi Greenlight entre as equipes responsáveis pelo desenvolvimento de negócios. As equipes da FG agora contam umas às outras o que planejam realizar naquele dia em termos de abertura de novos negócios; 24 horas depois, eles avaliam seu progresso enquanto estabelecem novas metas para o dia. O resultado foi uma melhora marcante no grupo e, além disso, eles parecem estar se divertindo mais trabalhando juntos como uma equipe!

Responsabilização. Apoio ponto a ponto. Minha própria irmã estava colhendo os benefícios de um programa de apoio — graças aos Vigilantes do Peso, ela finalmente estava emagrecendo —, mas continuava cometendo deslizes. Eu não conseguia entender. Por que ela simplesmente não come menos? Eu me perguntava aquilo, como alguém que nunca teve um problema de peso. O que ela precisava era de uma medida extra de responsabilidade, um amigo como eu tinha em Rob, mas eu claramente não era a pessoa certa para o trabalho. O problema era que eu simplesmente não conseguia entender.

Isso precisa ser levado em consideração quando pensamos em quem procurar para nos responsabilizar em nossas vidas e carreiras. A quem vamos pedir isso é importante. A curto prazo, podemos ter uma noção de como é essa responsabilização com quase qualquer pessoa a quem estamos dispostos a perguntar. Mas, para atingir objetivos de longo prazo, é essencial escolher as pessoas certas. (Abordarei esse tópico mais adiante na Seção Três.)

Ainda assim, mesmo em grupos de apoio, as pessoas podem perder o foco. O grupo está lá para manter você em seu plano e, às vezes, colocá-lo de volta no plano. No AA, os membros às vezes saem dos trilhos; em grupos para parar de fumar, os membros fazem piadas sobre quantas vezes "pararam", e nos Vigilantes do Peso, os membros às vezes param de ir às reuniões (e pedem uma torta de nozes). Vinte anos atrás, graças aos Vigilantes do Peso, Karen perdeu tanto peso que nossa mãe ficou preocupada que ela pudesse ser anoréxica. Agora, na casa dos 50 anos, minha irmã acha mais difícil manter a disciplina. "Minha força de vontade não é mais tão forte quanto costumava ser", ela me disse uma vez. "E agora tenho netos que vêm e querem sorvete. Eu não gostaria de dizer não a eles e, claro, é fácil para mim querer um pouco também."

Grupos de apoio veem isso o tempo todo — e, novamente, eles têm uma solução: suporte individual formalizado, que é mais frequente e mais profundo do que o ambiente de suporte mais geral das reuniões de grupo. É aí que entra a incrível Jan Shepherd. Como a "companheira de responsabilização" da minha irmã, ela ajuda Karen diariamente e está disponível 24 horas por dia, 7 dias por semana.

Contar com o apoio de patrocinadores e parceiros também é comum em muitos programas de condicionamento físico. Algumas pessoas contratam um treinador profissional para impulsioná-las; outras convocam outros atletas para trabalharem juntos e se responsabilizarem mutuamente. Michelle Mudge-Riley é uma médica da Virgínia que corre pelo menos quatro vezes por semana, de manhã, com uma amiga. E nada a faz levantar da cama como saber que alguém está esperando por ela na calçada! Quem gostaria de deixar um companheiro de exercício na mão?

Outra equipe de responsabilização de condicionamento físico que conheço troca bolsas de treino entre si. Dessa forma, se algum membro não aparecer, é realmente decepcionante, porque a outra pessoa não pode treinar! (Eles nunca faltaram um dia.)

Então, como Jan Shepherd entrou na vida da minha irmã? Eu a conheci enquanto almoçava na casa de um amigo e soube instantaneamente que havia encontrado a parceria que minha irmã precisava para complementar o que ela já estava recebendo dos Vigilantes do Peso. Jan é uma parceira profissional de responsabilização pela perda de peso, uma espécie de companheira de dieta de aluguel.

Jan é uma inspiração para quem está tentando perder peso. Com 158 quilos, ela já se encaixou na definição de "obesidade mórbida". Mas, com o tempo, Jan perdeu 90 quilos, algo que manteve pelos sete anos seguintes. Em comparação com a perda de peso de Jan, a maioria dos problemas de peso parece pequena; ela conhece a dificuldade de fazer dieta como ninguém. Karen elogia Jan como o faz sobre os Vigilantes do Peso, creditando-a por salvar sua vida: "Ela é tão sábia, sempre sabe o que me dizer. Ela me liga todas as noites e quer saber como foi meu dia, se passei por alguma situação estressante. Jan me ajuda a priorizar minhas necessidades quando estou sendo puxada em várias direções em casa. Ela me convenceu, por exemplo, de que posso dizer à minha família: 'Não consigo ajudá-los no momento porque é importante cuidar de mim agora, e então estarei aqui por mais tempo para amá-los."

E isso não é ser egoísta. Eu nunca teria pensado em dizer isso por mim mesma". Karen acrescenta: "Não poderia ter feito isso sem ela. Eu a amo... e agora estou começando a me amar."

É importante entender a diferença entre um amigo e um amigo de responsabilização. Esteja você fazendo dieta ou tentando reenergizar sua carreira, às vezes seus amigos e familiares estão muito próximos de você para pressioná-lo, responsabilizá-lo verdadeiramente por seus objetivos. Outros, conhecendo sua história, podem ficar apontando o dedo e ser críticos. É fácil ressentir-se de sua intrusão, já que tanta história atrapalha seu caminho.

Por exemplo, o marido de Karen, Kevin, tentou, repetidamente, encorajar minha irmã a perder peso, sem sucesso. "Sempre que meu marido me lembrava o que eu comia ou me incomodava para dar uma caminhada, eu ficava um pouco brava", diz Karen agora. "Direcionei minha raiva para ele porque me sentia impotente em relação a toda a minha vida e ao rumo que minha saúde estava tomando. Eu estava com medo de torná-lo meu parceiro. Não tinha certeza se ele ainda me achava atraente. Preferi evitar o assunto com ele completamente."

Jan, por outro lado, não vem com toda a bagagem de um relacionamento de longo prazo. Ela tem "permissão" para ser a "policial má". "Tive um fim de semana difícil recentemente", diz Karen. "Comi demais e, quando contei a Jan, ela ficou absolutamente atordoada. Ela disse: 'Karen, estamos nisso juntas. Você tem que me ligar.'" Karen desligou o telefone prometendo ligar para Jan sempre que estivesse prestes a sabotar sua dieta.

O que não significa que não haja lugar para amigos e familiares quando se trata de responsabilização. (Uma coisa que abordarei com mais detalhes posteriormente neste livro é quem deve e quem não deve estar em seu grupo íntimo de conselheiros.) Mas, para muitos de nós, é difícil começar com os entes queridos. Muitas vezes, é preciso um impulso inicial de um consultor de confiança que está mais distante do seu dia a dia do que um cônjuge ou melhor amigo. E, uma vez que você assume o compromisso de confiar no conselho de um amigo ou grupo de responsabilização, pode desenvolver uma atitude totalmente nova em relação a esses parentes "irritantes". Eu não poderia ter ficado mais feliz no dia em que Karen me disse: "Agora que Jan e os Vigilantes do Peso estão em minha vida, os mesmos comentários do meu marido não me deixam mais com raiva. Eu, na verdade, os aprecio."

Agora, alguns de vocês podem estar pensando: Espere um minuto. Jan é uma coach profissional. Isso é trapaça!

Ei, não há nada de errado em pagar a um consultor por sua opinião e apoio para responsabilizar você por seus objetivos. Na verdade, para as pessoas que não conseguem imaginar encontrar a pessoa perfeita para desempenhar esse papel, vá em frente — inicie o processo contratando um profissional! Não é diferente de contratar um preparador físico ou coach de carreira, pagar uma aula de ioga ou obter ajuda de um terapeuta. Os consultores pagos costumam saber das coisas — porque já viram muitas situações semelhantes.

Uma vez que tenha obtido sucesso com essa pessoa, é provável que você esteja mais disposto a se abrir com os outros — amigos e, eventualmente, seus relacionamentos de linha de vida. Mas o sucesso não depende de seus recursos financeiros. Quando eu era mais jovem e não tinha condições de pagar um coach ou terapeuta, comecei a procurar o clero da igreja. Sim, na época do ensino médio! Ninguém me disse para fazer isso, eu apenas o fiz. (Mesmo então, em algum lugar lá no fundo, eu sabia que precisava criar um relacionamento contínuo para acelerar e sustentar meu crescimento e eventual sucesso!)

Minha irmã estava se preparando para morrer porque não conseguia perder peso. O dinheiro não era um motivador. Durante anos, acreditamos que aquilo pelo que uma empresa paga é feito, o que é verdade, mas mesmo com a ajuda e o suporte de um consultor pago, nada se compara ao poderoso incentivo emocional de um sistema de apoio ponto a ponto.

Independentemente de o seu parceiro ser um amigo ou estar na folha de pagamento, ter alguém que o responsabilize por seus objetivos é um poderoso mecanismo de reforço. No início, minha irmã precisava de alguém em quem pudesse confiar todos os dias. Se ela fosse aos Vigilantes do Peso com mais frequência, poderia ter conseguido criar um sistema de amigos ou um grupo de apoio mútuo dentro dos Vigilantes do Peso, semelhante ao programa de apadrinhamento que o AA tem. Mas ela tinha Jan, e isso fazia toda a diferença do mundo. Outros estão procurando maneiras novas e altamente originais de se responsabilizar por seus objetivos de vida. Lançada por dois membros do corpo docente de Yale e um aluno de pós-graduação, uma "loja de compromisso" online conhecida como Stickk.com usa o dinheiro como uma nova maneira de motivar as pessoas a aderirem a seus objetivos. Para usar o site gratuito e patrocinado por anúncios, você simplesmente se inscreve para um objetivo pessoal, como perder peso, pagar a dívida do cartão de crédito ou até mesmo usar fio dental diariamente e, em seguida, apostar se vai ou não ter sucesso. Você paga adiantado — você decide quanto, mas normalmente são algumas centenas de dólares. Seu progresso é monitorado por um árbitro de sua escolha — um amigo, um colega ou até mesmo um chefe — que tem a última palavra sobre você ter cumprido ou não seu objetivo. Se atingir a meta, recebe o dinheiro de volta. Caso contrário, o Stickk doa o dinheiro (em incrementos semanais) para instituições de caridade como a Cruz Vermelha e a United Way. Para garantir que você não se beneficie indiretamente, o Stickk nem mesmo lhe dará um recibo dedutível de impostos! Em outras palavras, você deliberadamente coloca uma quantia significativa de dinheiro para se forçar a ser responsabilizado por seus objetivos, com o entendimento de que perderá tudo se quebrar sua promessa.

O Stickk também permitirá que você aposte em uma chamada anticaridade — isto é, alguma organização ou causa que você absolutamente despreza. (No espírito do bipartidarismo, as sugestões no site incluem a Biblioteca Presidencial George W. Bush e a Biblioteca Presidencial William Jefferson Clinton.) A ideia, claro, é que ver seu dinheiro suado indo para uma organização sem fins lucrativos ou indivíduo que você odeia seja a maior das motivações para ser bem-sucedido.

Acho que tudo isso pode ajudar, mas, no que diz respeito a Karen, apostarei meu dinheiro no apoio pessoal de Jan e da organização Vigilantes do Peso a qualquer momento.

O Negócio da Responsabilização

Perder peso, pagar a dívida do cartão de crédito, usar fio dental diariamente — todos esses são objetivos pessoais valiosos, e encontrar um modo de se responsabilizar é uma maneira importante de ajudar a alcançá-los. Mas como você usa a responsabilização para atingir os objetivos de negócios e de carreira? Os colegas podem cobrar, uns dos outros, padrões mais elevados? Existe uma maneira de os funcionários responsabilizarem seus chefes?

Em nosso site GreenlightCommunity.com, escrevo uma Dica da Semana. Não faz muito tempo, escrevi um sobre direitos de chutar o traseiro, colocando esta questão: as empresas e organizações podem promover medidas formais de responsabilização como essas? Bem, nosso site foi inundado com respostas. Acontece que muitas pessoas no mundo dos negócios já se perguntaram a mesma coisa. Em vez de esperar que esses grupos se formem em nível institucional, elas simplesmente formaram seus próprios grupos de responsabilização pessoal ou círculos de conselheiros.

Foi exatamente o que fiz depois de conhecer Bob Kerrigan. Bob me apresentou a Morrie Shechtman, que havia sido o coach executivo de Bob por anos. Logo de cara, Morrie e eu vimos que pensávamos de modo parecido. Ele havia facilitado grupos de responsabilização por anos e tínhamos um interesse mútuo em transformar as reuniões de equipe em grupos de apoio mais fortes e coesos. Começamos a trabalhar juntos para formalizar a responsabilização dentro da FG e disponibilizá-la aos nossos clientes. Para mim, meu consultor de confiança Greg Seal me faz ser responsabilizado por conduzir a FG de maneira mais rígida e por ser mais focado, em vez de iniciar outro novo projeto que, depois, serei forçado a arquivar porque fiquei sem tempo — o problema que meus colegas identificaram mais cedo.

Um projeto que se destacou foi uma fundação bipartidária para treinar jovens políticos em liderança eficaz — um "campo de treinamento" de liderança política sem fins lucrativos baseado no trabalho que fazemos com corporações. Parecia uma ótima ideia na época — ainda parece — e muitas pessoas influentes concordaram comigo. Mas o ponto principal é que simplesmente não tenho tempo e não tenho um líder claro para carregar o fardo comigo. Sempre fui politicamente ativo, mas, ao mesmo tempo, estamos ocupados continuando a crescer como uma empresa multifacetada focada no crescimento de nossos clientes. Entre nossos negócios estão uma empresa de vendas e desenvolvimento de liderança, uma empresa de consultoria, uma empresa de consumo (livros, DVDs e um site comunitário de indivíduos que compartilham nossos valores comuns) e uma comunidade executiva e fundação sem fins lucrativos, a Big Task Weekend, projetada para reunir clientes em *joint ventures* para focar em sinergias entre eles, ao mesmo tempo em que abordam coletivamente as necessidades sociais do mundo. Recentemente, lançamos um novo negócio, que ajuda executivos muito seniores a construir suas marcas pessoais por meio de suas próprias comunidades executivas. Não dou títulos aos membros da minha equipe; dou-lhes barras, que separam todas as nossas várias funções e responsabilidades.

Greg me pressiona o tempo todo sobre o foco da Ferrazzi Greenlight e, olhando para o que acabei de escrever, às vezes consigo entender o porquê! Nos estágios iniciais de nosso relacionamento de suporte, Greg e eu tínhamos reuniões mensais e nos falávamos ao telefone a cada duas semanas. Naquela época, o maior objetivo dele era fazer com que eu exercesse uma responsabilização específica pelas finanças da empresa e impedir que eu iniciasse outro projeto ou divisão da empresa. Eu diria a ele como estava empolgado com um novo cliente que queria algum produto de treinamento e ele diria: "Mas, Keith, você não faz isso."

Eu diria: "Sim, mas eles estão interessados! E podemos desenvolvê-lo melhor do que ninguém!"

"Ok, Keith, mas você não tem isso agora! E criá-lo desviará seu foco em aperfeiçoar e dimensionar o que está desenvolvendo. Pare com isso!"

Com o tempo, Greg me convenceria (e às vezes me intimidaria) a voltar à realidade. Ele estava certo: se eu fosse construir algo que realmente valesse a pena e fosse grande, teria que encerrar alguns projetos que não eram essenciais para o nosso negócio. Aprendi a recusar projetos fora do ponto ideal da FG e, com o tempo, dispensamos alguns clientes. Greg estava aplicando sua experiência e sabedoria à minha vida e negócios, assim como Jan fazia por minha irmã. Quando contratamos uma nova sócia sênior, Greg disse a ela: "Você precisa entender que Keith tem essa capacidade ultrarrápida de se autocorrigir. Se ele fizesse rafting em corredeiras, seria o melhor no ramo. E essa capacidade permitiu que ele contornasse a falta de foco — mas, a longo prazo, isso acontece com todos, até mesmo com Keith. Você e a equipe precisam ajudá-lo a amadurecer e manter o foco."

Graças ao chute no traseiro de Greg e à própria vigilância de minha equipe, fiz um progresso significativo. Por fim, Greg e eu começamos a reunir minha equipe nas nossas ligações — dando a eles uma capacidade ainda maior de me responsabilizar por minhas metas e ações. Muitas pessoas escondem os chutes na bunda e a responsabilização atrás de portas fechadas! Mas, ao permitir que Greg, meu parceiro de confiança, me responsabilizasse perante minha equipe, também os capacitei e encorajei como parceiros.

Outro lugar em que Greg, David, meu controlador recém-contratado, e meu assistente me responsabilizam, hoje em dia, é em minhas finanças pessoais. Juntos, definimos meu orçamento pessoal e metas financeiras todos os anos. Todos os meses, abrimos os livros contábeis e sou responsabilizado por meus gastos pessoais. Antes disso, nunca tive ninguém para me ajudar a manter meus gastos sob controle. Entre jantares, uma coleção de vinhos que comecei na faculdade, filantropia, doações políticas, esportes e viagens, minhas despesas aumentaram e eu precisava de uma equipe para manter meus pés no chão. Agora estou com um orçamento rígido, conforme sou constantemente lembrado quando ligo para o meu escritório e peço para comprar algo ou fazer uma doação. Às vezes pareço uma criança que tem uma mesada (porém, a qualquer momento, é claro, posso gastar o que quiser — afinal, o dinheiro é meu). Mas, quer saber? Não quero desapontá-los e não quero parecer irresponsável. Primeiro, fiz uma promessa a mim mesmo e pedi a eles que me ajudassem. Então, prometi a eles que honraria seus controles e objeções e consegui cumprir minhas promessas.

Quanto mais pratico uma maior responsabilização em minha própria vida, mais encontro exemplos de responsabilização na vida de outras pessoas. Como Rachel Shechtman disse: "Percebi que, quando você está crescendo, passa a vida inteira dentro de estruturas que apresentam uma responsabilização embutida. Você não precisa apenas ir à escola, o seu desempenho inicial contribui para suas oportunidades e opções de faculdade mais tarde. Então, de repente, você se forma na faculdade e está por aí com pouca estrutura de responsabilização — e muito poucas ferramentas para a autodisciplina."

Rachel tinha uma colega de trabalho que queria deixar a empresa em que ambas trabalhavam e abrir seu próprio negócio de copywriting. Rachel sugeriu: "Eu serei sua companheira de responsabilização." As duas se encontravam para jantar duas vezes por mês e conversavam sobre tudo o que a colega de trabalho tinha que fazer — desde montar um portfólio até descobrir o preço a cobrar por dia, bem como a estrutura de pagamento para vários projetos diferentes. E Rachel responsabilizou sua colega. "O que precisa ser feito e em que ordem?" ela perguntaria antes de se certificar de que a colega de trabalho realmente o tinha feito. O resultado? Sua colega acaba de abrir seu próprio negócio.

Novamente, estabelecer um modelo de responsabilização pode variar. A colega era automotivada, então o chute no traseiro dado por Rachel foi relativamente leve. Mas, ao dar um nome e uma estrutura ao relacionamento — companheiras de responsabilização —, Rachel formalizou a responsabilização entre elas, mesmo no contexto de uma reunião entre ambas. O que é importante, pois muitas pessoas ao nosso redor perdoam demais ou não são persistentes o suficiente para servir como coaches e motivadores eficazes. Sem algum tipo de entendimento formal, é provável que outras pessoas nos deixem escapar. Pense nisso: em inglês "accountability" [responsabilização] vem da raiz da palavra "accounting" [contabilidade], que é bastante formal.

Claro, nem todo mundo quer ser um contador. E nem todo mundo vai se sentir confortável chutando seu traseiro. Portanto, as pessoas que você encontrar precisam se sentir obrigadas. A melhor maneira de promover a responsabilização, descobri, é torná-la uma via de mão dupla. Em outras palavras, você está ajudando seus conselheiros de confiança tanto quanto eles o estão ajudando. Como diz Bob Kerrigan: "Não há ninguém que não se beneficie da responsabilização. Ela torna você mais perspicaz. Isso é especialmente importante para os empreendedores porque, por natureza, eles querem estar no controle; é por isso que são autônomos. E eles estão profundamente convencidos pelo valor do que estão fazendo."

O Clube dos Bilionários é uma organização cujos membros apoiam uns aos outros em suas ambições de sucesso em uma escala gigantesca. O clube combina cada membro com um amigo para fins de responsabilização em dupla. "Tivemos um exercício em que você precisa fazer algo diferente todos os dias durante um mês, como parte de sua rotina diária", diz Andrew Warner, membro do grupo e fundador da Mixergy.com, uma comunidade de *startups* na internet que começou como um site de planejamento de eventos. "Então, formamos dupla com um companheiro e mantivemos contato por telefone durante todo o mês. Meu objetivo era me manter completamente positivo durante o mês; todos os dias eu prometi que evitaria pensamentos e comportamentos autodepreciativos."

Outro modelo de responsabilização é incluí-la em suas práticas diárias, de modo que se torne um checklist que você não pode evitar. Um bom exemplo disso pode ser encontrado nas forças armadas. O tenente-coronel Rob "Waldo" Waldman, ex-piloto de caça e palestrante sobre alto desempenho, diz que a responsabilização é incorporada aos ensaios da missão, ou "voos de cadeira". "A chave para o sucesso, em qualquer missão, é o planejamento de contingência. Fazemos isso perguntando a nós mesmos: E se? E se um de nós for abatido? E se o avião-tanque não estiver lá para abastecer? Onde fica o aeródromo mais próximo? E se? E se? Passamos por todas essas perguntas para que, em caso de emergência, saibamos o que fazer e quem deve fazê-lo. Definimos expectativas claras por escrito e verbalmente, discutimos cada uma delas em um briefing pré-missão e, se alguém não fizer seu trabalho, será responsabilizado."

Há muitas maneiras de responsabilizar uns aos outros. Marc, um consultor de 53 anos, está em um grupo de homens que tem o que eles chamam de "livrinho vermelho". "Quando estamos falando sobre os problemas de alguém e a conversa chega a um ponto em que há uma linha de ação clara a ser tomada, colocamos no livrinho vermelho. O cara tem que assumir o compromisso, nas palavras dele. Na semana seguinte, quando fizermos nosso check-in, voltaremos ao que foi anotado no livro e faremos o acompanhamento."

Anotar os compromissos é uma ótima maneira de registrar e formalizar a responsabilização. Outra maneira de lidar com as coisas é simplesmente pegar o telefone regularmente. A cada duas semanas, o empresário Greg Hartle agenda uma teleconferência de responsabilização com quatro outros caras de seu grupo de apoio. "Recentemente, disse aos outros caras que estava interessado em uma dieta vegana de alimentos crus", diz ele, "mas não tinha certeza de como isso afetaria minha saúde, devido ao meu transplante de rim. Eu estava adiando analisar aquilo. Portanto, meu objetivo no próximo telefonema é pesquisar a dieta e explicar por que acho que pode ou não ser uma boa ideia para mim."

Greg Hartle e seus companheiros de responsabilização não limitam seu tempo a um telefonema a cada duas semanas. Entre as teleconferências, eles colocam muita ênfase em manter contato. Greg receberá uma ligação ou e-mail em horários aleatórios dos membros de seu grupo de apoio, perguntando como está indo ou anexando um artigo que acham que ele poderia gostar. "Apoiamos uns aos outros de maneira eletrônica diariamente", diz Greg, "o que é fundamental."

Quer você marque telefonemas ou um encontro no parque, use um caderno ou um quadro de avisos da internet, a chave é formalizar o relacionamento de responsabilização e dar-lhe estrutura e um cronograma regular. Simplesmente esperar que os amigos liguem para você quando você perder um prazo não é o suficiente. Se ser sincero requer um lugar seguro, a responsabilização prospera em um lugar específico. As expectativas precisam ser explicitadas de ambos os lados: "Isto é o que farei e quando o farei. Se eu não fizer isso, é isso que você fará em troca."

Quando falo sobre responsabilização, as pessoas costumam me perguntar sobre as consequências. Quão severas devem ser as consequências se você estragar tudo (o que todos nós fazemos)? A resposta reconhecidamente frustrante é: depende. Algumas pessoas precisam de um chute sério no traseiro — aquelas que se inscrevem para doar dinheiro para a organização sem fins lucrativos que menos gostam se não permanecerem comprometidas, por exemplo. Para outras, apenas saber que alguém está prestando atenção é suficiente para responsabilizá-las. É assim que funciona no Clube dos Bilionários: "Você só não quer voltar para o grupo e decepcionar", diz um dos fundadores do clube, Amir Tehrani.

Elizabeth Amini, outra integrante do Clube dos Bilionários e fundadora do Anti-AgingGames.com (projetado para aguçar a memória de curto prazo), diz sem rodeios: "Se alguém consistentemente não cumpre suas promessas a si mesmo, o resto de nós o abandona."

É um pensamento assustador, porque ninguém quer ficar de fora. Fazer jus aos colegas geralmente é um incentivo muito maior do que repreender, envergonhar ou até recompensas financeiras. Por orgulho pessoal, minha irmã não quer desapontar Jan ou seus novos amigos do Vigilantes do Peso. Da mesma forma, não estou preocupado que meu conselheiro de confiança, Greg, me dê um puxão de orelha se eu perder temporariamente o foco. O problema é que não quero decepcioná-lo — ou meus colegas da FG. Não posso mais fingir que não vejo a decepção deles com minhas ações. O desempenho da equipe ou da empresa de um líder é totalmente de sua responsabilidade. E se planejarmos atingir nosso nível mais alto de desempenho, devemos ter todos os dados na mesa para descobrir como estamos indo.

Em última análise, é claro, todos nós somos responsáveis perante nós mesmos. Mas sem uma estrutura formal para nos responsabilizar por meio da pressão dos pares — sem aquele chute no traseiro quando precisamos — é muito fácil nos acomodarmos em uma rotina confortável e nunca melhorar.

A experiência, o conhecimento e o feedback que os relacionamentos de linha de vida fornecem são essenciais para o apoio mútuo. Mas apenas a responsabilização os converte em resultados.

QUAL É O SEU DNA DE RELACIONAMENTO?

Agora que leu sobre os Quatro Mindsets, você está se perguntando em que ponto está? Até que ponto você está vivendo esses valores fundamentais hoje — e quanto ainda precisa se aprofundar? Na Ferrazzi Greenlight, desenvolvemos o rDNA, uma ferramenta de diagnóstico para ajudar as empresas a isolar os pontos fortes e fracos do relacionamento de seus funcionários. Disponibilizei uma versão para os leitores em KeithFerrazzi.com [conteúdo em inglês]. Experimente. Descubra onde estão seus pontos fortes na construção e no gerenciamento dos relacionamentos em sua vida e como solucionar seus pontos fracos.

SEÇÃO TRÊS

construindo seu time dos sonhos

Nove passos para criar os relacionamentos de linha de vida que o ajudarão a conseguir os conselhos e o apoio de que você precisa para atingir seus objetivos

Poderia, seria, deveria. Meu pai costumava dizer: "Jamais olhe para trás um dia, quando você for mais velho, e se ouça dizendo: 'Eu deveria ter feito aquela entrevista de emprego quando foi oferecida'... 'Eu seria muito mais feliz hoje se simplesmente tivesse ouvido aquele chefe.'"

As palavras de meu pai voltaram à minha mente quando saí do escritório de Peter Guber na Wilshire Boulevard. Fazia dois anos desde aquele encontro à tarde na casa de Peter, quando seu comentário sobre minha falta de "elegância" me colocou diretamente em um novo caminho. Ao aprofundar meu relacionamento com algumas pessoas-chave em minha vida, que estavam me dando o feedback de que eu precisava, tornei-me um gerente e CEO melhor, e minha empresa estava crescendo como nunca antes. Estávamos criando novos materiais de treinamento para equipes executivas com base no apoio mútuo e uma versão atualizada para organizações voltadas a vendas. A FG estava mais ocupada e mais requisitada do que nunca. Eu estava gostando do meu trabalho — e de meus colegas — como nunca antes. E havia criado um programa de equidade para meus principais funcionários, para deixá-los participar mais profundamente do negócio.

Hoje, Peter e eu estávamos discutindo outro empreendimento comercial quando ele divagou com uma figura de linguagem que me surpreendeu. "Keith," Peter disse, "você realmente deveria pegar o elevador."

"O elevador?"

Eu estava intrigado. Como uma pessoa que corre diariamente, não me lembro de ter sofrido com escadas — na verdade, gosto de treinos de última hora. Além disso, eu não tinha pegado o elevador até o escritório dele?

"Keith, eu o observo," Peter continuou. "Você tem motivação para ser o que quiser, mas ainda parece seguir o caminho mais difícil. Você sobe as escadas rastejando e nem percebe o elevador que está à direita."

Ele estava dizendo que eu trabalhava demais? Sempre me orgulhei de minha ética de trabalho tenaz. E Peter tampouco é desleixado nesse departamento.

"O que você realmente quer, Keith?" Peter continuou. "Defina sua grandeza. E, assim que o fizer, convença-se disso e comece a agir como tal. Tipo, realmente agindo de acordo com ela. Alguém vai notar e acreditar em você e em sua visão, eu prometo. É isso que quero dizer com pegar o elevador."

E, de repente, entendi: Peter estava falando sobre o esforço e o retorno desse esforço. Apesar de todas as melhorias fundamentais que fiz com a ajuda de minha equipe de suporte, ainda estava muito ocupado para erguer a cabeça e ver para onde estava indo. Para onde estava indo e o que exatamente estava construindo com minha empresa? Se Peter Guber, uma das pessoas mais inteligentes que conheço, não conseguiu ver, então não ficou claro para ninguém. Passei os últimos dois anos desenterrando e construindo a fundação da FG, e agora Peter parecia estar dizendo: *Ok, Keith, então como vai ficar essa coisa quando estiver pronta? Onde está o seu projeto? Descubra e comece a agir como se você estivesse lá.*

A analogia do elevador de Peter realmente me impressionou. Nos dias que se seguiram ao nosso encontro, comecei a me perguntar se a equipe de suporte da qual me cercava precisava ser expandida. Meu próprio pensamento era muito limitado em escopo? Os consultores que recrutei — Greg Seal, Bob Kerrigan, e minha equipe da FG — haviam me ajudado a reorganizar completamente minha empresa. Antes eu era o cara que nem olhava para os meus números, que às vezes evitava assumir o comando e ficava frustrado quando o negócio não crescia rápido o suficiente. Esses dias acabaram, graças ao meu círculo íntimo de confiança. Mas eu precisava de conselhos para me ajudar a determinar para onde queria que minha empresa fosse, agora que minha direção geral estava mais clara. Era hora, percebi, de procurar mais conselheiros.

Como escrevi anteriormente, quando você se abre para a possibilidade de adicionar novas pessoas ao seu círculo íntimo, às vezes, elas parecem surgir milagrosamente, como aconteceu com Bob Kerrigan. Em outras ocasiões, temos que trabalhar para encontrá-las. Nesse caso, a resposta se materializou quando me peguei em um brunch com Doug Turk. Doug é um líder de vendas e marketing da Aon Corporation, bem como um cliente. Em um outro momento da vida, ele havia construído uma empresa de consultoria de sucesso do zero com um grupo de sócios, que abriu o capital por US$1 bilhão. Durante o brunch, Doug me fez perguntas sobre o meu negócio.

"Então, Keith, qual é a sua estratégia de saída?" Doug me perguntou do nada.

Estratégia de saída, pensei. *Hum… Eu realmente precisava ter uma?* Sempre esperei fazer o que estava fazendo pelo resto da minha vida, disse a Doug. Meu sonho era construir uma empresa de ponta e fazer com que meus sócios e eu ganhássemos muito dinheiro como resultado do sucesso que criamos para nossos clientes. Em outras palavras, um modelo de negócios tradicional de empresa de serviços profissionais.

Doug me pressionou: "Mas você quer atrair talentos incríveis, certo? E você quer que essas pessoas sejam significativamente comprometidas com o sucesso da empresa?" Enquanto ele falava, me senti como naquela noite com Bob Kerrigan. A única diferença era que eu já tinha mais experiência e estava realmente empenhado em me abrir para o conselho e a sabedoria dos outros.

"E se alguém dissesse que daria a você US$100 milhões pela sua empresa hoje — ou US$200 milhões?" Doug continuou. "Você venderia? Em que número você aceitaria a oferta e começaria outra coisa, ou simplesmente pegaria tudo o que sabe e colocaria em prática em torno de outros interesses?"

A pergunta de Doug me fez pensar: sempre me via comandando uma empresa que me apoiava em meus esforços para fazer a diferença no mundo, desde que gostasse do trabalho. Isso é o que eu pensei que faria pelo resto da minha vida. Mas o que diabos estava me impedindo de mirar ainda mais alto?

Fiquei tão grato a Doug que escrevi um e-mail para ele assim que voltei ao escritório. Dizia: "Nosso brunch foi um ponto de virada para mim, Doug. Obrigado. Você me colocou em um lugar muito diferente hoje, após nossa discussão. Eu lhe digo, nosso brunch, esta manhã, poderia ter mudado a trajetória da minha carreira profissional!"

Após meu brunch com Doug, pedi a opinião de outro novo conselheiro, um gerente de negócios, Bill Braunstein, ou "Dollar Bill", como o chamamos carinhosamente. Bill disse que, em sua experiência (e ele passou a vida inteira aconselhando novos negócios), os negócios mais bem-sucedidos são aqueles que estão construindo algo com uma estratégia de saída em mente. É uma forma de garantir que eles estejam no auge da forma e mantenham sua escalabilidade, o que significa que o negócio não dependa muito de uma só pessoa, pois isso algum dia pode dissuadir futuros pretendentes.

Meu ponto? Meus conselheiros estavam me mostrando que era hora de redefinir minhas metas, algo que eu não teria feito sem o feedback deles. Eles estavam me ajudando a perguntar o que eu queria da FG. Eu queria criar uma organização apoiada por pesquisas e validada por sua capacidade de produzir resultados tangíveis. Eu queria que a empresa fosse respeitada e reconhecida como líder em ajudar pessoas e negócios a construir os relacionamentos necessários para alcançar um crescimento extraordinário.

Mas, para chegar lá, eu percebia naquele momento, tinha de começar a pensar em termos mais concretos. Precisava me concentrar no estado final da empresa, que realmente incluía duas coisas: uma instituição da FG que tivesse valor patrimonial verdadeiro e pudesse operar sem mim, e talvez um dia ser vendida e a criação de um canal direto para pessoas que desejam crescer na vida e na carreira, por meio da publicação de livros e de nosso conteúdo online.

Eu havia chegado a um ponto em minha vida e carreira em que muitos de nós chegamos. Ainda era capaz, percebi, de muito mais em minha vida. Mais sucesso, como eu quisesse defini-lo. Mais amor. Mais família. Mais estimulação intelectual. Mais impacto sobre os outros. E eu precisava da opinião de meus conselheiros de confiança para me guiar e orientar ao longo do caminho.

Meu negócio nunca teria se tornado próspero como se tornara sem meu grupo de conselheiros mútuos. Eles se reúnem comigo, no mínimo, a cada trinta dias — e muitas vezes todas as semanas, individualmente, por telefone — para ajudar um ao outro a refinar, aprofundar e expandir nossos objetivos.

Para aqueles que buscam e praticam o apoio mútuo, o todo se torna muito maior do que a soma de suas partes. Isso é o que acontece quando você dá o salto de *mim* para *nós*.

No restante do livro, vou conduzi-lo passo a passo por meio do processo de como encontrar e trabalhar com um grupo confiável de relacionamentos de linha de vida, que o ajudará a ultrapassar — até mesmo quebrar — seu próprio "teto de vidro", o que quer que esteja impedindo você, assim como me ajudou a reconhecer e superar minhas próprias limitações. Aqui estão os nove passos aos quais me refiro:

Passo um: Articule sua visão. Como em qualquer coisa na vida, é necessário escolher uma direção. Você precisará identificar alguns objetivos amplos e inovadores que descrevam suas aspirações.

Passo dois: Encontre seus relacionamentos de linha de vida. Falarei sobre onde procurar potenciais conselheiros, bem como os critérios a serem usados para avaliar as pessoas para garantir que sejam as pessoas certas.

Passo três: Pratique a arte do jantar longo e lento. Como transformar esses potenciais conselheiros em amizades e, com sorte, em relacionamentos de linha de vida nos quais você possa confiar.

Passo quatro: Amplie sua estratégia de definição de metas. Você precisa identificar não apenas seus objetivos finais, mas também as novas habilidades e conhecimentos necessários para crescer e alcançá-los. Isso significa definir dois tipos de metas: de aprendizagem e de desempenho.

Passo cinco: Crie sua Roda de Sucesso Pessoal. Este é o plano de jogo geral por trás de sua estratégia de vida.

Passo seis: Aprenda a lutar! Este é o ingrediente necessário para estimular o tipo de conversa e o dar e receber que revela novas verdades e cria novos valores.

Passo sete: Diagnostique suas fraquezas. Entender suas fraquezas pode acabar sendo a fonte de sua maior força. Aqueles que entendem o que os está atrasando já estão avançando.

Passo oito: Comprometa-se com a melhoria. Comprometa-se a agir de acordo com o entendimento que você adquiriu — mantendo sua palavra.

Passo nove: Finja até conseguir — então faça com que dure. Fuja da profecia autorrealizável de que você não consegue ou não quer. Finja que você consegue, e conseguirá. Então, aprenda a manter isso.

Permita-me fazer um alerta. Não é fácil viver os Quatro Mindsets e colocá-los em prática. Requer dedicação, disciplina e disposição para superar suas defesas e medos. Definir metas e depois se esforçar para cumpri-las exige esforço, autorreflexão, honestidade e perseverança. Mas pense na alternativa: você realmente quer olhar para trás, na sua velhice, para os sonhos de que quase nunca foi atrás, ou para os relacionamentos que não encontrou coragem ou tempo para desenvolver? Ou você quer olhar para trás e dizer para si mesmo: "Sim, eu consegui"?

Passo um: articule sua visão

Quando comecei a recalibrar o que significava, para mim, ser genuinamente bem-sucedido, ficou óbvio que o poder do apoio mútuo era quase infinito em suas possibilidades. Bob Kerrigan foi um parceiro perfeito quando precisei confrontar e superar minha tendência de evitar conflitos em meus negócios e em minha vida (principalmente meus conflitos relacionados a dinheiro). Greg Seal foi fundamental para me ajudar a assumir o controle da minha empresa. O Dr. Rob Dirkson continuou a ser um excelente companheiro de responsabilização diária. E Peter Guber, abençoado seja, continuou servindo como meu Yoda, incentivando-me a olhar mais adiante quando eu poderia estar satisfeito com o ponto em que estava.

Isso foi só o começo. Daquele momento em diante, resolvi explorar a possibilidade de trazer ainda mais pessoas para o meu círculo de confiança. Mas você não precisa de tantos relacionamentos de linha de vida quanto esses a que acabei recorrendo. Mesmo três relacionamentos-chave podem fazer toda a diferença.

Sempre achei que um dos nossos maiores "pecados" é não maximizar o potencial que cada um de nós tem, não usar plenamente os talentos e habilidades que recebemos. Conheço pessoas que reciclam diligentemente os menores pedaços de plástico e papel, mas que descartam grandes pedaços de sua vida por não viverem de acordo com seus talentos e habilidades. Que desperdício de recursos naturais! As árvores podem ser replantadas, mas, como meu pai me ensinou, você só tem uma chance na vida.

O que impede muitos de nós de aproveitar ao máximo essa chance é a incapacidade de olhar profundamente para dentro de nós mesmos para descobrir quem somos, onde estamos ou o que queremos da vida. Todos nós conhecemos pessoas que nunca chegaram perto de atingir o limite de seu próprio potencial. Se olharmos com bastante atenção, poderemos até ter um pequeno vislumbre disso em nós mesmos.

Você pode não saber agora em que direção quer seguir. Se não souber, infelizmente estará iniciando o processo de formação de uma equipe de suporte em desvantagem. Se você não sabe o que está se esforçando para alcançar ou como deseja crescer e melhorar, é menos provável que encontre pessoas que possam ajudá-lo em sua jornada.

Aqui estão algumas perguntas para ajudá-lo a começar. Dê uma olhada nelas, juntamente com o Passo Cinco, Crie sua Roda de Sucesso Pessoal.

1. Onde você quer estar daqui a um ano na sua carreira? Na sua vida? Daqui a três anos?
2. Quais áreas você vê em si mesmo que poderiam ser fortalecidas? De que conhecimento, experiência, treinamento e relacionamentos pessoais você precisa para chegar lá?
3. Que medidas você precisa tomar para garantir que não se arrependerá no final de sua vida e carreira?
4. Qual aspecto da sua vida você mais deseja melhorar neste momento? Você está focado principalmente em sua carreira? No relacionamento com seu parceiro ou cônjuge? Em encontrar aquele relacionamento para toda a vida? Na sua família? Em seu desejo de retribuir aos outros?

Passo dois: encontre seus relacionamentos de linha de vida

Você se lembra do que eu disse antes — que as três pessoas em quem você está pensando agora como relacionamentos de linha de vida provavelmente não terminarão em seu círculo íntimo?

Há alguns meses, eu estava treinando em Nova York com uma personal trainer chamada Sandy. Entre as séries de levantamento de peso, começamos a conversar sobre sua vida e carreira. Rapidamente, ficou claro que ela ainda não havia encontrado sua paixão na vida, em termos de trabalho. "Então, Sandy", perguntei, "com quem você conversa todos os dias?"

"Bem", disse Sandy, "eu converso com minha mãe. E com minha melhor amiga, Janet, que conheço desde o colégio."

"E sobre o que vocês falam?"

"Com minha mãe, ela fala mais, tudo que ouço é: 'Quando você vai se casar?' Eu a amo, mas ela me faz sentir péssima."

"E com sua amiga Janet?"

"Pensando bem, ela também fala muito mais do que eu. Janet tem seus próprios problemas. Tenho medo de contar qualquer coisa porque sei que ela dirá: 'Você acha isso ruim? Veja o que aconteceu comigo ontem!'"

"Olha, Sandy," eu disse finalmente. "Você merece experimentar uma verdadeira rede de apoio. Vou te dizer uma coisa — encontre apenas uma nova pessoa que você respeite para adicionar à sua lista de ligações diárias. Olha só, me ligue algumas vezes por algumas semanas só para adquirir o hábito!"

Encorajei Sandy a encontrar mais algumas pessoas (não sua mãe ou Janet) e conversar periodicamente até encontrar um amigo e conselheiro genuíno, alguém que se preocupa com ela e seu futuro. "Depois passe para o café semanal", acrescentei. "Pense nisso como namoro, mas com um novo confidente."

Olhe Além de Seu Círculo Imediato

Com dois relacionamentos primários negativos em sua vida, Sandy pode parecer um exemplo extremo. Será? Nas centenas de entrevistas que minha equipe e eu fizemos para este livro, mais da metade das pessoas com quem conversamos disseram que não tinham ninguém que realmente os apoiasse — amigos, familiares, parceiros ou cônjuges.

Algumas pessoas que conheço ficam muito intimidadas para chamar amigos próximos para se juntarem à equipe de apoio. Elas prefeririam contar a um estranho sobre seus sonhos e lutas do que a um irmão ou amigo próximo. Por quê? Porque há menos risco. Ser rejeitado por alguém novo tem menos desvantagens do que ser rejeitado por um membro da família, um velho amigo ou um colega de trabalho (muitas pessoas temem que um amigo ou colega de trabalho possa contar tudo para outras pessoas no escritório ou no setor). Alguém fora de sua rede imediata é menos arriscado.

Em 1787, o ministro russo Grigori Aleksandrovich Potemkin decidiu impressionar a imperatriz Catarina II construindo fachadas elaboradas e falsas de aldeias ao longo do rio Dneiper — na verdade, eram cenários. Seu objetivo era aumentar sua posição aos olhos da imperatriz, exibindo suas novas conquistas. E a imperatriz ficou devidamente impressionada.

Na minha experiência, a maioria de nós quer proteger e preservar as nossas próprias aldeias como Potemkin! Todos nos preocupamos que as nossas realizações não sejam o que parecem — que os nossos sucessos pareçam menos impressionantes se vistos dos bastidores. Preocupamo-nos em deixar outras pessoas entrarem, por medo de decepcioná-las. Porém, esse é justamente o momento em que devemos convidar outras pessoas para nossas vidas, para não nos escondermos atrás de realizações ilusórias.

Um problema que pode surgir com seus amigos e familiares próximos é que eles têm suas próprias percepções de você. Seu relacionamento com eles é carregado de memórias passadas, problemas não resolvidos e bagagem emocional. Você deve considerar adicionar alguém imparcial à sua equipe, que possa lhe dar a confiança necessária para começar.

Tive amigos íntimos que me responsabilizavam em minha vida pessoal, mas não tinha esse tipo de relacionamento de linha de vida em minha vida profissional. Tive medo de baixar a guarda; dinheiro e sucesso na carreira eram assuntos não seguros para mim. Desde que era criança, eu media meu próprio valor com base nas impressões de outras pessoas sobre como eu era bem-sucedido e relutava em expor qualquer fissura em minha armadura, mesmo para meus colegas mais próximos.

No entanto, o fato de que seus relacionamentos de linha de vida contêm algum risco pode ser uma coisa boa. Veja o Greg. Em meus esforços para fortalecer minhas habilidades como gerente, foi útil ter um membro de minha equipe que parecia arriscado desapontar. Por ter Greg em minha equipe, era mais provável que eu cumprisse minhas promessas a ele e a mim mesmo.

Não estou sugerindo que você não possa criar relacionamentos de linha de vida com amigos, familiares e colegas imediatos. Idealmente, esse é o seu objetivo — quando você estiver pronto e assumindo que as pessoas em sua vida estão preparadas para desempenhar esse papel. Já vi alguns exemplos extraordinários de perto.

Mehmet e Lisa Oz, que apresentei anteriormente, estão juntos há um quarto de século e são um dos casais mais talentosos que conheço. O apoio que dão um ao outro vai muito além do incentivo emocional que se espera de um cônjuge ou parceiro. Como trabalham em áreas diferentes, desde cedo descobriram que o tempo que passavam juntos era limitado. É por isso que eles decidiram passar mais tempo juntos, colaborando em projetos conjuntos e dando um ao outro não apenas seu amor, mas também suas opiniões, conhecimento e experiência.

"Muitas pessoas acreditam que trabalhar juntos não conduz a um relacionamento feliz", diz Lisa, "mas tem sido ótimo para nós dois."

Lisa descreve seu marido como "voltado para objetivos" e "orientado pelo foco". Ela se vê como alguém que estabelece prioridades, mantém as coisas em perspectiva e sempre fica de olho no panorama geral. Seu trabalho, ela diz brincando, é "puxar Mehmet de volta, pois, se ele fosse deixado por conta própria, faria tudo."

"Quando você é casado com alguém, primeiro apoia seu bem-estar emocional e espiritual", continua Lisa. "Portanto, se a outra pessoa está em frangalhos por se esforçar demais, isso não a ajuda. Não se trata apenas de sucesso na carreira — trata-se do sucesso de Mehmet como pessoa, de nós como casal e de nossa família. Parte do que ele e eu damos um ao outro é uma verificação constante da realidade. Ainda assim", acrescenta Lisa, "a constante em nosso relacionamento é o respeito que temos um pelo outro e nosso compromisso de ser um casal."

Todos os parceiros devem aspirar a apoiar-se mutuamente tão completamente como Mehmet e Lisa o fazem. É claro que seu grau de compatibilidade profissional pode não ser possível em todos os relacionamentos amorosos. Minha irmã é um dos membros da família de quem sou mais próximo. Sempre que preciso de amor, incentivo e empatia, recorro naturalmente a ela. Ela também poderia ser uma ótima companheira de responsabilização para mim. Mas Karen é dona de casa — ela não sabe muito sobre administrar uma empresa, ajudar a treinar equipes de vendas ou manter um cliente satisfeito. Quando preciso de aconselhamento e apoio profissional específico, aprendi a recorrer a outras pessoas mais experientes em negócios que podem me dar conselhos profissionais mais práticos.

AMIR TEHRANI, EMPREENDEDOR

Quando Amir Tehrani estava na terceira série, um policial de Los Angeles deu uma palestra para sua turma. "Ele disse que, se você se cercar de pessoas boas, se sairá bem na vida", lembra Amir. "Uau, é simples assim?" Amir lembra de ter dito a si mesmo. Como um aluno mais ou menos, ele começou a andar com as "crianças inteligentes" de sua classe. Em pouco tempo, suas próprias notas dispararam.

Amir nunca esqueceu esse conselho e, ao longo dos anos, o levou a um nível muito mais alto; ele sempre tentou se cercar não apenas de pessoas boas, mas de conselheiros de confiança. Porém, enquanto frequentava a Anderson School of Management da UCLA, ele se deparou com um obstáculo: "Eu sabia que queria me tornar um empreendedor, mas a maioria dos meus colegas estava indo para carreiras corporativas em lugares como McKinsey, Goldman Sachs ou Toyota."

Sua estratégia para prosperar havia chegado a um beco sem saída temporário. Então, com a ajuda de outro colega de classe, Amir saiu em busca de outros aspirantes a empreendedores. Por fim, a dupla formou um grupo de apoio que apelidaram de Clube dos Bilionários.

A referência a "bilionários" até agora é puramente aspiracional. Mas Amir não tem medo de mirar nas estrelas. Ele credita seu sucesso até o momento, em grande parte, às reuniões de responsabilização do grupo, que eles realizam a cada duas semanas em um café local. "Você não quer se reunir com o grupo e decepcionar", disse Amir.

Seu negócio? Amir sabia, mesmo na UCLA, que queria criar um produto que pudesse vender para grandes lojas como Walmart e Target. "Eu vi a tendência da enorme demografia hispânica nos EUA", disse ele. Depois de debater ideias com o grupo e obter incentivo para agir rapidamente, ele embarcou no próximo avião e mergulhou completamente em todas as coisas mexicanas. Em uma partida de futebol mexicano profissional, Amir não conseguia acreditar na intensidade frenética dos torcedores. Eles fizeram um jogo de basquete do Lakers em casa parecer tão silencioso quanto o necrotério de uma cidade pequena. "Isso me atingiu como uma tonelada de tijolos", diz ele. Ele ligou para seu grupo para conversar sobre o assunto e logo acabou adquirindo os direitos de merchandising para os Estados Unidos da Federação Mexicana de Futebol.

Na próxima vez que você passar pela Target local e vir uma estante cheia de camisetas do Chiapas Jaguares, pense em Amir e sua equipe. Foram eles que fizeram isso acontecer. Outros membros do grupo tiveram histórias de sucesso semelhantes. Todos eles dão crédito ao grupo em grande parte por sua boa sorte. O sócio-fundador de Amir no Clube dos Bilionários acaba de arrecadar mais de US$1 milhão para lançar um site educacional de longo alcance.

Desde o lançamento do negócio de seus sonhos, Amir também se tornou um evangelista, incentivando outros empreendedores novatos a iniciar seus próprios grupos ponto a ponto. "Acontece que muitos empreendedores estão enfrentando os mesmos problemas que nós", diz Amir. O desejo de outras pessoas de ingressar no grupo foi tão forte que eles tiveram que realizar entrevistas para filtrar as centenas de candidatos interessados.

Criar um relacionamento de linha de vida eficaz para ajudar a apoiar nossos esforços profissionais requer um tipo de amor rígido que a família e os amigos próximos nem sempre são capazes de oferecer. (Embora você possa descobrir que, se compartilhar os princípios deste livro com seus entes queridos, o que recomendo fortemente, eles estarão mais qualificados do que você imagina!) De modo geral, é menos provável que membros da família e amigos próximos nos responsabilizem ou nos repreendam quando fizermos besteira. Eles nos amam e cuidam de nós, não importa o que façamos. Agora, isso é algo de que todos nós precisamos em nossas vidas. Mas não é o tipo de apoio e responsabilização de que precisamos para nos ajudar a superar as coisas que estão no nosso caminho.

Dentro do contexto de apoio mútuo, tal cuidado precisa incluir honestidade (mesmo quando dói), sinceridade, feedback e crítica. É triste dizer, mas as pessoas que conhecemos se acostumam a tolerar nossos eus distante de seres ideais. De vez em quando, precisamos de sangue novo e novas perspectivas para nos tirar do que é familiar, como meu colega Morrie Shechtman gosta de dizer.

Anteriormente no livro, falei sobre a necessidade de criar um espaço seguro para outras pessoas. Mas tome cuidado para não confundir seguro com fácil e familiar. São coisas diferentes. Em um relacionamento, fácil e familiar referem-se àquelas pessoas com quem você tem uma história e se sente confortável — o que muitas vezes pode levá-los a olhar para o outro lado quando se trata de feedback e responsabilização, mimando você ou deixando os maus hábitos passarem.

O ideal é procurar pessoas que compartilhem dos mesmos valores em relação aos seus sonhos e objetivos. Todos nós temos amigos que amamos, mas nem todos provavelmente compartilham nosso compromisso com o avanço na carreira, o bem-estar pessoal ou o desenvolvimento espiritual. Eles sempre serão nossos amigos, mas podem não ser os parceiros certos para nos ajudar a crescer e alcançar todo o nosso potencial.

Você saberá quando encontrar alguém cujos objetivos de crescimento pessoal estejam alinhados com os seus. Lena West, fundadora da Convengine, diz que a frase favorita de seu grupo de apoio é: você é meu tipo de louco. "Com isso, queremos dizer que essa pessoa está totalmente comprometida com o desenvolvimento pessoal e com o máximo de seu potencial", ela me diz. "E vem a realidade de que, às vezes, você vai ouvir algo que pode não gostar. Mas o feedback será fabuloso."

Resumindo: se você realmente deseja avançar em seu desenvolvimento profissional ou pessoal, provavelmente precisará ampliar seu círculo. Seus amigos, colegas e familiares podem amá-lo incondicionalmente, mas podem não ter o conhecimento ou a experiência para ajudá-lo no trabalho ou em sua vida pessoal. Seu objetivo final ao encontrar essas três pessoas que podem ajudá-lo a mudar sua vida é trazer para perto pessoas com quem você pode construir relacionamentos de linha de vida confiáveis e respeitados.

Agora que você percebe a necessidade de ir além do seu círculo de colegas, amigos e familiares para criar uma equipe de conselheiros fortes, onde você deve concentrar sua busca?

No trabalho

O escritório é um lugar lógico para conhecer novas pessoas que são potenciais parceiros de apoio. Afinal, estamos rodeados de colegas todos os dias! E não sabemos nem um pouco sobre a maioria deles — o seu passado, as suas paixões, as suas vidas pessoais, os seus hobbies, as suas aspirações e objetivos. O problema é: no trabalho, tendemos a interagir com essas pessoas em termos do que elas podem fazer por nós e, como resultado, as mantemos à distância. Grande erro.

Mas eu não poderia confiar nas pessoas do trabalho, você pensa. *Elas poderiam me machucar*! Na verdade, podemos confiar nas pessoas mais do que acreditamos que podemos. Estranhamente, quando abordamos alguém de quem desconfiamos, o seu compromisso conosco aumenta. É muito mais fácil falar sobre uma pessoa pelas costas quando você não a conhece ou não se importa com ela. Por que não entrar em contato com um colega promissor? Acredite em mim: se você não consegue encontrar uma ou duas pessoas em seu escritório para abordar, o problema é *você*, não elas.

P.S.: Não se esqueça dos colegas *anteriores*. Eles podem não estar na sua vida agora, mas o ex-colega certo pode ser indispensável para o seu sucesso. Entrei em contato com Greg Seal e veja o que aconteceu! Portanto, considere velhos amigos, professores, chefes e mentores.

Na escola

Esteja você em um curso de graduação, de treinamento executivo um MBA ou faculdade de direito, a escola é outro ótimo lugar para conhecer potenciais parceiros de longo prazo.

Mesmo que você tenha se formado há muito tempo, as conexões escolares ainda contam para alguma coisa. Por que não ligar para ex-alunos ou ex-colegas de classe? Claro, ajuda se você manteve esses laços ao longo dos anos, mas, mesmo que não tenha feito isso, tudo o que você precisa fazer para se reconectar é entrar em contato por telefone ou e-mail. Amigos da antiga escola que gostavam e respeitavam você também ficam felizes em colocar o papo em dia. A pessoa certa pode ficar encantada em se juntar à sua equipe. Um dos meus melhores amigos em Yale era um cara chamado Ray Gallo, que conheci em um curso único de gestão de relacionamento experiencial ministrado por Ella Bell, a famosa autora e defensora das mulheres no local de trabalho. Ray e eu éramos os únicos dois brancos em uma turma de doze alunos — dois italianos, nada menos — e nos conectamos instantaneamente. Ray é meu advogado há anos; como um dos meus conselheiros mais próximos, sua ajuda vai muito além do aconselhamento jurídico.

Em atividades, conferências e eventos

Greg Hartle queria tanto ser um empreendedor que pulou a faculdade e começou a trabalhar logo após terminar o ensino médio — o que representou um desafio quando chegou a hora de encontrar uma forte rede de apoio. A solução de Greg? Ele começou a frequentar eventos e seminários, buscando conexões com empresários. Sempre que Greg encontrava um candidato intrigante, enviava um e-mail perguntando se a pessoa gostaria de ingressar em um grupo de apoio que ele estava iniciando. Ele também trouxe um velho amigo do basquete e um cara interessante que encontrou na praia. Quando reuniu gente suficiente, marcou uma teleconferência — e eles começaram a trabalhar. (Hoje, o grupo de conselheiros de Greg inclui um engenheiro, um corretor de seguros de saúde e um banqueiro.)

Online

Nunca foi tão fácil conhecer pessoas fora do seu círculo imediato, graças ao uso generalizado de sites de redes sociais como Facebook e LinkedIn. Estou falando de oportunidades praticamente infinitas de alcance. E não diga a si mesmo: *não, estou muito velho*! A maioria dos Facebookers irá ser seu "amigo" sem hesitar. Depois de fazer parte da rede e ser capaz de examinar vários perfis, você saberá mais sobre a vida pessoal de outras pessoas em dois minutos do que poderia ter conseguido durante uma semana de almoços. Quando você encontrar alguém promissor, considere comentar publicamente na foto da pessoa no Facebook. Mais tarde, você poderá conversar no fórum público que o site oferece (conhecido como Mural). Mais tarde, tente se comunicar em particular, antes de finalmente passar para e-mail pessoal, telefone e — ouso dizer — um encontro presencial.

Outra abordagem é procurar pessoas em comunidades online menores, organizadas em torno do seu setor ou interesse específico. Por exemplo, meu GreenlightCommunity.com é o lugar certo se você estiver interessado em conhecer profissionais que compartilham a crença de que os relacionamentos são a chave para o sucesso. Mas o fato é que existem comunidades online para todos os tópicos existentes. (Você pode ver um diretório de alguns deles visitando Ning.com, a plataforma na qual minha comunidade foi construída. [conteúdo em inglês]) E, se ainda não existir uma para sua área de interesse, comece você mesmo!

A tecnologia tornou muito mais fácil permanecer conectado com parceiros de apoio distantes. Hanif Rehman, um consultor de internet baseado em Yorkshire, cerca de 300 km a norte de Londres, iniciou um grupo de apoio telefônico com meia dúzia de londrinos, utilizando o software gratuito Skype ou o Dimdim. O grupo conversa uma vez por semana e cada pessoa tem quinze minutos para discutir o progresso de suas metas, seguido de feedback dos demais membros.

Completos estranhos

E não se esqueça de entrar em contato com estranhos. Não hesito em iniciar conversas francas com pessoas que acabei de conhecer — em aviões, em restaurantes, em eventos esportivos — possivelmente porque estou sempre ansioso para levar a conversa além de apenas conversar sobre o trânsito e o clima. É verdade que é provável que você não se dê bem com todos os estranhos que encontrar. Mas um desses encontros casuais pode se transformar em um grande parceiro de apoio, alguém que um dia o ajudará a terminar suas frases e vice-versa.

Mas, como faço para conhecer estranhos? Eu trabalho o tempo todo. E nos finais de semana estou em casa com minha família. Isso é medo, preguiça, ou ambos falando. Minha resposta: *seja criativo*! Da academia ao restaurante local, do Starbucks ao seu próprio bairro, se *quiser* conhecer pessoas, você pode. Organize um churrasco com seus vizinhos. Participe de uma campanha de caridade comunitária. Ou experimente um jogo semanal de basquete. (Para saber mais sobre como maximizar suas oportunidades diárias de construção de relacionamento, confira *Jamais Coma Sozinho*.)

Coaches profissionais

Todos nós estamos em lugares diferentes em nossas carreiras e vidas. Pode ser que você não esteja pronto neste momento para se abrir e ficar vulnerável com pessoas de sua vida pessoal ou profissional. Se você é uma pessoa religiosa, pode considerar pedir ajuda ao seu padre, rabino ou outro membro do clero. Se isso não for uma opção, recomendo fortemente que você contrate um coach de carreira ou um terapeuta, que o ajudará a fornecer os feedbacks sinceros e a responsabilização de que você precisa.

Como Você Saberá se a Outra Pessoa tem Potencial de Linha de Vida?

Agora que sabe *onde* procurar relacionamentos de linha de vida, quais qualidades específicas você deve buscar? Um bom lugar para começar são os Quatro Mindsets de que falamos na seção anterior.

Pergunte a si mesmo:

- A outra pessoa está disposta a falar francamente com você? Ela tem coragem de lhe dizer as verdades que você precisa ouvir? Ela permitirá que você seja sincero com ela em troca?
- Ela é capaz de ser aberta e vulnerável com você? Ela está entendendo seus medos e lutas?
- Ela está pronta para responsabilizá-lo por ajudá-lo a atingir seus objetivos e superar os comportamentos que o estão impedindo? Ela vai deixar você fazer o mesmo por ela?
- Ela é generosa no que faz por você? Ela é generosa o suficiente para deixar você ajudá-la?

As respostas a essas perguntas podem não surgir no primeiro encontro, mas esses são os tipos de perguntas que você deseja fazer a si mesmo. Analise a lista dos Quatro Mindsets com a pessoa que você tem em mente (qualquer pessoa que você esteja considerando seriamente não terá problemas em analisá-los com você). Se ela reagir mal ao seu levantamento desse tipo de questão, provavelmente não será capaz de abordar as questões mais difíceis mais tarde — então, continue procurando.

Os 4 C's

Basear-se nos Quatro Mindsets é apenas o primeiro passo na avaliação de potenciais membros da equipe. O apoio que você procura de seus conselheiros também requer considerações mais práticas, ou o que chamo de 4 C's[1].

1. Comprometimento

Você precisa de pessoas que sejam generosas com o tempo necessário para resolver questões complicadas. No início, conte com os encontros — online, por telefone ou pessoalmente — pelo menos uma vez por mês durante várias horas e, de preferência, com bastante frequência. Entre as reuniões, você deve conversar por telefone ou e-mail, principalmente quando estiver começando ou se estiver enfrentando um momento difícil. Emocionalmente, você quer parceiros ou conselheiros que o protejam 24 horas por dia, 7 dias por semana; com o tempo, o compromisso de um com o outro deve ser tão forte que os respectivos problemas estarão sempre na mente um do outro.

2. Compreensão (também conhecida como *know-how*)

Seus conselheiros de confiança não precisam ser especialistas em sua área — longe disso — mas ajuda se eles tiverem conhecimento prático que o ajudará a atingir seus objetivos. Novamente, no nível mais básico, os membros do seu círculo devem ter noção — isto é, compreender suas preocupações, objetivos e problemas. Em outras palavras, é importante que você respeite as opiniões deles o suficiente para querer seguir seus conselhos em primeiro lugar.

Debbie Muller, a empreendedora de Nova Jersey que apresentei a você anteriormente em minha discussão sobre o mindset de generosidade, não estava procurando conselheiros com conhecimento específico sobre o software que estava projetando. Ela estava apenas procurando pessoas que pudessem trazer conhecimentos práticos de negócios, desde tecnologia até direito. O mesmo se aplica aos conselhos de administração corporativos. Um conselho típico é composto por CEOs de diversas empresas. Pense no que você deseja e ajuste sua lista de convidados de acordo.

3 e 4. Química e Curiosidade

Sempre fico impressionado com o fato de que os membros dos grupos de apoio estão genuinamente interessados nas preocupações uns

---

1 [N. do T] Em inglês, *commitment*, *comprehension*, *chemistry* e *curiosity*.

dos outros — e que eles gostam e admiram genuinamente uns aos outros. Acredito que essa química e curiosidade são fundamentais para sua capacidade de obter insights inovadores de sua equipe. A química pode ser inata ou construída passo a passo, mas esse senso de conexão é fundamental.

A curiosidade é uma ótima qualidade para se ter em seus parceiros de apoio — pessoas que se atualizam rapidamente e que podem se tornar especialistas instantâneos em um assunto sobre o qual talvez soubessem pouco antes. Os consultores têm habilidades semelhantes — a capacidade de entrar em uma situação e observar com rapidez suficiente para fazer sugestões úteis e objetivas na hora.

5. Diversidade

Ah, há um critério adicional que vale a pena considerar (e não começa com a letra C): como diz Jim Whaley, da Fundação Siemens: "Sempre quero o apoio de pessoas com origens diversas — pessoas que cresceram de maneira diferente da minha, frequentaram escolas diferentes, que têm influências diferentes. E eu quero de todas as idades. Acho que presumimos quase automaticamente que alguém mais velho do que nós é mais sábio, mas não acredito nisso. Tenho alguns conselheiros próximos que são muito mais jovens do que eu; eles têm menos experiência, mas muito conhecimento, e trazem novas ideias para mim."

Ele não está sozinho. Jack Welch, o lendário ex-CEO da GE, fez com que todos os membros seniores de sua equipe adotassem parceiros mais jovens quando a internet explodiu na cena. Em outras palavras, jovens ou velhos, nunca tenham medo de encontrar pessoas com visão, independentemente da sua idade ou origem.

Kirk Aubry, ex-diretor de operações da Textron, atua em uma organização formal de apoio entre pares para altos executivos chamada CEO Project. Na opinião dele, os conselheiros são mais eficazes quando não se parecem com você. "Você precisa trabalhar com pessoas que estiveram onde você nunca esteve, para ajudá-lo a aprender com os erros que cometeram e a ver as oportunidades de maneira diferente de você", diz Kirk. "Uma grande parte disso é: *deixe-me compartilhar o que vi e que você talvez não tenha visto.*" Esta é, obviamente, uma lista bastante complicada de qualidades a serem procuradas em outra pessoa. Se você está pensando que não conhece ninguém que tenha todas essas qualidades, tudo bem.

O que descrevi é o Super-Homem do apoio mútuo, o ideal. Mas você não precisa de um super-herói ao seu lado, apenas de uma superequipe. Cada pessoa em meu círculo íntimo fica aquém de alguma forma, assim como eu fico aquém delas. Uma pessoa pode ser sincera, mas não oferecer tanta segurança; outra pode oferecer segurança, mas carece de uma compreensão totalmente clara dos meus objetivos. A questão é que os membros do meu círculo íntimo me conhecem bem, me viram falhar e têm uma boa compreensão do que me fez tropeçar no passado (e vice-versa). O ponto principal é que todos nós estamos trabalhando para sermos a melhor equipe possível.

A Equipe que Você Escolher Mudará e Evoluirá

Com o passar do tempo, alguns membros da sua equipe de suporte podem se afastar ou se envolver menos. Acontece. As prioridades e interesses das pessoas vão e vêm. Isso é perfeitamente normal!

Quando os membros da equipe desistem, seja rapidamente ou depois de um longo período de tempo, penso nisso como a "formatura" de um membro da equipe, e não como uma perda. Pense no tempo que vocês passaram aprendendo um com o outro como uma ótima educação mútua e ponto final. Apenas certifique-se de que você aprendeu algo e está melhor nisso. Não tenha medo de entrar em contato com alguém novo (de qualquer maneira, isso é algo que eu encorajo você a praticar 24 horas por dia, 7 dias por semana). Seu relacionamento com os conselheiros da sua vida é dinâmico, não estático. E lembre-se, só porque alguém saiu do radar por um tempo não significa que ele ou ela não possa voltar para desempenhar um papel fundamental em sua vida no futuro.

Não tenha medo de testar alguém para sua equipe por um tempo. Se essa pessoa não der certo, tente outra. Além disso, você não precisa iniciar o relacionamento pedindo a alguém para se juntar ao seu círculo íntimo. (Afinal, não entramos em um bar e perguntamos à primeira pessoa que vemos: "Você se casaria comigo?") Os relacionamentos de linha de vida evoluem com o tempo, assim como os relacionamentos com mentores. Lance uma rede ampla e não presuma que seu trabalho de recrutar novos membros para a equipe terminará.

Arrumando a Casa

Meu terapeuta, Joe Lay, uma vez me disse: "Keith, pare de comprar leite na loja de ferragens". Eu amo isso! O que Joe quis dizer é que nem todos serão capazes de fornecer tudo o que desejamos deles. É útil adquirir o hábito de "arrancar as ervas daninhas e cuidar das flores" em sua vida. As ervas daninhas são indivíduos que derrubam você, que consomem energia e tempo com pouco em troca. As flores em seus relacionamentos são aquelas pessoas que trazem brilho, cor, ideias, apoio e significado à sua vida.

Às vezes, precisamos nos distanciar das pessoas que nos travam, mesmo que as amemos. Às vezes, é claro, podemos dar mais do que recebemos em um relacionamento. Mas quando um relacionamento é consistentemente unilateral ou tóxico, evite-o. Passe mais tempo cultivando as relações que são fortes e importantes em sua vida e diminua aquelas que consomem seus recursos com pouco retorno.

Sandy, a personal trainer cuja melhor amiga constantemente tentava superá-la sempre que Sandy queria discutir seus problemas ou preocupações, me disse recentemente que não fala com sua "melhor amiga" há vários meses, e ainda assim sua amiga nunca tentou falar com ela. Você pode manter essas pessoas como amigos, se desejar, ou, com membros da família, continuar a contar com o amor delas. Mas não peça conselhos a elas, nem desabafe e espere receber algum feedback valioso em troca. Esse tipo de resposta provavelmente está além delas. Simplesmente aceite o que podem oferecer; se você tentou mudar o relacionamento sem sucesso, obtenha o que precisa em termos de feedbacks sinceros e apoio daqueles que realmente podem ser relacionamentos de linha de vida em sua vida. (Em muitos casos, quando você decide deixar um velho "amigo" para trás, nem precisa anunciar que está seguindo em frente; o relacionamento acabará por si só.)

Abaixo está um checklist para ajudá-lo a decidir se deve ou não se afastar respeitosamente de uma amizade. Se você responder sim à maioria das perguntas abaixo, provavelmente é um sinal de que é hora de seguir em frente.

- O relacionamento parece desequilibrado? Você já se sentiu explorado?
- Você acha que seus valores e hábitos básicos estão desalinhados?

- Você já tentou praticar, repetidamente, os Quatro Mindsets para melhorar seu relacionamento, sem sucesso?
- A outra pessoa simplesmente balança a cabeça em vez de realmente ouvir você?
- A outra pessoa leva seus objetivos a sério? Ela se esquece de ajudar você a seguir fazendo o combinado?
- Você acha que seria mais forte, mais feliz ou mais bem-sucedido sem essa pessoa em sua vida?

A boa notícia é que, se você permitir, algumas dessas pessoas incríveis a quem você recorre em sua rede de apoio podem se tornar seus novos melhores amigos. Costumo dizer às pessoas que há uma boa chance de elas ainda não terem conhecido seus melhores amigos. Para ser sincero, recebo muitos olhares confusos em resposta, como se eu estivesse dizendo a elas que seus amigos atuais não são bons o suficiente. Mas quero dizer o que digo da maneira mais otimista possível.

Aqueles que vivem vidas mais longas e mais realizadas tendem a compartilhar uma atitude inovadora em relação às pessoas que conhecem. O que os mantém vivos é a convicção de que o melhor — as melhores experiências, as melhores pessoas — está por vir. Espero que, quando eu tiver 80 anos, ainda esteja aberto a conhecer novos amigos que surjam na minha vida na hora certa e pelo motivo certo. Não importa sua idade ou posição social, recomendo que você esteja aberto para experimentar o melhor da vida, incluindo pessoas que ainda não conheceu.

TIME DOS SONHOS: A INTELLECTUAL VENTURES

Então você não acredita que diversas perspectivas podem criar grandes avanços, inovações radicais e insights profundos? Basta procurar a Intellectual Ventures de Nathan Myhrvold, uma empresa cujo único produto é a invenção.

Myhrvold, o físico que outrora liderou a divisão de pesquisa da Microsoft, fundou a sua empresa com base numa ideia inspirada: se reunisse pessoas brilhantes de áreas tão variadas como a química, a engenharia eléctrica e a neurologia em "sessões de invenção", o processo renderia patentes lucrativas. Como disse a *BusinessWeek*: "O objetivo não eram apenas avanços incrementais, mas relâmpagos multibilionários que poderiam mudar o mundo".

Alimentadas por cafeína, carne seca e discurso interdisciplinar, as ideias geradas pelas sessões de invenção de Myhrvold floresceram além de todas as expectativas. Myhrvold originalmente esperava registrar cem patentes por ano. Em vez disso, a empresa está registrando até quinhentas. Até agora, a Intellectual Ventures desenvolveu óculos alimentados por bateria, novas técnicas para fabricar microchips e melhorar motores a jato e uma forma de personalizar uma "manga" de malha que os neurocirurgiões podem usar para reparar aneurismas.

Hoje, a Intellectual Ventures reina como um exemplo brilhante de como podemos estimular a inovação e acelerar o progresso científico — não como resultado de gênios solitários sendo atingidos por maçãs na cabeça, mas como o esforço coletivo de um grupo de indivíduos verdadeiramente inspirados e visionários.

Passo três: pratique a arte do jantar longo e lento

Se identificar os potenciais membros da sua equipe exige a mente clara e estratégica de um general, cortejá-los exige o tato e a delicadeza de um diplomata. Mesmo as pessoas que estão totalmente abertas ao conceito de um apoio mútuo e profundo — aquelas que entendem completamente os Quatro Mindsets que discuti anteriormente — precisam ser facilitadas no processo real. Obviamente, você não diria no primeiro encontro com alguém: "Vamos jantar e revelar nossos segredos mais profundos!"

Uma das melhores ferramentas para aprofundar um relacionamento é o que chamo de "jantar longo e lento", em homenagem a Greg Seal, que propôs exatamente esse tipo de refeição quando telefonei pela primeira vez para pedir sua ajuda. Greg sempre entendeu que tirar as pessoas do seu ambiente diário e das distrações é crucial para estabelecer um relacionamento mais próximo, baseado em uma compreensão genuína.

Como italiano, não tenho dificuldade em compreender o valor de falar sobre questões importantes e de consolidar relações pessoais durante uma refeição prolongada. Temos um ditado: *A tavola non s'invecchia,* que significa: "À mesa de jantar ninguém envelhece". *Adoro* essa ideia — o que poderia ser mais verdadeiro? O tempo para completamente. Você pode demorar o quanto precisar. É um conceito importante porque sempre que o tempo está passando, os relacionamentos se tornam mais *Vamos direto ao assunto!* e *O que posso fazer por você?* ou *O que você pode fazer por mim?*

Não é disso que se trata um jantar longo e lento. Quando o relógio para, as pessoas começam a baixar as defesas. Elas olham além dos preconceitos e de outras bagagens emocionais e procuram caminhos compartilhados. Seu relacionamento com alguém que você deseja recrutar como conselheiro de confiança ou membro da equipe pode se unir nesses momentos. "A essência de um jantar longo e lento é construir confiança, abertura e vulnerabilidade", diz Greg, "para que você possa colocar a questão real *na* mesa e todas as predileções *fora* da mesa. Um jantar longo e lento proporciona uma intimidade que elimina a pretensão e permite que os participantes olhem para a alma uns dos outros e compartilhem a verdade. É só na verdade você pode implementar um plano de ação que terá sucesso."

Mas, antes de fazer uma reserva na trattoria local, lembre-se de que o jantar longo e lento nada mais é do que uma metáfora para um encontro entre você e a pessoa que você deseja trazer a bordo como membro de sua equipe de confiança. É um ambiente seguro em que os Quatro Mindsets — sinceridade, vulnerabilidade, responsabilidade e generosidade — entram em ação. Você e a outra pessoa estão lá um para o outro. E nada mais importa.

Se a palavra "cortejo" vier à mente, bem, você não está tão longe assim. É como um cortejo. Não estou dizendo que nosso círculo íntimo deva ser composto de almas gêmeas ou versões espelhadas de nós mesmos; em alguns aspectos, procuramos pessoas que possam *complementar* os nossos próprios conhecimentos e competências e trazer conhecimentos sobre temas que ainda não dominamos.

Mas qualquer cortejo tem um objetivo — conhecer outra pessoa num ambiente seguro. A questão não é se comprometer com nada; é uma exploração preliminar, só isso. Não há necessidade de assumir um compromisso prematuro de apoiar um ao outro até ter certeza de que a outra pessoa é capaz e está disposta a desempenhar esse tipo de papel importante em sua vida.

Então, no que deve resultar um jantar longo e lento, em que cada um de vocês compartilha suas preocupações e revela seus sonhos, se o relacionamento parece estar funcionando? Idealmente, quer leve uma refeição ou três meses para conhecer um ao outro, vocês chegam a um entendimento mútuo, com base nos Quatro Mindsets de um relacionamento de linha de vida.

1. Que cada um de vocês reconheça a necessidade de mudar e alcançar mais em suas vidas
2. Que vocês estejam interessados em trabalhar juntos como parceiros para ajudar a alcançar seus objetivos mútuos
3. Que cada um de vocês esteja disposto a colocar suas necessidades sobre a mesa, para o bem da parceria
4. Que ambos reconheçam os benefícios de tal parceria
5. Que ambos estejam comprometidos com a honestidade, o rigor e a autorreflexão
6. Que vocês estejam dispostos a não deixar o outro fracassar

O jantar longo e lento tem como objetivo conhecer alguém no ambiente certo. Você nem mesmo precisa ir a um restaurante — especialmente considerando que, com o passar do tempo, você poderá se encontrar com várias pessoas que considera serem conselheiros em potencial. O seu principal objetivo é tirar as pessoas de trás das suas defesas, aqueles círculos concêntricos de secretárias, cubículos, portas de escritórios, home offices, salas de estar, telefones e computadores, que as isolam no trabalho e em casa.

As pessoas em suas mesas estão efetivamente presas a um casulo de comportamento estabelecido. Você quer afastá-las disso. No trabalho, as plantas baixas abertas, tão populares hoje em dia, na verdade, frustram relacionamentos genuínos. O estilo de escritório sem paredes visa gerar eficiência e abertura, ao mesmo tempo que quebra hierarquias rígidas — e de certa forma isso acontece. Mas já vi que isso também impede a comunicação aberta por medo de quem possa estar ouvindo; faz com que algumas pessoas se agarrem às suas mesas como botes salva-vidas, como os últimos refúgios de segurança e solidão.

Em vez disso, tente o seguinte: convide alguém para tomar uma xícara de café ou chá. Às vezes utilizo o sofá da recepção de uma empresa, já que normalmente é o espaço mais silencioso e menos utilizado do local. Melhor ainda é o café da manhã ou almoço fora do escritório ou de casa. As refeições da manhã ou do meio-dia podem ser desafiadoras porque o tempo limita você, mas pelo menos elas o afastam das distrações físicas e do barulho do escritório.

Descobri que convidar pessoas para minha casa é uma das melhores maneiras de obter apoio judicial. Ultrapassar esse limiar derruba barreiras instantaneamente — as nossas casas são bastiões destinados a proteger-nos do mundo exterior. Quando você entra na casa de alguém, está entrando no espaço privado da pessoa — e na sua vida privada. Este simples gesto, por si só, costuma ser suficiente para trazer um novo nível de sinceridade e abertura a um relacionamento. Você não precisa preparar uma refeição sofisticada ou mesmo cozinhar nada. Coquetéis no deck ou na varanda podem ser um excelente quebra-gelo. Ou convide alguém para fazer exercícios ou assistir a um jogo ou filme especial na TV.

O jantar longo e lento, em suma, pode acontecer em qualquer lugar onde vocês dois se sintam seguros.

Aja Como Se: Representação de Linha de Vida

A melhor maneira de descobrir se outra pessoa pode ser um bom candidato para o seu círculo íntimo é mergulhar de cabeça e agir como se ela já o fosse! Veja como a outra pessoa responde. O objetivo é apenas levar o relacionamento a um nível mais profundo, sem perguntar se ele ou ela deseja "juntar-se" a alguma coisa por si só.

Agora, isso nem sempre funcionará. Sua primeira reunião pode muito bem fracassar. Ou você pode não se sentir seguro o suficiente para se abrir, ou sentir que a outra pessoa não se importa o suficiente com você e seus interesses, ou pode simplesmente sentir que seus valores e objetivos básicos estão desalinhados. Mas nem sempre deixe que as primeiras impressões dominem o dia.

Ao descrever seus objetivos e sonhos, certifique-se de dizer à outra pessoa aonde deseja ir em sua vida e carreira. Não se esqueça do que Peter Guber disse sobre o poder e a importância de contar histórias! Fale de onde você veio e como e onde seus objetivos se enquadram. Em seguida, concentre-se no agora. Quais são as lutas e preocupações que o mantêm acordado hoje? Quais são suas aspirações futuras? Convide a outra pessoa a fazer o mesmo — e certifique-se de ouvir.

Alcance Longe, de Maneira Ampla e Constante

Se você não conseguir estabelecer uma conexão mais profunda com a primeira ou segunda pessoa, *continue tentando*. Talvez você precise passar por esse processo algumas vezes para encontrar as três (ou mais) pessoas certas, da mesma forma que entrevistaria uma dúzia de candidatos para uma vaga de emprego. E está tudo bem. O objetivo é encontrar pelo menos uma pessoa com quem você possa estabelecer esse tipo de relacionamento mais profundo e de apoio mútuo. No início, eu tinha apenas alguns conselheiros de confiança. (Eu não sabia que Peter Guber se importava o suficiente comigo e com meu sucesso pessoal para ajudar, até que ele me bateu na cabeça com um pedaço de pau.)

Esteja preparado para lançar sua rede amplamente. Há vários anos, conheci Beth Comstock, CMO da General Electric. Beth é uma empresária incrivelmente talentosa, totalmente focada no crescimento da GE e leal à empresa e aos seus executivos. Após nosso primeiro encontro, mantivemos contato por e-mail, mas, devido à agenda lotada dela, não nos encontramos pessoalmente por mais de um ano. Naquele momento, tivemos uma reunião de negócios, mas ainda não havíamos passado nenhum momento social juntos.

Nessa época, percebi que precisava expandir meu círculo de conselheiros. Ocorreu-me que deveria tentar recrutar Beth para minha equipe. Eu a respeitava muito e sempre fiquei impressionado com sua abertura, sinceridade e generosidade. Então, enviei-lhe um e-mail e propus que almoçássemos ou jantássemos para tratar de um assunto não relacionado ao nosso negócio atual. Concordando em almoçar, Beth marcou uma data. Aconteceu que foi um dia em que eu estava a cinco mil quilômetros de distância, em Los Angeles. Mas eu estava tão ansioso para ir a esse almoço que peguei um avião e fui para Nova York.

É verdade que nem todo mundo pode largar tudo assim. Mas, o que quero dizer é que você deve fazer tudo o que puder para que esses relacionamentos importantes aconteçam. Não os deixe ao acaso.

Experimente um Pouco de Sinceridade

Acho importante pedir à outra pessoa que me dê um feedback sincero em nosso longo e lento jantar. Se ela já conhece você bem o suficiente, pergunte: "Eu adoraria saber se você acha que há algo que me beneficiaria saber e que está me atrapalhando?" Convide-a para correr um risco com você. Veja se ela confia no lugar seguro que você está tentando criar.

Eles são Fortes o Suficiente para Tornar Você Responsável?

Perto do final de um jantar longo e lento, se tudo estiver indo bem, você pode pedir à outra pessoa que o responsabilize por algo que deseja alcançar. Veja se consegue retribuir o favor responsabilizando-a por um objetivo de vida. Nos próximos dias ou semanas, observe como a coisa anda. Mas sejam o conselho mútuo e o feedback que vocês dão um ao outro informais ou mais formais — digamos, um check-in uma vez por semana —, é importante que você deixe claro exatamente o que deseja da outra pessoa: uma parceria de apoio que você pode confiar, com base em feedbacks sinceros e honestos. Veja como ela reage — não apenas durante o jantar, mas ao longo do tempo.

Uma Última Coisa

Não saia de um jantar longo e lento sem marcar outro horário para conversar ou se reunir. Este é um passo importante para que o processo seja bem-sucedido. Por exemplo, Greg Seal e eu moramos em cidades diferentes, então combinamos de nos encontrar uma vez por mês. Outros membros do meu círculo íntimo entram em contato comigo uma vez por semana ou mais. Por mais ocupada que seja minha agenda — e eu viajo pelo país com frequência — faço de tudo para entrar em contato regularmente com meus parceiros de suporte. Se alguém não conseguir encontrar tempo para se encontrar com você logo no início, provavelmente também não o fará com o tempo.

TIME DOS SONHOS: OS INKLINGS

A vida literária é uma das atividades mais solitárias. "Trabalhamos no escuro... fazemos o que podemos... damos o que temos" é a famosa citação de Henry James. Mas quem diria que escrever poderia de fato ser uma obsessão coletiva?

Os Inklings era o nome de um grupo de escritores e intelectuais da Universidade de Oxford que se reuniram regularmente ao longo de quase 20 anos nas décadas de 1930 e 1940, discutindo o material que eventualmente renderia algumas das obras mais conhecidas da literatura do século XX — entre elas, *Além do Planeta Silencioso,* de C. S. Lewis, e *O Senhor dos Anéis,* de Tolkien. (Lewis escreveu a série pela qual é mais conhecido, *As Crônicas de Nárnia,* depois que o grupo se desfez.)

Durante uma série de reuniões nas noites de terça-feira em pubs e apartamentos locais, Lewis, Tolkien e seus colegas Inklings leram seus primeiros rascunhos em voz alta, debateram questões de estilo e tom e se envolveram em discussões apaixonadas sobre a filosofia cristã e seu papel adequado na literatura. Os Inklings celebraram o que Lewis chamou de "oposição racional", e o próprio Lewis procurou indivíduos que compartilhassem seus interesses, mas "abordou todos eles de um ângulo diferente", como ele escreveu mais tarde em *Surpreendido pela Alegria*, um livro que descreveu sua mudança do ateísmo ao Cristianismo — uma mudança de atitude alimentada em grande parte pela influência e incentivo do seu confiável círculo de conselheiros.

Deixando de lado as palavras e o debate teológico, os valores fundamentais dos Inklings eram a amizade e o apoio. De acordo com um membro do grupo, o escritor Owen Barfield, "estávamos sempre defendendo a verdade, não a vitória, e defendendo a verdade, não o conforto."

Embora o grupo tenha se dissolvido no final da década de 1940, a amizade entre Tolkien e Lewis perdurou pelo resto de suas vidas, sobrevivendo até mesmo à rejeição crítica de Tolkien às *Crônicas de Nárnia* de Lewis (embora a história e milhões de leitores discordem). Pouco depois da morte de Lewis, em novembro de 1963, Tolkien escreveu à sua filha: "Até agora tenho sentido os sentimentos normais de um homem da minha idade — como uma velha árvore que perde todas as folhas, uma por uma. Mas isso parece um golpe de machado perto das raízes."

Passo quatro: Amplie sua estratégia de definição de metas

Bill George, autor de best-sellers, ex-CEO da Medtronic e professor de administração de Harvard, pratica o apoio mútuo há anos com um pequeno grupo de homens. Bill sente que o seu grupo foi fundamental, anos atrás, na sua decisão de deixar o conglomerado tecnológico Honeywell para dirigir a Medtronic, naquela altura uma empresa relativamente pequena.

"Acho que fiquei tão envolvido com o ego de ser CEO que foi difícil admitir que me sentia infeliz fazendo isso na Honeywell", diz Bill. "Eu era um construtor; quanto da minha vida eu queria passar fazendo turnarounds? Acho que os caras do meu grupo de homens puderam ver isso claramente e me confrontaram a respeito. Eles ficaram maravilhados quando finalmente enfrentei o problema e me incentivaram a ir para uma empresa menor. Eles certamente me deram coragem para fazer a mudança."

Os conselheiros de Bill o ajudaram a ver que seu coração estava em construir empresas, e não em consertá-las. Se esse era o seu objetivo, se era isso que estava empenhado em fazer, ele não estava realmente cumprindo esse propósito e compromisso na Honeywell. Mas foi exatamente isso que ele conseguiu fazer na Medtronic. Em suma, as pessoas que cercavam Bill podiam ver seus comprometimentos, metas, pontos fortes e fracos — sob uma luz diferente da que ele próprio conseguia ver.

Percebi que, no estabelecimento de metas, como em tudo o mais, duas ou mais cabeças pensam melhor do que uma.

Pense no estabelecimento de metas como um plano estratégico para a Você Ltda. Aprenda uma lição pessoal com as melhores empresas, que sabem que precisam de uma equipe para descobrir para onde estão indo — ninguém pode fazer isso sozinho. Grandes empresas sempre tiveram processos de planejamento estratégico que incluíam pessoas internas, externas, pesquisadores de mercado e muito mais. Você deveria ter também! Não sei dizer quantas vezes minha equipe me ajudou a acertar alvos que eu nunca teria visto, muito menos atingido. E eu sou um cara que se concentra bizarramente no estabelecimento de metas desde que era criança.

Muitas pessoas bem-sucedidas e de alto desempenho precisam de ajuda para criar um roteiro, incluindo metas anuais, trimestrais, mensais e semanais, para atingir qualquer objetivo. Criar e priorizar os detalhes desse roteiro é o que chamamos de "funcionamento executivo". Algumas pessoas estão programadas para fazer isso, enquanto outras não. Podemos sonhar os sonhos mais ambiciosos, mas, se não formos capazes de simplificá-los num curso de ação coerente, muito provavelmente irão à falência. Se você é uma pessoa que geralmente sabe para onde quer ir, mas parece nunca ser capaz de chegar lá, não se desespere — você só precisa de alguém com fortes habilidades de planejamento para ajudá-lo. (Você ficaria surpreso com quantos líderes e pensadores de alto nível precisam do que o *New York Times* certa vez apelidou de "um CEO do cérebro" para fornecer as habilidades de funcionamento executivo que lhes faltam.)

E, depois de definir seu plano de ação, você precisará de parceiros de apoio para ajudá-lo a manter o foco nos objetivos principais, especialmente em um mundo de constante distração.

As Nuances da Definição de Metas

O segredinho sujo sobre estabelecer metas é que isso pode ser bastante contraproducente. Existem diferentes *tipos* de metas e não saber a diferença pode prejudicar a maneira como você pensa sobre o futuro.

Certas metas, conhecidas como "metas de desempenho", implicam um resultado finito, como um pote de ouro no fim do arco-íris. O Dr. Rob Dirksen uma vez me disse que um de seus objetivos era ganhar uma certa quantia de dinheiro todos os anos. Isso é bom e também uma métrica válida. Mas, para mim, muito mais importante é desenvolver um *processo* e um *roteiro* que o ajudem a alcançar essa renda em um determinado momento. Em outras palavras, você deveria pensar no arco-íris, não apenas no pote de ouro.

Recomendo que você estabeleça não apenas um, mas dois tipos de metas de desempenho e metas de aprendizagem. E sua equipe pode ajudá-lo em ambos.

Metas de desempenho são o que a maioria de nós provavelmente considera metas agora. Elas são os potes de ouro: conseguir o emprego. Conseguir a promoção. Atingir a cota de vendas. Tirar férias no Quênia. Casar. Perder 10 kg. Todas são relativas a alcançar um resultado altamente específico.

As metas de aprendizagem, por outro lado, enfatizam a aquisição de novas habilidades e conhecimentos para impulsionar e expandir suas habilidades e carreira.

Metas de aprendizagem vs. metas de desempenho

Está tendo problemas para saber a diferença entre as duas? Aqui estão alguns exemplos:

Meta de Desempenho	**Meta de Aprendizagem**
Perder 5 quilos	Aprender a preparar refeições mais saudáveis
Aumentar o tráfego da web em 50 por cento	Encontrar cinco novas táticas de marketing
Impulsionar as vendas em 10%	Aprender a aprimorar seu melhor argumento de venda

Uma história sobre meu associado Data ajuda a colocar esses dois tipos de metas em perspectiva. Data queria ser, como ele disse, "sarado". Ele é um cara esguio do Meio-Oeste, e a mudança para o sul da Califórnia o fez repensar seu físico. (Eu mencionei que Data é solteiro? Isso pode ter algo a ver.)

De qualquer forma, Data passou meses na academia, levantando pesos sozinho, fantasiando sobre o dia em que seus músculos ficariam inchados como os do Mr. Universo. Ele não estava tendo muita sorte, pois levantava pesos livres ridiculamente leves. Então, sentei-me com ele e ensinei-lhe um pouco da ciência por trás do levantamento de peso (o levantamento de peso também é um dos meus hobbies, e Data, eu sabia, acolheu bem a abordagem analítica). Pelo que pude perceber, ele ficou tão focado em seu objetivo de *desempenho* (ter um bíceps de primeira) que esqueceu que tinha algumas coisas para *aprender* antes de chegar lá.

Duas horas depois, ajudei-o a reformular um conjunto de novos objetivos. "Quero ficar sarado" tornou-se "Quero aprender os melhores e mais eficientes exercícios para construir meu corpo". Em poucas semanas, ele sabia o que estava fazendo e estava no caminho certo para ganhar alguns músculos de verdade.

Data precisava de ambos os conjuntos de metas — a meta de desempenho, para motivá-lo, e a meta de aprendizado, para que ele se concentrasse nas ações que realmente o levariam até lá. As metas de desempenho são sedutoras — pense nas resoluções de Ano Novo! Mas, sem a abordagem adequada, elas também podem vir a nos prejudicar.

Quando a FG estava apenas começando a considerar nossa estratégia online, nossa meta era registrar 100 mil assinantes em nossa lista de e-mail da Dica da Semana. Mas como? E por que 100 mil? Era uma meta agressiva, sem dúvida, mas arbitrária e não apoiada por marcos claros.

Não sabíamos o que não sabíamos e, por um tempo, a única coisa que aquela meta nos trouxe foi irritação.

Por fim, procuramos outros especialistas na área e reavaliamos nossa estratégia. Percebemos que o que realmente precisávamos era um número de indivíduos diversos e altamente engajados, que seriam bem atendidos tanto pelo nosso conteúdo online quanto pelo contato uns com os outros.

Para resumir a história, percebi que os assinantes eram apenas uma métrica de uma meta de desempenho maior e mais importante: construir uma comunidade online. Para atingir esse objetivo dentro de um ano, estabeleci uma série de metas de aprendizagem: descobrir que conteúdo as pessoas queriam online, determinar a tecnologia e a plataforma certas para usar e, em última análise, encontrar os parceiros certos que nos ajudariam a construir e lançar um site comunitário. Três metas de aprendizagem, uma meta de desempenho e, um ano depois, não poderia estar mais orgulhoso do GreenlightCommunity.com. Confira por si mesmo!

Metas de desempenho podem ser motivadoras. O outro lado é que, quando definidas de forma inadequada, podem ser intimidantes e, por vezes, até debilitantes quando fracassamos. Pessoas que estão estritamente focadas nas metas de desempenho tendem a desistir e a ter um desempenho pior durante os contratempos.

Por outro lado, aqueles que estabelecem metas de aprendizagem, de acordo com um estudo realizado pelas Dras. Carol Dweck e Heidi Grant, da Universidade de Stanford, são mais capazes de lidar com a situação, permanecer motivados e realizar mais quando confrontados com os contratempos que inevitavelmente ocorrem.

Estique as Metas

Compreender a necessidade do pensamento incremental (metas de aprendizagem) não significa que você deva abandonar aqueles objetivos grandes, complicados e audaciosos (para usar a frase do autor best-seller Jim Collins) que dão à vida um toque aspiracional. O meu colega Peter Roche, do London Perret Roche Group, chama isto de "esticar as metas".

Certa vez, Peter estava assessorando uma empresa com uma marca de consumo bem conhecida que queria aumentar as vendas de seus produtos. Peter disse: "Ok, de quanto para quanto e em que período?"

Os executivos da empresa lhe disseram que vinham crescendo a uma taxa de cerca de 5% ao ano na última década. "Se conseguirmos chegar a 6 ou 8 por cento, isso seria ótimo."

"Isso é esticar? Isso requer um avanço?" perguntou Peter.

"Não, mas achamos que poderíamos fazer isso."

"Nesse caso", respondeu Peter, "essa não é uma conversa que eu queira ter. Eu quero falar sobre o que você quer que seria realmente um *avanço*."

Peter voltou e falou com todas as equipes. O que ficou claro é que eles estavam empenhados em transformar a necessidade desse produto e torná-lo disponível para muito mais pessoas do que nunca. "Quando descobriram quantas pessoas a mais, eles disseram: 'Quer saber? Estamos comprometidos com um crescimento de 50% nas vendas.' Isso fez com que os executivos e a organização encarassem claramente o fato de que precisavam criar uma transformação completa em suas operações. Os vendedores diriam, com razão, que não conseguiriam atingir esse nível de desempenho apenas com alguns insights ou trabalhando mais. Eles precisavam de uma transformação. E é isso que eles estão fazendo agora."

Ao esticar seu conceito de sucesso, a empresa agora está motivada a trabalhar para transformar todo o mercado para seu produto. Mesmo que fique aquém do seu objetivo de um aumento de 50% nas vendas, terá conseguido expandir radicalmente o mercado.

Seus parceiros de apoio podem ajudá-lo a esticar sua ideia do que é possível alcançar.

Com Metas de Aprendizagem, o Fracasso é uma Impossibilidade

No decorrer da criação e execução de seus objetivos, é claro que você cometerá alguns erros. Faz parte do aprendizado. Ninguém com planos ambiciosos de carreira ou de vida progride sem passar por fracassos e contratempos. (Acredite em mim!) Mas, quando você volta sua atenção para as metas de aprendizagem, toda a ideia de "fracasso" começa a fazer menos sentido. Quando você aprende constantemente com tudo o que faz, o fracasso deixa de ser uma opção. Pense em Data: mesmo que ele puxe ferro por anos, pode não atingir sua meta de desempenho de adicionar cinco centímetros ao bíceps. Esse crescimento muscular pode não se adequar ao seu tipo de corpo. Mas, se a meta de desempenho é aprender as melhores estratégias de levantamento de peso disponíveis para melhorar a força e a resistência, a única maneira de ele falhar é se desistir completamente.

Transforme as Metas Profissionais Deles em Suas Metas

Como funcionários, a maioria de nós está familiarizada com as metas de desempenho: "Venda X *widgets* e o bônus será seu". Essas metas podem nos frustrar, em vez de nos motivar, se sentirmos que são enfiadas em nossas goelas. Uma maneira segura de desmotivar os funcionários é não recompensar ou reconhecer o aprendizado e o crescimento alcançados de projeto para projeto.

Criar nossas próprias metas pessoais de aprendizagem (ou até mesmo sugerir que nossos gerentes incluam isso no protocolo da empresa) para dar suporte às metas de desempenho que nos foram dadas pode nos empoderar. Agora podemos possuir o que costumavam ser as metas da empresa, uma vez que se tornaram ferramentas para o nosso autodesenvolvimento. Pense nisso como uma forma de descobrir uma vantagem que não faz parte do seu trabalho.

Imagine uma vendedora, Judy, que decide acrescentar uma meta de aprendizado pessoal à meta de sua empresa: aprender três novas técnicas de vendas com os principais vendedores da empresa para ajudá-la a atingir sua cota. Seu objetivo final ainda é vender mil *widgets*. Mas, agora, embutida nessa meta, está uma realização pessoal adicional que ela deseja alcançar. Acredito que uma empresa que incentiva esse tipo de comprometimento com a melhoria deveria reconhecer a conquista de Judy para ambas as metas. Mesmo que isso não aconteça, as habilidades aprimoradas de Judy fazem dela uma profissional melhor para o resto da vida.

E não cometa o erro de presumir que seus objetivos profissionais de longo prazo não coincidem necessariamente com seu trabalho atual. Entendo que muitas das pessoas que conheço podem estar trabalhando em empregos aparentemente não relacionados à carreira que desejam. Mas, como as pessoas mais bem-sucedidas sabem, tudo está conectado! Ao conciliar sua vida pessoal e profissional, trabalhe para mesclar as duas, não para encontrar um equilíbrio! Encorajo fortemente as pessoas a encontrarem formas de combinar as exigências do seu "trabalho diário" com os seus objetivos a longo prazo, fazendo o que chamo de "elaboração" — reformulando as metas de trabalho atuais para fazê-las servir interesses pessoais a longo prazo.

Elaborar permite que você traga 100% de sua paixão e interesses para o trabalho; também aumentará significativamente a energia que você tem hoje para o trabalho. Ao longo do caminho, isso o ajudará a ter um melhor desempenho — para que todos ganhem! Você precisa contar aos outros sobre seus objetivos de longo prazo? Não. Apenas faça. Pegue uma meta que alguém lhe entregou e transforme-a em uma meta de aprendizado para seu próprio benefício. Ou ligue para um amigo e diga: "Ei, estou tentando encontrar uma maneira de transformar minhas metas diárias de trabalho em algo que possa realmente beneficiar minha carreira a longo prazo. Aqui estão minhas metas atuais no trabalho. E aqui estão minhas metas de vida de longo prazo. Pode me ajudar?" Os empregadores se beneficiam do maior envolvimento dos seus funcionários.

As metas de aprendizagem são uma ótima ferramenta para elaboração. Quando Judy reformulou sua cota de vendas como uma missão para se tornar uma vendedora melhor, ela mudou o foco para seu próprio crescimento. Naturalmente, investimos mais em nossas tarefas diárias (e temos mais sucesso nelas) se sentimos que estão diretamente relacionadas aos nossos interesses pessoais. Se você não conseguir encontrar uma maneira de seu trabalho atual atender aos seus interesses de longo prazo, ou você não está sendo criativo o suficiente ou está no emprego errado. Trabalhe para alinhar suas metas!

Crie um "Comunicado de Imprensa" para Suas Metas

Apenas o processo de *comunicar* seus objetivos aos seus parceiros de suporte, ou a qualquer outra pessoa, pode ajudá-lo a alcançá-los.

- Compartilhar seus objetivos com outras pessoas força você a esclarecer sua visão.
- Seus parceiros de suporte serão capazes de detectar falhas em seu plano que você pode não ter percebido.
- Comunicar suas metas não é apenas dizer aos outros o que você vai alcançar — é dizer a si mesmo, repetidamente, até acreditar.

Passo cinco: crie sua Roda de Sucesso Pessoal

Todo mês de dezembro, tiro uma semana de folga exclusivamente com o propósito de reavaliar minha estratégia de vida pessoal e redefinir as metas específicas que criei para alcançar a vida que desejo. Vale a pena dedicar algum tempo para ter uma compreensão sólida de meus objetivos de longo prazo. Afinal, tudo o que faço durante todo o ano me aproximará ou me afastará deles — então, com certeza, saberei melhor o que são.

Meu estabelecimento de metas começa de forma ampla. Primeiro, estabeleço uma combinação de metas de aprendizagem e desempenho que desejo alcançar em sete setores da minha vida: pessoal, profissional, financeiro, bem-estar, intelectual, espiritual e retribuição. Visualmente, represento isso com o que chamo de Roda do Sucesso Pessoal, que você pode baixar e aprender mais em KeithFerrazzi.com [conteúdo em inglês]. Eu a utilizo como meu roteiro de compromisso pessoal. Embora nunca tenha encontrado categorias adicionais que cubram minha vida de forma mais completa do que essas, sinta-se à vontade para criar as suas próprias.

Esta é a versão básica; na verdade, acabo modificando o tamanho dos elementos individuais para aproximar a porcentagem que corresponde às minhas áreas de foco no próximo ano. (Tenho que me lembrar que só tenho um determinado número de horas no dia!)

O crescimento profissional e o sucesso financeiro são bastante claros. Quanto aos outros:

- A espiritualidade pode variar desde ir à igreja até uma caminhada nas montanhas ou um retiro de ioga. A questão é que isso coloca meus pés no chão e me permite focar em preocupações que vão além da minha própria vida.
- Estimulação intelectual refere-se a qualquer coisa que eu queira aprender ou experimentar, seja ler a pilha de livros empilhados na minha mesa de cabeceira, aprender a tocar algumas notas de Scott Joplin no piano, voltar à faculdade para obter um diploma de mestrado ou doutorado ou viajar para um país onde nunca estive antes.
- Bem-estar físico refere-se a cuidar do meu corpo comendo adequadamente, fazendo exercícios diariamente, tomando vitaminas etc.
- Relacionamentos profundos abrangem família, amigos, minha rede de apoio confiável e relacionamentos amorosos.
- Retribuir refere-se ao nosso alcance filantrópico – o que todos nós podemos fazer para contribuir generosamente com outras pessoas em toda a nossa comunidade e no mundo.

Mescle, Não Equilibre

Os elementos que você vê na Roda do Sucesso Pessoal não são territórios ou feudos individuais. Eles devem e irão se sobrepor! Para mim, cumpro um grande elemento de retribuição no trabalho que faço além da nossa fundação, nas doações que faço e no meu trabalho sem fins lucrativos. Por acreditar em transformar colegas de trabalho e clientes em amigos, gerencio muitas das minhas relações pessoais no contexto do meu desenvolvimento profissional. Transformei muitas das minhas atividades de bem-estar físico em oportunidades de vínculo social, desde o treinamento até os esportes em clubes e minhas corridas noturnas. Além disso, eu me divirto com tanta frequência que minha vida familiar, meus clientes e meus amigos tendem a se entrelaçar. Eu escolhi viver minha vida de uma forma mesclada. Se quiser tirar o máximo proveito de cada elemento da sua Roda do Sucesso Pessoal, você pode considerar fazer mais do mesmo.

Deixe-me explicar brevemente como uso a Roda do Sucesso Pessoal.

1. Primeiro, atribuo a mim mesmo objetivos gerais em cada categoria. Então, sou mais específico. Por exemplo, divido meus objetivos profissionais em outras subcategorias: desenvolvimento de equipe, publicação de livros, treinamento e coaching e assim por diante.
2. O próximo passo é criar prazos. Eu me pergunto o que preciso fazer em três anos para chegar mais perto dos meus objetivos de vida; depois, o que preciso fazer em um ano e, finalmente, o que preciso realizar nos próximos sessenta dias (o último é conhecido por meus amigos como minhas metas de levantar a bunda do sofá agora). Por exemplo, há alguns anos, uma das minhas metas de três anos era criar o Big Task Weekend da FG (BigTaskWeekend.com), um encontro anual que iniciei para construir alianças entre grandes empresas para explorar e promover o bem social, começando por saúde e bem-estar entre os americanos— como reunir a Kaiser Permanente e a Safeway para levar informações nutricionais importantes aos clientes da Safeway em suas lojas. Foi um enorme sucesso, que quero expandir para uma comunidade mundialmente reconhecida de pessoas influentes, focada na obtenção de benefícios sociais vantajosos para todos, no crescimento do valor para os acionistas e no desenvolvimento pessoal de todos os participantes.

Minha meta de um ano era esclarecer a proposta de valor para as preocupações que desejamos atender e engajar. Finalmente, a minha meta de sessenta dias era recrutar um grupo consultivo e desenvolver um futuro programa de liderança destinado a fortalecer este interesse e estas competências entre a próxima geração. (Em KeithFerrazzi.com, você encontrará uma planilha que pode imprimir para seus próprios objetivos de curto e longo prazo [conteúdo em inglês].)

3. Ok — agora vou ser ainda mais específico. Atribuo a cada meta uma porcentagem do meu tempo para que todos em meu círculo (assim como em minha organização) estejam cientes de minhas prioridades e possam ajudar a me responsabilizar. Minha equipe de apoio me ajuda a garantir que aloco a quantidade certa de dias para cada categoria. Por exemplo, meu assistente sabe que, a cada três meses, saio para um retiro espiritual de fim de semana. E, duas vezes por ano, dedico uma semana inteira à leitura, durante a qual fico em dia com os jornais e livros que me mantêm à frente da curva intelectual. Minhas metas são simplesmente parte da minha agenda — nem preciso pensar nelas, assim como não preciso pensar nos meus treinos diários, nos jantares semanais com amigos ou nos grandes jantares que dou para os clientes. A decisão já foi tomada!

JEREMY HOUSE E MICHAEL MCDERMOTT, CORRETORES DE HIPOTECA

Jeremy House e Michael McDermott, uma dupla de corretores de hipotecas do Arizona, me contaram sobre um processo diário de definição de metas que eles chamam de "correção do dia". É quando eles se juntam e analisam o que precisam especificamente em um determinado dia para terem sucesso.

Jeremy e Michael criaram a "correção do dia" quando, em algum momento, começaram a sentir que seus dias estavam desequilibrados e fora de sintonia. "Pode parecer meio estranho, mas o que descobrimos foi que nosso problema estava enraizado no fato de irmos à academia à noite", Michael me disse. "Isso adicionava uma pressão estranha ao dia e não nos dava o cronograma e o equilíbrio certos que precisávamos. Então, mudamos nosso horário de academia para o início da manhã, seguido por uma sessão diária de brainstorming para fazer fluir nossa criatividade."

Após cerca de um mês seguindo esse novo cronograma, a equipe me disse que viu melhorias drásticas em seus negócios e em suas vidas. "O brainstorming matinal nos ajudou a superar metas e obstáculos, e o apoio continuou a nos levar adiante."

O Fator Quem

Então, tudo isso é "o quê" e "quando", que é onde os planos geralmente param. A seguir, faço uma lista de pessoas que são essenciais para me ajudar a atingir meus objetivos. Este elemento final — eu o chamo de "fator quem" — é crucial! E tão poucas pessoas fazem isso. Na verdade, é aqui que até a maioria das grandes empresas perde o seu processo de planeamento estratégico. Como parte dos seus planos estratégicos, perguntamos às grandes empresas: "Quem são as mil pessoas mais importantes envolvidas na concretização do seu plano estratégico?"

Para as empresas, esta lista divide-se em muitos "círculos" ou grupos de pessoas: clientes e potenciais clientes; parceiros; principais influenciadores, como analistas, acadêmicos e membros da mídia; e, claro, pessoal interno. Para cada um de nós, vale a pena escolher um número "quem" — o que parecer certo para você. Vinte e cinco pessoas? Duzentas e cinquenta pessoas? Que círculos você precisa considerar?

Agora, para cada meta principal de um ano, crie uma lista das pessoas específicas (ou pelo menos dos tipos de pessoas) que você precisa conhecer para atingi-la. Chamamos isso de Plano de Ação de Relacionamento. Como você pode criar um roteiro para alcançar suas metas se não considerar as pessoas que irão ajudá-lo a tornar tudo isso possível? Esta deve ser uma parte essencial do planejamento estratégico de qualquer pessoa ou empresa. É também uma área em que os parceiros de apoio podem ser especialmente úteis — ao realizar o brainstorming dessa lista e até mesmo na conexão com algumas das pessoas que você precisa conhecer. (Para saber mais sobre como alinhar "quem" você precisa para criar uma rede ou comunidade para ajudá-lo a atingir seus objetivos, consulte *Jamais Coma Sozinho*.)

Por fim, desenvolvo métricas de sucesso e orçamentos tanto para tempo quanto para dinheiro — sempre no caso de metas de negócios e, muitas vezes, também para metas pessoais. De que outra forma minha equipe pode me responsabilizar? Os orçamentos financeiros para objetivos pessoais podem incluir quanto você gastará em retiros, inscrições em academias, contratação de um coach ou terapeuta e as doações que você fizer para sua igreja, templo ou outras organizações.

Em cada etapa da criação desse calendário estratégico, envolvo meus colegas de apoio — assim como você também deveria fazer. Às vezes, nos reunimos formalmente em uma sala de conferências para revisar os rascunhos; às vezes falamos ao telefone para debater ideias; e, às vezes, nos encontramos para jantar para traçar estratégias sobre ideias maiores. Essas reuniões envolvem pessoas de dentro e de fora da minha empresa — não apenas meus conselheiros pares, como Greg ou Doug, mas pessoas cuja contribuição valorizo, como colegas autores, e pessoas que acredito que poderão acabar sendo ótimos conselheiros pares no futuro. Que excelente maneira de descobrir se vocês podem ajudar uns aos outros, fazendo uma espécie de test drive juntos!

Um ano, reuni um grupo de amigos próximos para um retiro de planejamento de metas. Para minha surpresa, descobri que apenas um deles estava comprometido com o alto nível de rigor na definição de metas que eu esperava agregar. Portanto, embora ainda sejamos grandes amigos, nunca incluí nenhum deles em meu círculo de conselheiros.

Minha assistente administrativa desempenha um importante papel de responsabilização contínua em minha vida. Como ela gerencia meu calendário, está mais bem equipada para analisar como meu gerenciamento de tempo diário/semanal corresponde às metas que estabeleci. Se 50% do meu tempo for ocupado por atividades políticas ou sem fins lucrativos, não pelo desenvolvimento do meu negócio, ela chamará minha atenção. Nós também fazemos uma revisão anual do meu calendário do ano anterior para avaliar até que ponto cumpri minhas alocações de tempo.

Isso não é diferente do tipo de apoio de pares e definição de metas feito fora do escritório. Na verdade, há famílias que fazem isso juntas uma vez por ano. Reuniões familiares mensais são organizadas para revisar os planos e o progresso de cada membro da família (excluindo o cachorro). Conheço um casal que fez isso durante anos; quando a filha de 9 anos perguntou se poderia participar, eles criaram uma versão mais simples para ela também.

Seus parceiros de apoio podem fazer a mesma coisa por você: usar seus conhecimentos para cutucar e espicaçar cada aspecto de suas metas, bem como seus planos para chegar lá. Você pode entrar em contato com somente um ou dois conselheiros, ou com a equipe inteira, se tiver um time mais completo. Cada check-up — e cabe a você decidir com que frequência você precisa deles, mas recomendo que vocês se reúnam pelo menos uma vez por mês — deve abordar três questões: O que funcionou? O que não funcionou? O que está faltando para você voltar aos trilhos? Se você não tiver um assistente, peça a um companheiro de apoio que revise periodicamente sua agenda diária (e a dele) para monitorar se o gerenciamento do seu tempo está ou não alinhado com seus objetivos.

Você Realmente Quer? Ou Meramente Acha que Deveria Querer?

Agora que você tem em mente "o quê", "quando" e "quem" da sua meta, é hora de saber o "porquê": *por que quero atingir esse objetivo*? Para ajudar a encontrar a resposta, imagine como seria sua vida com esse objetivo alcançado. O que você espera que seja diferente em sua vida? O que seria igual? Uma compreensão clara de como você espera que seja o sucesso pode ajudá-lo a compreender melhor suas motivações.

Deixe-me dar um exemplo: por que quero construir um negócio escalável? Bem, isso me daria mais renda e mais tempo. Por quê? Bem, com mais renda e mais tempo poderei fazer mais daquilo que quero na vida, como escrever, pensar e dedicar mais tempo ao meu desenvolvimento espiritual. Por quê? Bem, isso me permitirá descobrir mais maneiras de ajudar os outros. Por quê? Bem, quero deixar uma marca neste mundo e prestar um serviço ainda maior.

Você entendeu. Continue fazendo essas perguntas a si mesmo e, no final, pergunte: *Existem outras maneiras de fazer isso*? Bem, no meu caso, acho que poderia apenas escrever e pensar, em vez de construir a FG, mas isso não me permitiria atingir tantas pessoas quanto pudesse por meio da expansão do meu negócio. Ok, ótimo, excelente. A meta parece se manter.

Agora, vá além. Em seu livro *Finding Your True North: A Personal Guide* [sem publicação no Brasil], o ex-CEO Bill George, de quem falei anteriormente, fala sobre equilibrar motivações extrínsecas e intrínsecas ao estabelecer metas.

As motivações extrínsecas ocorrem no mundo externo:

- Quero proporcionar uma educação de alto nível para meus filhos.
- Quero fazer meus pais felizes.
- Quero uma Mercedes para impressionar as pessoas que conheço.

As motivações intrínsecas são aquelas que vêm de dentro de você:

- Quero realizar minha paixão na vida.
- Eu quero ajudar os outros.
- Quero tempo suficiente para ficar com as pessoas que amo.

Reserve um tempo para se perguntar como suas motivações se alinham com esse paradigma interno/externo. Ambos os tipos de motivações são válidos, mas, como aponta Bill George, quanto mais bem-sucedidos nos tornamos, mais atraentes se tornam as motivações extrínsecas: dinheiro, status, poder e ostentação. E, muitas vezes, como todos sabem, todas essas coisas brilhantes e externas podem começar a eclipsar nossos desejos mais silenciosos e profundos. O resultado? Nossos objetivos parecem vazios quando os alcançamos; perdemos o que Bill chama de nosso "norte verdadeiro", a missão autêntica que nos torna singularmente capazes de alcançar todo o nosso potencial como líderes.

Solução de Problemas do Processo de Definição de Metas

Uma charge recente da *New Yorker* mostrava um CEO discursando numa reunião do conselho: "O nosso objetivo é desenvolver apps matadores para o novo paradigma da web, mas até que esse objetivo seja alcançado continuaremos a fabricar os melhores sistemas de eliminação de resíduos sólidos do planeta."

A charge é um lembrete vívido de que se suas metas de curto e longo prazo não estiverem alinhadas, elas acabarão no ralo. Se algo no curto prazo não estiver atendendo aos seus interesses a longo prazo, seus amigos deverão ajudá-lo a avaliar se deve abandoná-lo.

Tomemos como exemplo Lena West, da Convengine. "Lancei um programa há alguns anos chamado Technology Direct", ela me disse. "Era um programa de aprendizagem online para pequenas empresas, para ajudá-las a compreender a tecnologia da internet. Foi bem, mas não estava recebendo a atenção que achávamos que merecia. Eu não conseguia descobrir como melhorar, e todos no meu grupo de apoio me incentivaram a desistir. Foi difícil para mim, não queria ouvir isso. Mas meu grupo me lembrou que eu estava comprometida em fazer apenas coisas que fortalecessem meu negócio, e a Technology Direct não estava fazendo isso. Então, eu abandonei o projeto."

Aqui estão algumas armadilhas comuns no estabelecimento de metas e sugestões sobre como seus parceiros podem ajudá-lo a evitá-las.

Desvirtuamento da Missão

Problema: você está perdendo o foco, gastando muito tempo em atividades que não favorecem suas metas de longo prazo. *Solução*: você e sua equipe revisam seu calendário estratégico e discutem suas metas e as motivações por trás delas como forma de renovar o comprometimento.

Lacuna nas Crenças

Problema: Deixar de acreditar que você conseguirá o que deseja está levando ao fracasso em agir. *Solução*: Compartilhar suas metas com seus parceiros para ajudá-lo a refinar sua visão; se você disser isso várias vezes, você acreditará!

Lacuna nas Habilidades

Problema: seus objetivos exigem habilidades que lhe faltam e isso está atrasando ou dificultando o desenvolvimento de seu roteiro. *Solução*: Sua equipe pode ajudá-lo a reconhecer e preencher as lacunas, por meio de outros recursos ou de educação adicional.

Uma Queda na Terceira Entrada[2]

Problema: sua motivação está diminuindo. *Solução*: seus amigos podem oferecer incentivo, apoio e entusiasmo. Eles podem lembrá-lo por que você está trabalhando tanto para atingir sua meta e ajudá-lo a se comprometer novamente. Ou talvez eles ajudem você a fazer uma pausa programada — digamos, uma semana de folga — para espairecer. Mas, no final da semana, eles voltarão a ligar!

Passo seis: aprenda a lutar!

No início do livro, apresentei Maxine Clark, CEO da Build-a-Bear. Maxine é uma mulher especial que dirige uma empresa especial, que é genuinamente guiada por uma missão para crianças, e sua cultura de seguir as regras de ouro permeia tudo o que fazem.

---

2 [N. do T.] Do original em inglês *third-inning slump*: expressão utilizada no beisebol, em que uma queda [*slump*] é um período de baixo desempenho durante o qual um jogador luta para atingir seu nível típico de sucesso.

Maxine acredita muito no amor duro. Então, quem foi o FDP durão nessa cultura corporativa que assumiu como tarefa garantir que ela estava no caminho certo em sua vida e negócios?

Maxine me garantiu que só porque a cultura do Build-a-Bear é calorosa e apeluciada (vamos lá, eles fazem bichos de pelúcia para crianças!), isso não significa que eles não se responsabilizem. Maxine tem sua diretoria — e ela também tem Jimmy. Jimmy é um cara durão e com bastante noção, um pai amoroso, cuja empresa de capital de risco foi um dos primeiros investidores no negócio de Maxine.

Vários anos atrás, o conselho da Build-a-Bear se reuniu para discutir a expansão das lojas, bem como algumas questões operacionais. De repente, no meio da reunião, Jimmy deixou escapar: "Isso é besteira! Quando vamos abrir o capital?" Todos na sala se assustaram, já que a ideia de abrir o capital do negócio nem estava em pauta naquele dia. "Tudo bem", Jim disse finalmente, "se você não abrir o capital na data combinada, estaremos fora daqui", o que significa que sua empresa de investimentos venderia sua participação na Build-a-Bear.

Como lembra Maxine: "Os cabelos da minha nuca estavam arrepiados". O conselho também não parecia muito feliz. E embora a conversa tenha continuado por mais algum tempo, logo se deteriorou para gritos e acusações.

Mas, enquanto Maxine me contava essa história, ela sorria. "Na época, pensei, *Jim, deixe-me voltar à minha agenda e pare de ser tão disruptivo.*" Pronto. "Mas eu estava completamente errada. O que Jim disse tinha que ser dito. Eu não vi isso naquele momento, mas ele estava certo."

Maxine se descreve como uma "pessoa movida por uma missão" que adiava seu próprio salário para fazer a empresa ter sucesso. Mas Jim sabia que, para realmente construir uma grande empresa, Maxine teria que parar de administrar a Build-a-Bear como sua própria empresa privada e, em vez disso, administrá-la para os acionistas e funcionários.

"Jim se preocupava profundamente comigo", diz Maxine. "Ele sabia que eu abriria mão do dinheiro para mim e para todos os outros para cumprir minha missão — mas eu precisava me concentrar no dinheiro para mim e para os outros, em última análise, para alcançar meus objetivos. Ele se importava o suficiente comigo para ser tão disruptivo! Parecia mesquinho no momento, mas foi a coisa certa no lugar certo. E é isso que eu realmente aprecio em Jim — porque não consigo isso em nenhum outro lugar."

A certa altura da criação da Ferrazzi Greenlight, eu também precisei ser responsabilizado. Tudo aconteceu comigo no início de uma noite de junho. Estava andando pela calçada em frente ao 30 Rock, sede da GE em Manhattan, com o celular colado no ouvido. Eu conversava com Bill Braunstein, meu consultor e gerente de negócios externos. Eu estava atrasado para um jantar no Rainbow Room, no andar de cima, mas a ligação não podia esperar.

Recentemente eu havia decidido, em conjunto com minha equipe da FG, ampliar minha empresa. Era hora de um investimento de capital — e a Ferrazzi Greenlight teve sucesso suficiente naquele ano para que eu conseguisse garantir uma linha de crédito considerável para a empresa.

Agora havia chegado o momento da verdade: eu precisava assinar um saque de uma linha de crédito.

Mas, primeiro, tive que passar no teste de olfato de Bill Braunstein. Essa foi uma das regras que ele e eu estabelecemos entre nós. Embora eu conhecesse Bill há anos, ele ainda era um membro relativamente novo em meu círculo íntimo e, ao mesmo tempo, era um dos meus conselheiros mais importantes. Seu trabalho era me questionar — e me dar cobertura — em cada decisão financeira que eu tomasse.

Na véspera deste grande compromisso financeiro, Bill estava me pressionando para que pensasse duas vezes. Entre as questões que ele levantou:

- "Você acredita que a empresa está andando bem o suficiente para fazer bom uso desse dinheiro neste momento?"
- "Quanto do investimento você não teria que fazer se a empresa tivesse uma gestão ainda melhor do que a que você tem agora?"
- "Você seria capaz de levantar o dinheiro ao longo do tempo a partir de operações normais? Se sim, este investimento está apenas encobrindo uma gestão desleixada?"
- "Você está realmente preparado para aceitar a disciplina de dirigir esta empresa? A sua empresa está em um estágio, Keith, em que é aqui que você investiria suas economias? Porque se não estiver, você não deveria fazer isso. Sua assinatura está no empréstimo, então esse compromisso é como investir suas economias! Você está sendo irresponsável?"
- "Você está gostando mesmo de construir esta empresa? E já considerou o que realmente lhe traz alegria?"

Em vez de subir para uma festa para a qual já estava atrasado, lá estava eu, no meio de uma calçada do centro da cidade, envolvido em uma conversa quente, pesada e um pouco desanimadora. Fiquei completamente fora de equilíbrio. Estas não eram exatamente perguntas fáceis de se responder! Mas esse era o ponto principal. Bill estava me forçando a defender a mim mesmo e ao meu compromisso de desenvolver um negócio que faria a diferença para outras empresas e seus funcionários em todo o mundo.

Bill se importava comigo e com meu sucesso a longo prazo, e por isso ele estava assumindo exatamente o papel que eu precisava na véspera desta importante decisão — um parceiro de *sparring* comprometido e capaz.

Regras Básicas do *Sparring*

Quando parceiros de confiança se reúnem para refinar e debater metas, chamo isso de *sparring*. O que quero dizer com isso? Bem, o processo é muito semelhante ao treino de boxe que faço com meu treinador, J. J. Ou seja, não se trata de uma competição por inteiro; não há vencedor ou perdedor.

Sparring, de acordo com o site sempre útil e em constante evolução Wikipédia, é definido como "luta de forma livre, com regras, costumes e acordos suficientes para tornar lesões improváveis". O objetivo de tal "luta" é de natureza educativa — permitir que os participantes adquiram novas competências e novas habilidades. O objetivo não é determinar um vencedor. O exemplo mais marcante para mim é o dos boxeadores que aprendem seu ofício participando de lutas de *sparring*. Vestindo equipamento de proteção, os boxeadores entram no ringue e então se envolvem no que pareceria, a um olho destreinado, um vale-tudo. Aqueles que a conhecem, no entanto, estão cientes das muitas regras e da dança finamente coreografada que está acontecendo.

A experiência dos parceiros envolvidos num processo educativo de vaivém é intrigante e, ao mesmo tempo, relevante e útil para o apoio entre pares. Ou seja, dado que já estabelecemos a importância de incluir outras pessoas no estabelecimento de metas e em outros estágios de autodesenvolvimento, é importante prover algum tipo de estrutura sobre como seus conselheiros de confiança podem fornecer feedbacks de maneira segura e educacional.

O *sparring* é um exercício de vital importância, muito mais intenso (e produtivo para atingir um objetivo específico) do que um jantar longo e lento. E embora as idas e vindas do *sparring* possam esquentar, no fundo, a troca de ideias entre você e seus conselheiros têm tudo a ver com melhoria e aprendizado, mudança e crescimento. "Você tem alguém lhe dizendo: 'Ei, você está fazendo isso errado', o que é uma conversa difícil", diz Kirk Aubry. "E então você tem outra pessoa dizendo: 'Esta é a maneira certa de fazer isso'".

Quando feito corretamente, o *sparring*, como os Quatro Mindsets, acaba sendo uma via de mão dupla. Kirk afirma que aprendeu tanto ajudando outras pessoas com seus desafios e preocupações quanto buscando conselhos para si mesmo. Não se trata de quem é mais experiente ou mais sênior. No *sparring* eficaz, ambas as partes obtêm novos insights e feedbacks.

É semelhante à sabedoria de Shinichi Suzuki, o violinista japonês que desenvolveu o método Suzuki de ensino musical hoje usado em todo o mundo. Suzuki acreditava que, com o apoio e os conselhos certos, qualquer pessoa poderia aprender a tocar música de uma maneira bela — e que tanto o aluno como o professor aprendem uns com os outros. No final de uma aula tradicional Suzuki, aluno e professor se encaram, fazem uma reverência e dizem em uníssono: "Obrigado pela aula".

No *sparring*, "seus parceiros de apoio devem tirar você da sua zona de conforto", diz Jim Whaley, da Siemens. "Um bom apoio de pares consiste em desafiá-lo a cumprir as metas que você estabeleceu para si mesmo. Tem a ver com processos de pensamento que você talvez não tenha considerado. Às vezes, as pessoas vão lhe dizer coisas que você não quer ouvir. Isso pode deixá-lo na defensiva. Mas aprendi que, quando se trata de conversas difíceis, sei no fundo do meu coração que meus parceiros estão tentando fazer o melhor para mim. Se eles não se importassem, a conversa nem aconteceria."

Não é de surpreender que Jim tenha acabado de descrever como os Quatro Mindsets se unem no *sparring*. Os parceiros dirão coisas que você não quer ouvir (sinceridade); você pode inicialmente ficar na defensiva, mas aceitar que precisa de ajuda (vulnerabilidade); outros irão desafiá-lo a cumprir metas (responsabilização); e você entenderá que eles genuinamente desejam servi-lo (generosidade).

Remover qualquer um desses mindsets resulta na confiança sendo jogada pela janela. Sem sinceridade, não pode haver uma conversa honesta; sem vulnerabilidade, você ficará ofendido (e fechará os olhos ao feedback); sem responsabilização, é difícil receber e se beneficiar das contribuições dos outros; e, sem generosidade, é improvável que você obtenha mais ajuda. Você precisa de todos os Quatro Mindsets trabalhando juntos.

É por isso que o *sparring* pode realmente ajudar a *aprofundar* seus relacionamentos com outras pessoas. Tenho um amigo, Ajit, engenheiro de formação, que dirigia uma enorme divisão em uma grande empresa internacional de tecnologia. Ajit conheceu seu parceiro de *sparring* no final dos anos 1990, quando ele não estava realmente preparado para treinar. "Sou uma pessoa eternamente otimista", diz ele, "e, como resultado, minha avaliação de qualquer situação — seja uma análise de mercado, a capacidade da minha equipe de vendas ou o valor do produto que temos a oferecer — é quase invariavelmente positiva."

A divisão de Ajit estava atrasada no segundo trimestre fiscal e ele não iria atingir suas metas. Movido pelo otimismo equivocado de que as coisas iriam de alguma forma dar certo, ele manteve seu curso. Khush Mehta, seu CFO na época, abordava Ajit de vez em quando e dizia: "Ei, Ajit, você está no caminho errado, isso não está dando certo". Às vezes, as conversas ficavam bastante acaloradas, mas a base de confiança entre eles lhes permitia resolver seus problemas. A cada vez, Ajit revidava — até que finalmente a profecia de Khush se tornou realidade e Ajit não conseguiu atingir seus números.

"Foi um momento muito difícil", diz Ajit, "e testou os limites do meu relacionamento com Khush. Mas, finalmente, percebi que Khush não estava tentando provar que eu estava errado — ele estava tentando me ajudar. E duas coisas aconteceram como resultado. A primeira foi que aprendi a moderar meu otimismo com um melhor senso de realismo e gerenciamento de riscos. A segunda foi que desenvolvi uma confiança incondicional em Khush, que continua até hoje. Essa confiança estava enraizada no fato de ele ter estabelecido uma grande credibilidade comigo. Ele sabia do que estava falando e eu podia contar com ele. Ele realmente dedicou um tempo para entender o que era importante para mim.

"Ao longo dos anos, e por meio de muitos papéis diferentes, ele se tornou minha consciência. Sinto-me muito confortável em me tornar vulnerável com ele e, por meio dele, me tornei uma pessoa muito melhor. Na verdade, não preciso aceitar o que ele diz com fé cega todas as vezes, porque aprendi com ele a fazer minha própria avaliação realista da situação."

Às vezes, as pessoas me dizem que o *sparring* parece extremamente arriscado. Ou afirmam que simplesmente não se enquadraria na cultura da sua empresa. Bem, eu falo a elas sobre Maxine Clark, da Build-a-Bear, e como ela pede e consegue um amor duro, mesmo no ambiente de ursinhos de pelúcia de uma empresa centrada nas crianças.

O *sparring* também pode injetar uma nota de urgência em seus esforços para crescer e melhorar. Muitas vezes, pensamos que temos todo o tempo do mundo — o que nada mais é do que uma ilusão. Nosso tempo é precioso. Enquanto escrevo isto, meu querido amigo Michael Hammer morreu repentinamente ontem à noite, aos 60 anos. Criador do termo "reengenharia" e coautor do best-seller *Reengenharia: Revolucionando a Empresa em Função dos Clientes, da Concorrência e das Grandes Mudanças de Gerência*, ele deu às empresas um conjunto revolucionário de ferramentas de que precisavam para se reinventarem. Michael era um amigo, mentor e conselheiro. Então, o que estamos esperando? A vida é agora. Uma grande parte do papel do nosso parceiro ou parceiros de *sparring* é fazer-nos agir agora.

Ao falar sobre o mindset de sinceridade, escrevi sobre o elefante (ou peixe fedido) na sala. Fico feliz em dizer que, na minha própria empresa, reconhecemos diariamente os elefantes na sala. Avaliamos uns aos outros e podemos aceitar o feedback e as críticas que oferecemos uns aos outros porque não são julgamentos. Nosso objetivo, na verdade, é ajudar uns aos outros a permanecermos comprometidos e no caminho certo com nossas metas. Quando contratamos novas pessoas, muitas vezes elas passam por uma curva de aprendizado à medida que começam a dominar a dinâmica do *sparring*. Elas se adaptam rapidamente. "A perspectiva de uma pessoa pode ser muito enviesada e, obviamente, você não consegue sair do seu próprio corpo", diz nosso diretor-executivo para gerenciamento de comunidades, J. P. Kelly. "É por isso que a natureza externa do feedback pode ser tão urgente e poderosa."

Se você não estiver fazendo *sparring* com seus conselheiros de confiança, você deve questionar o comprometimento deles — ou o seu. Maxine confia em seu conselheiro Jimmy porque ele se recusa a deixá-la fora de perigo. Marc, o consultor, falando sobre a importância do *sparring* em seu grupo de homens, diz: "Temos que estar dispostos a comprometer a amizade no interesse de não trair outro homem. A pior coisa que sentimos que podemos fazer é trair outro homem por não sermos brutalmente honestos."

O objetivo do *sparring* é chegar a um lugar melhor. Idealmente, um de vocês mudará sua perspectiva em tal interação, porque terá aprendido ou sido exposto a algo que não poderia ter pensado sozinho. Você entra no *sparring* não para vencer, mas porque quer (ou melhor, espera) mudar de opinião — porque, na verdade, espera estar errado! Como você pode avançar de outra forma?

Vale a pena repetir: o *sparring* não é uma questão de vencer. Na verdade, é exatamente o oposto — você espera mudar! Ansiar por estar errado é uma das coisas mais reveladoras que o *sparring* oferece!

Se você estiver dando conselhos, certifique-se de levar em consideração primeiro os interesses da outra pessoa — e de respeitar o indivíduo. Lembre-se disso antes de dar conselhos. Você está atuando a partir de um lugar seguro ou a partir da imagem de um pistoleiro de cinema? Lembre-se, o indivíduo com quem está lutando (*sparring*) se sentirá seguro, desde que saiba que você está empurrando e lutando e usando um tom de voz forte a serviço do sucesso dele — que você se importa o suficiente para deixar seu argumento forte o suficiente para que ele o ouça. É daí que vem a segurança no *sparring*.

Dito isso, o *sparring* pode ser perigoso. Eu tenho que ser honesto com você. Isso tira as pessoas do sério. Elas podem se sentir magoadas quando outras batem abaixo da cintura e brincam de psicólogo. Portanto, é importante estabelecer regras básicas.

Aqui estão as minhas:

1. Segurança primeiro

O objetivo é que cada um de vocês chegue a um lugar melhor e progrida, e não ganhe uma discussão. Ajit se lembra de uma vez em que ele e Khush estavam juntos em um trem no Japão. "Tínhamos acabado de lançar um negócio de serviços de consultoria", diz Ajit, "e assumi a posição de que o negócio de consultoria deveria ser uma fonte independente de receita e lucro. Khush estava dizendo que deveria gerar receita extra para outros produtos e serviços da empresa. Estávamos discutindo sobre isso, e eu estava sendo muito teimoso. Apesar de poder ver claramente a lógica do que ele dizia, mantive a minha posição e tentei encontrar argumentos para defender a ideia. Finalmente Khush disse: 'Sabe, Ajit, o objetivo de uma discussão não é a vitória, é o progresso. Pergunte a si mesmo: desenvolvemos algum novo insight em nossa discussão? Se a resposta for sim, então estamos progredindo."

2. Sendo o proprietário do processo

A pessoa que apresenta seus objetivos é quem está no comando. Jade Van Doren explica como isso funciona no Clube dos Bilionários: "Deixamos a pessoa descrever o problema e definir o que ela acha que é o problema. Em seguida, nos revezamos fazendo perguntas destinadas a revelar questões ou problemas relacionados. Esse processo de questionamento muitas vezes leva o integrante a repensar a real natureza da questão. Muitas vezes, o que ele pensava ser o problema não é nada disso. Assim, quando todos sentirem que compreenderam o verdadeiro problema, mudamos de rumo e cada um dá conselhos, que podem ser qualquer coisa, desde um curso de ação recomendado até um contato potencialmente útil ou um livro relacionado. Ao final, o integrante reafirma a questão junto com possíveis soluções da discussão." Depois disso, é com ele. Ele é o dono dos dados de entrada, da execução e dos resultados.

3. Introdução ao método Socrático

O que Jade descreve acima é uma versão do método Socrático, em que, por meio de questionamentos rigorosos, as pessoas envolvidas buscam eliminar as contradições de uma discussão e aguçar seu pensamento. Este método, batizado em homenagem ao grande filósofo grego, é amplamente utilizado na faculdade de direito e na psicoterapia. Uma marca registrada do método socrático é que ele trata do processo; raramente há uma resposta correta.

Vou dar um exemplo de como funciona. Na versão clássica, o interlocutor de Sócrates apresentará um argumento, por exemplo: "O nosso gerente do escritório não tem o suficiente para fazer". Bem, Sócrates sabe que isso não é verdade, então ele tenta refutá-lo. Sócrates poderia perguntar: "O gerente do escritório está lidando com oito projetos diferentes enquanto conversamos, certo?" "Certo", responde o interlocutor. "O pobre rapaz está ajudando a expandir a nossa presença online neste momento", continua Sócrates. "Ele está lidando com orçamentos, está sendo criticado por sua esposa, que afirma que ele nunca está em casa, está apagando incêndios no trabalho a torto e a direito, já teve três reuniões de uma hora esta semana e é apenas quarta-feira." "Correto", responde o interlocutor. "Além disso", continua Sócrates, "o cara tem que voar para Cleveland na terça-feira, voltar para Los Angeles na terça à noite, reunir-se com a equipe sênior na quarta-feira de manhã e supervisionar um workshop no próximo fim de semana. Isso também está correto? "Correto", diz o interlocutor, agora parecendo um pouco envergonhado e derrotado. No final, Sócrates é capaz de contradizer a tese original — e criar uma inteiramente nova.

Isso pode resultar em novos insights chegando rápida e furiosamente.

Tomemos como exemplo Andrew Warner, membro do Clube dos Bilionários e fundador do Mixergy.com. Ele se lembra de uma vez ter chegado ao grupo com o comentário: "'Pessoal, ninguém está usando meu sistema de convites.' Conversamos sobre o assunto juntos e, depois de muitas perguntas, percebemos que eu estava gastando muito tempo promovendo minha ferramenta de organização de eventos, o que estava ofuscando a função mais básica do site."

Sócrates pode ter nascido em 459 a.C., mas os seus métodos ainda funcionam hoje em dia.

4. O receptor é proprietário do processo e das entradas

Assim que sai da sua boca, a informação é propriedade do receptor. Vocês dois precisam entender isso. O receptor então agradece com gratidão a quem a entregou, mas cabe a ele analisar e tomar a decisão final.

5. Não pegue leve nas palavras

O *sparring* pode ser acalorado, até mesmo agressivo, porque, às vezes, você *precisa* ter certeza de que a pessoa realmente ouve você! Greg Seal — que mencionei anteriormente e era apelidado de "O Martelo" — é muito bom nisso. Ele gritará e baterá na mesa quando achar que não estou ouvindo, ignorando um ponto, não analisando o suficiente ou se não compreendi totalmente a importância de uma questão. Sua raiva não é do tipo "faça o que eu digo"; é mais do tipo "me escute". Greg se importa o suficiente para levantar a voz para garantir que eu pare de pensar e me concentre. Uma forma de generosidade? Claro. Mas a outra pessoa tem que deixar claro que está ficando com raiva não porque você discorda, mas porque está ignorando um ponto importante. Só tente o *sparring* se a pessoa que o solicitou puder lidar com o dar e receber e tiver probabilidade de responder bem a ele. Você não quer brigar com alguém que vai se fechar, parar de ouvir e ficar na defensiva.

6. Deixe bastante tempo para ouvir atentamente

Enquanto a outra pessoa estiver falando, não interrompa. Uma habilidade que aprendi anos atrás em um seminário de liderança é a "escuta ativa". A escuta ativa envolve não apenas ouvir, mas repetir o que a pessoa à sua frente acabou de dizer, na tentativa de esclarecer qualquer confusão, bem como de confirmar se você realmente ouviu o que seu parceiro acabou de dizer. Não sei quanto a você, mas qualquer um de nós que já esteve em um relacionamento sabe que 99% de todos os problemas entre nós e nossos parceiros geralmente se resumem a questões de comunicação. A escuta ativa busca minimizar a confusão e a turbulência que surgem como resultado de uma comunicação simples.

Experimente algum dia. Escolha um problema contínuo com seu companheiro ou parceiro de negócios. Não tente resolver nada, apenas deixe a outra pessoa falar. De vez em quando, pare a pessoa e repita o que ela disse. Deixe que ela o corrija se você não acertar o alvo. Em seguida, troque de papéis e repita. Faça isso algumas vezes ao longo de alguns dias. O que você pode descobrir é que o problema começa a se resolver sozinho, graças a uma maior empatia e compreensão.

Loren Siebert tem uma maneira simples de dividir o tempo com seu conselheiro e parceiro de apoio, Thede. Aos sábados, eles sobem o Monte Tamalpais, ao norte de São Francisco, numa caminhada de uma hora e meia. Durante todo o caminho, os dois homens discutem Thede e sua empresa. Na descida da montanha, é a vez de Loren falar sobre a empresa. "No final do dia, estamos ambos exaustos e obtivemos muitos insights um do outro. Acho que, para alguém lhe dar um bom apoio, ele precisa saber quando pressioná-lo. Mas também precisa saber quando apenas caminhar e ouvir."

Os Quatro R's da Escuta

Grande parte do *sparring* bem-sucedido envolve ouvir de verdade. (A maioria das pessoas fala melhor do que ouve.) Meu colega Dr. Mark Goulston, que é um dos melhores ouvintes que conheço, descreve a maneira como ouvimos de quatro maneiras diferentes, que ele chama de Quatro R's: retirado, reativo, responsável e receptivo.

1. A escuta retirada é o tipo de escuta que você faz quando está realmente envolvido em outra coisa, como usar seu celular. Você pode repetir o que eu disse, mas na verdade não está prestando atenção. É o equivalente a falar sobre as palavras de outra pessoa em uma conversa — mas, neste caso, você está "agarrando" minhas palavras.
2. Com a escuta reativa, você fica um pouco mais atento. Se eu lhe fizer uma pergunta, você responde com uma resposta direta. Você me ouviu, mas não está realmente refletindo sobre o que eu disse.
3. A escuta responsável ocorre quando você não apenas reage ao que eu disse, mas responde com uma ação ou elaboração adicional. Esta é a base de toda boa conversa. É o equivalente a falar com alguém, em vez de falar para alguém.
4. A escuta receptiva é a forma mais profunda de escuta. Com este tipo de escuta, você sente total empatia pelo que tenho a dizer e sente o que estou sentindo. Este é o nível de escuta que todos queremos alcançar no *sparring*.

Bons ouvintes adotam o ditado "O cliente tem sempre razão" — o cliente, neste caso, é a outra pessoa. Bons parceiros de *sparring* consideram a possibilidade de estarem errados e a outra pessoa estar certa. Quando se trata de *sparring*, ouvir é importante para todas as partes. Somente ouvindo com atenção você poderá esperar alcançar uma mudança transformacional.

Ajit se lembra de uma ocasião em que não ouviu — e do que aprendeu como resultado: "Eu queria lançar um novo produto e decidi que poderíamos colocá-lo no mercado dentro de um ano. Khush disse: 'Ajit, é muito cedo; levará de dezoito a vinte e quatro meses.' Nesse caso, eu venci porque sou o cara do produto e ele o cara dos números. Bem, Khush acabou por estar certo. Demorou exatamente dois anos para lançar o produto no mercado e isso nos prejudicou; o atraso tirou o vento de nossas velas. Ficamos constrangidos com nossos clientes por não cumprirmos esse compromisso."

Às vezes, você simplesmente não está pronto para seguir o conselho que vem do *sparring* com seus conselheiros. Mas tudo bem — lembre-se, você é o dono do processo; você pode tomar a decisão final. Mas, se você voltar ao grupo com o mesmo problema repetidamente, esteja preparado para receber um carinho extraduro de seus conselheiros.

No Fórum de CEOs, Kirk Aubry diz: "Temos o que chamamos de problemas dois por quatro[3], porque alguém continua trazendo-os de volta uma e outra vez e não seguindo o conselho". Ou seja, eles não vão entender o ponto a menos que sejam atingidos por um pedaço de pau. "Eles realmente não querem ouvir o que o grupo tem a dizer. E, então, colocarão uma perspectiva diferente e tentarão trazê-lo de volta. Então, temos que sair do dois por quatro. Em algum momento, o grupo basicamente diz: 'Escute, nós já lhe dissemos o que achamos que você precisa fazer a respeito e você está fazendo algo diferente, então a escolha é sua.'" Em outras palavras, é dito à pessoa: *basta — não traga esse assunto de volta até que esteja pronto para ouvir o que temos a dizer.*

Começando o *Sparring*

Existem inúmeras maneiras de tornar o processo de *sparring* mais formal. Aqui estão alguns métodos que gosto de usar:

Esclareça o problema

A pessoa que necessita de aconselhamento descreve qual é o objetivo ou o comportamento desejado, tal como o entende.

Peça uma verificação da realidade

Todos entendem o problema tal como foi apresentado? É bom que o grupo ou outra pessoa repita o que ouviu para garantir que os fatos estão corretos. Se outros não compreenderem adequadamente o problema, exponha-o novamente, desta vez de forma mais específica. Todos agora têm as informações necessárias para começar? Agora, seja observador, não crítico. Lembre-se de que seus feedbacks e perguntas estão todos a serviço da outra pessoa. Afaste-se emocionalmente da situação. Não tem a ver com você.

3 [N. do T.] Do original *two-by-four.* 2×4 polegadas, isto é, 5 cm de espessura por 10 de largura. Usado de maneira ampla para designar qualquer pedaço de pau não muito grande.

Avalie o problema

Seu parceiro precisa aplicar sua análise e experiência (ele pode ter insights que podem ajudá-lo) e sua perspectiva (ele pode ver coisas que você não consegue, olhando de fora para dentro). Ele deve questioná-lo exaustivamente, usando perguntas abertas que vão além de respostas fáceis de sim ou não. As perguntas devem primeiro começar grandes e explicar por que você está fazendo isso. *Aonde você espera que isso o leve?* Em seguida, volte aos detalhes do aqui e agora. *O que você espera que aconteça se você tiver sucesso? Este objetivo é grande o suficiente para ter um impacto significativo? É alcançável? Você está motivado o suficiente para seguir em frente? Você já considerou outras opções?*

Você também pode ser específico. *E esta ou aquela opção? Por que você não escolheu fazer isso?* O "professor" aqui observa e oferece uma visão cuidadosa, ao mesmo tempo que reconhece que o alvo pode escolher usar ou descartar essa visão como achar melhor.

Depois de ter sido pressionado e estimulado e obtido o feedback que a outra pessoa tem a oferecer, pergunte-se se concorda ou não. Se você discordar, reexamine o problema. O objetivo é chegar a um acordo colaborativo, não a uma concessão (o que sugere que alguém está desistindo de algo). Mas, novamente, lembre-se, você não precisa aceitar o conselho de outra pessoa. Você controla o processo e o resultado. Tente manter seus comentários leves — um pouco de humor pode amenizar o que de outra forma poderia ser visto como um comentário áspero. O *sparring* é apenas uma ferramenta, então, não se leve muito a sério.

Revise, reafirme e refine a meta

Como resultado do *sparring*, você pode chegar a um acordo sobre uma nova meta ou sobre maneiras específicas de lidar com o problema em questão. O objetivo é encontrar uma solução que você não teria encontrado de outra forma, que você possa aceitar ou rejeitar. Depois de uma sessão de *sparring*, lembre-se de agradecer a todos pela contribuição, apoio e tempo dispensado. Tenha em mente que você pode precisar voltar e praticar mais em outro momento.

Aqui está uma lista de perguntas que muitas vezes estimulam uma boa luta de *sparring*:

- Então, você quer ir para onde? Por quê? Isso vai te deixar mais feliz?

- Qual é a sua motivação para alcançar seu objetivo? Como você analisou essa decisão? Quão minucioso foi seu pensamento? Você se fez perguntas suficientes e elas foram as corretas?
- Quais são as armadilhas e desvantagens potenciais? Você tem um plano de contingência implementado?
- Descreva o processo de pensamento que o levou à sua decisão.
- Você está preparado para fazer o que for necessário? Se falhar, está preparado para reexaminar a questão e começar tudo de novo?

De volta ao 30 Rock, Bill Braunstein me fez passar por uma série de perguntas e depois me fez prometer que iria parar um pouco para pensar. Marcamos uma reunião alguns dias depois para almoçar.

Caminhando pelo saguão, notei um retrato do ex-líder da GE, Jack Welch. Eu me perguntei: *o que Jack faria?*

Passo sete: diagnostique suas fraquezas

Não se preocupe — todos nós fazemos coisas que nos impedem de atingir o nosso melhor ou de atingir todo o nosso potencial. Pela nossa própria natureza, é o que nos faz humanos.

Não faz muito tempo, conheci um jovem chamado Josh em uma conferência imobiliária em Miami Beach, onde eu estava palestrando. Ele estava me contando que tende a ser um pouco autoritário nas reuniões, a ponto de afastar as pessoas, e percebeu que isso pode estar prejudicando-o.

Eu disse: "Parabéns, Josh, é uma análise incrível!" Quando Josh pareceu confuso, continuei: "A maioria das pessoas nem percebe os comportamentos que as atrasam. Estar ciente deles é o primeiro passo para evitá-los ou superá-los. Então, o que você costuma fazer quando percebe que está exagerando em uma reunião?"

"Bem, esse é o problema", disse ele. "Normalmente continuo avançando a toda velocidade. É como se não fosse eu; é como se eu estivesse assistindo a um personagem na TV. Eu não consigo me conter. E quanto mais nervoso fico, mais faço isso."

"Acredite em mim, eu entendo", eu disse. Sua história me lembrou daquele jantar decepcionante que tive com Larry King, no qual fiquei tão nervoso que comecei a me distanciar da pessoa que queria impressionar. Nossas inseguranças provocam certos comportamentos defensivos em nós — alguns de nós se inflam, enquanto outros recuam, e outros ainda falam com mais entusiasmo e têm dificuldade para se expressar ou expressar suas ideias de forma coerente. Acontece mais comumente quando temos medo de não conseguirmos o que queremos ou precisamos — como aceitação ou aprovação. É quando nossa insegurança aumenta e nosso comportamento se torna ainda mais exagerado. É um ciclo vicioso.

"Da próxima vez", eu disse a Josh, "respire fundo. Transforme isso em uma piada, se puder, e diga: 'Ei, tenho que parar por aqui. Posso dizer que estou ficando superempolgado. É porque fazer um ótimo trabalho para vocês é tão importante para mim que às vezes me adianto. Deixe-me desacelerar e contar minha ideia com mais detalhes...'"

Isso é algo que aprendi a fazer sempre que me encontro em apuros. Se estou saindo do caminho, eu me corrijo um ou dois segundos depois de fazer isso. É uma estratégia que me permite mudar meu comportamento e me reconectar com as pessoas ao meu redor em tempo real. Faço isso no palco ou durante uma apresentação ou palestra formal. Sim, é pouco ortodoxo, mas, acredite, descobri que não só o público aprecia a minha franqueza, mas também permite que todos respirem fundo e comecem de novo.

O fato é que todos nós temos comportamentos autodestrutivos que atrapalham nosso sucesso. Também tendemos a recorrer a eles nos piores momentos de alto estresse possíveis, mesmo sabendo que esses comportamentos ou hábitos são ruins para nós. Esta aparente contradição fascina a humanidade desde o início da História, e comportamentos autodestrutivos conduzem os enredos de muitos dos grandes dramas do mundo, desde as peças de Eurípides às tragédias de Shakespeare e a *Cidadão Kane*.

Mark Goulston, no seu livro *Pare de se Sabotar no Trabalho*, escreve que os comportamentos autodestrutivos são desencadeados por reações nas nossas células nervosas que, biologicamente falando, são semelhantes à forma como os animais respondem ao perigo e ao medo. Os animais tornam-se agressivos (o cachorro que late) ou tentam escapar ou se esconder (a tartaruga em seu casco). Diante da adversidade, essas reações são mecanismos básicos de sobrevivência.

Os humanos, por outro lado, nascem com a capacidade de raciocínio complexo. Consequentemente, temos muito mais (e mais complexas) maneiras de nos ferrarmos! E quando as pessoas respondem aos desafios com agressão — digamos, criticando ou gritando com outras pessoas, fugindo, evitando os outros, fechando-se dentro das suas conchas, ou esquivando-se de pessoas ou problemas difíceis, escapando por meio de artifícios como drogas e álcool — o tiro sai pela culatra muitas vezes.

A boa notícia é que, assim como os cães podem ser treinados para serem menos agressivos, nós, humanos, podemos aprender a reconhecer e controlar comportamentos que nos servem mal. Mas, como Fido, precisamos de um treinador. Precisamos de apoio. Além de nos ajudar a identificar e sustentar objetivos, uma das principais missões do apoio mútuo é ajudar-nos a lidar com aquilo que está nos impedindo.

Acho que nunca conheci uma pessoa bem-sucedida e consciente que não soubesse de seus problemas comportamentais e que não tivesse tomado medidas positivas para resolvê-los. Muitas vezes, os comportamentos que normalmente nos atrapalham resultam de uma necessidade inconsciente de permanecer onde estamos, o que cria uma barreira que simplesmente não conseguimos superar.

A Greenlight Research compilou uma lista de algumas categorias de pessoas que fabricaram os seus próprios obstáculos, com base nas nossas observações dos desafios mais comuns que vemos atrasar os nossos clientes — e de fato, os próprios clientes adicionaram sugestões à lista. Você se vê em algum desses personagens?

- *O que duvida de si mesmo.* Você sabe a que tipo de pessoa me refiro — aquela cujo ego é pequeno demais para o tipo de trabalho para o qual foi contratada. Para sua equipe, ele pode ser o chefe, mas, por dentro, ele está constantemente se perguntando: e se um dia todo mundo perceber que sou um impostor?
- *O que pensa em preto e branco.* Rígido? Essa pessoa poderia escrever um livro sobre isso. Se as coisas não acontecem do jeito que ela quer, ela congela, incapaz de se comprometer ou ceder. Sua racionalidade pura torna efetivamente impossível para ela trabalhar em equipe — e sua insistência em fazer as coisas do seu jeito torna a colaboração impossível.

- *O pessimista.* Ele vê o copo sempre meio vazio e tende a resistir a qualquer tipo de mudança, visto que a alternativa pode ser ainda pior! Mas, quando a balança está sempre contra a mudança, nada muda!
- *O perfeccionista.* O perfeccionista estabelece padrões impossivelmente elevados. A perfeição se torna um obstáculo em vez de um meio para atingir um objetivo. Ele é hipercrítico e incapaz de aceitar erros ou imperfeições dele mesmo ou dos outros.
- *A vítima.* O indivíduo nesta categoria sente-se impotente para enfrentar desafios ou resolver problemas. Ao lidar com desafios, ele procura culpar os outros ou vê as situações como estando fora de seu controle.
- *O evitador de riscos.* Ele ou ela é inseguro e tenta evitar situações e decisões que possam resultar em derrota ou fracasso.
- *O lutador.* Sentindo-se excluído ou isolado dos outros, ele anseia por atenção pelos seus esforços. Ele procura turbulências e situações impossíveis — e pode até chegar ao ponto de criá-las.
- *O evitador de conflitos.* Sentindo-se responsável pela felicidade dos outros, aquele que evita conflitos, minimiza as divergências, muda assuntos delicados ou evita completamente determinados tópicos.
- *O overachiever.* O tipo *overachiever* tem medo do fracasso e da humilhação. Ele é movido pela baixa autoestima e tende a assumir responsabilidades demais, tornando-se um workaholic.
- *O underachiever.* Em vez de tentar e falhar, o *underachiever* não acredita em si mesmo e, portanto, prefere não se esforçar. Ele regularmente fica aquém das expectativas de si mesmo e dos outros.
- *O envergonhador.* Esse tipo lida com seus sentimentos de insegurança culpando os outros. Ele tende a envergonhar, constranger ou humilhar os outros para encobrir seu próprio medo do fracasso.
- *O consertador.* Como o consertador se considera melhor do que todos, ele fica ressentido com as fraquezas dos demais e sente que está constantemente limpando a bagunça dos outros.
- *O valentão.* Um valentão lida com seus sentimentos de raiva e insegurança ficando bravo com o mundo. Ele encobre seus sen-

timentos de estar sozinho no mundo explodindo e implicando com os outros.

- *O bajulador.* Este é o tipo de pessoa que está sempre ligada. Em seus relacionamentos com outras pessoas, ele tende a ser muito superficial. E tem a tendência de dizer aos outros o que querem ouvir, porque realmente não se importa com eles ou com os relacionamentos.
- *O microgerente.* Desconfiado dos outros, um microgerente sente que a única maneira de controlar o mundo é controlando todos ao seu redor. Ele não espera que os outros atendam às suas expectativas e limita estritamente a autoridade de tomada de decisão dos outros.
- *O bobo da corte.* Com medo da verdade sobre si mesmo, a maneira de lidar com a situação do bobo da corte é ser perpetuamente divertido. Ele evita assuntos sérios sobre si mesmo e sobre os outros com humor.
- *O cientista.* O cientista se sente mais confortável com fatos, informações e estatísticas. Ele confia no intelecto e não na emoção. Ele se esforça para manter os sentimentos sob controle em suas interações com os outros.
- *O agradador.* Sempre precisando de aprovação, o agradador tenta ser tudo para todas as pessoas.
- *O dramaturgo.* Como este tipo se sente desvalorizado ou sem importância, ele tende a transformar pequenos problemas em grandes produções. Ele tem dificuldade em manter um senso de perspectiva.
- *O cavalo de corrida.* Acelerando a 100 km por hora, ele não presta atenção suficiente em como suas ações afetam as pessoas ao seu redor. Ele raramente dá atenção o bastante aos sentimentos ou necessidades dos outros e acredita que o primeiro a chegar à linha de chegada vence -- não é exatamente um jogador de equipe.

E isso é apenas a ponta do iceberg de algumas das coisas que fazemos e que nos atrasam!

"Quando as pessoas me perguntam qual é a minha métrica para o sucesso", diz Lena West, "eu digo: 'Quanto mais sei sobre mim neste ano do que no ano passado? O que fiz para me compreender neste ano, neste trimestre, neste mês?' Sei que quanto mais me compreendo, mais bem-sucedida me torno." (A propósito, este é o exemplo perfeito do uso de uma meta de aprendizagem ativa!)

Para melhorar a forma como lidamos com outras pessoas, temos que começar por nós mesmos. No meu próprio caso, percebi como o medo que tive do conflito ao longo da vida levou a muitas das complicadas questões de gestão em que me envolvi durante os primeiros dias da FG. "Na verdade, não existem problemas de negócio", diria Bob Kerrigan. "São todos problemas de pessoas. Trazemos nossa disfunção pessoal para o local de trabalho."

Há muito tempo, sou um grande fã do movimento dos pontos fortes defendido por escritores e consultores de negócios como Tom Rath e Marcus Buckingham. Acredito que o conselho da Organização Gallup de nos concentrarmos nos nossos pontos fortes ajudou incontáveis milhões de pessoas. Na verdade, esse mesmo hábito me deu ímpeto para lançar meu próprio negócio.

Porém, muitas vezes, vejo pessoas interpretarem mal esta abordagem como uma desculpa para evitar lidar com os comportamentos que não só as impedem de ir adiante, mas que, na verdade, prejudicam as suas carreiras. Focar nos seus talentos naturais não significa aceitar comportamentos que impeçam o seu sucesso. São dois lados da mesma moeda. Todos nós temos alguns pontos fortes básicos que precisamos aprimorar e alguns elementos de nossas personalidades que faríamos bem em diminuir. Até reconhecermos ambos, não alcançaremos o sucesso que merecemos. Por que não parar e reservar um momento para anotar alguns dos seus?

Para tornar as coisas ainda mais complexas, as mesmas características que nos tornam bem-sucedidos no início de nossas carreiras podem, em última análise, acabar nos atrasando ainda mais. Microgerenciar seus funcionários pode ser muito eficaz quando apenas um punhado de pessoas se reporta a você e o objetivo é a produtividade a curto prazo. Mas, quando você é responsável por uma divisão ou grupo inteiro, o microgerenciamento do trabalho de todos torna-se impossível. Além disso, gerir os funcionários de tal forma que eles não possam realizar o seu trabalho sem que você os espreite por cima dos ombros presta um péssimo serviço a todos — e aponta uma fraqueza evidente na sua abordagem.

Como disse, minha falta de foco sempre foi um problema para mim. Ao mesmo tempo, permitiu-me assumir (e executar) vários projetos de uma forma que impressionou meus superiores e, por fim, expandiu meus interesses e rede de contatos. Eu não era apenas o presidente da minha fraternidade em Yale — eu era o presidente do sindicato político, trabalhava no escritório do mestrado da faculdade, comecei uma fundação sem fins lucrativos e também encontrei tempo para concorrer ao Conselho Municipal de New Haven, o tempo todo tirando boas notas.

Divertido e gratificante? Claro, quando você é jovem e está cheio de energia. Porém, mais tarde na minha carreira, quando dirigia uma empresa em crescimento com recursos limitados, minha habilidade multitarefa era definitivamente um problema. De volta à Starwood, precisávamos de novas ideias. Manter uma dúzia de bolas no ar era uma coisa boa (havia tanta coisa para resolvermos!), e nosso CEO tinha um grande apetite por muitas mudanças, todas de uma vez e em todas as áreas. Mas, quando comecei a gerir a minha própria empresa, pude sentir que a minha falta de concentração começava a afetar a qualidade dos projetos que eram muito críticos para a construção dos alicerces de longo prazo.

Então, como eu poderia saber que a mesma coisa que me servira tão bem por tanto tempo agora não me servia mais? Outros precisaram me contar, e em alto e bom som também; caso contrário, eu nunca entenderia a mensagem.

É aí que entra meu círculo íntimo.

Deixe-me dar um exemplo de como funciona em nosso escritório agora. Meu colega J. P. Kelly e eu já tínhamos o hábito de conversar um com o outro nas reuniões. Nós dois ficávamos impacientes ao ouvir e interrompíamos o outro. Foi nosso COO, Jim Hannon, que nos apontou isso! Ao escutar isso, nós dois rimos timidamente, mas agora que nosso comportamento está evidente, outros nos apontam isso sempre que começamos a tagarelar.

O primeiro passo para corrigir ou mudar comportamentos que não nos servem é reconhecê-los. Uma maneira de definir um vício é como um comportamento que não nos serve bem, mas que continuamos praticando mesmo assim. A esta altura, todos sabem que o primeiro passo para a recuperação é admitir que temos um problema; uma vez feito isso, nunca poderemos voltar totalmente àquele mesmo comportamento prejudicial. Com o tempo, provavelmente encontraremos coragem e capacidade para enfrentar e lidar com isso. Mas recusar-se a reconhecer um problema permite que ele se agrave por dentro — e permite que continue a nos controlar.

Aí entra a sinceridade! Sem outras pessoas apontando meus comportamentos contraproducentes, não posso melhorar.

"Um dos primeiros ensinamentos do exército é não pedir a ninguém para fazer nada que você não faria", diz Jim Whaley. "Se você está planejando pedir para os caras pularem de um avião, é melhor você ser o primeiro a pular."

Os líderes têm de encontrar uma forma de diagnosticar as suas próprias falhas e fraquezas de liderança e depois transmiti-las à sua equipe executiva, para que possam ser abordadas ou compensadas. Quando os líderes realizam avaliações dos seus subordinados, mas fingem que eles próprios não têm problemas, isso causa dois problemas. Primeiro, aqueles que estão abaixo deles saberão que são mentirosos e cheios de si — que o CEO está incutindo uma cultura de desonestidade. Em segundo lugar, todos os outros começarão a se proteger porque perceberão que, para chegar ao topo, precisam ter uma aparência perfeita.

Em vez disso, o que é realmente necessário é uma cultura que celebre a honestidade e o crescimento individual.

Este mesmo princípio pode ser aplicado em casa. Quando um amigo meu sentiu que sua namorada estava bebendo demais, ele a convenceu a parar — também parando de beber. E quando decidimos ir ao fundo dos nossos problemas na FG, começamos no topo, comigo.

Quando as coisas davam errado em meu negócio, em vez de abordar as questões muitas vezes complexas de maneira ponderada com as pessoas ao meu redor, minhas células nervosas animais disparavam. Eu tentava conter minha frustração, criando ressentimento de minha parte. Para mim, confirmou o que já sabia de vários cientistas sociais sobre o poder dos comportamentos autodestrutivos em nossas vidas.

O que mais me interessou em todas as pesquisas foram os estudos que reforçam minha convicção de que é necessária a ajuda de outras pessoas para superar esses maus comportamentos.

Todos nós temos a capacidade de nos ferrar. Mas, com alguma ajuda, também temos a capacidade de melhorar.

Basta Escolher Um

E se você tiver mais de um problema comportamental ao mesmo tempo para resolver? É claro que você tem! Todos nós temos! Então, por onde você deve começar?

Basta escolher um. Realmente não importa qual você escolhe; a questão é que, quando você passar por isso uma vez e vir os benefícios, terá uma ótima ferramenta nova à sua disposição e escolherá outro, depois outro, e assim por diante, indefinidamente. Para que estamos aqui senão para continuar melhorando com o pouco tempo que temos?

Não é má ideia começar escolhendo algo que seja fácil de identificar e que você esteja animado para superar. Comecei há anos com minha tendência de me gabar, que remonta à minha infância.

Preocupado com a possibilidade de outras crianças da minha escola usarem minha pobreza contra mim — o que algumas delas fizeram — eu meio que mascarava a verdade. Ok, ocasionalmente, eu mentia descaradamente. Se alguém perguntasse como meu pai ganhava a vida, eu diria: "Ele trabalha na indústria". (Eu não conseguia pensar em nenhuma maneira de inflar o trabalho da minha mãe como faxineira, então nunca mencionei o trabalho dela. Ela também concordava com isso, porque não estava muito feliz em lidar com algumas das esnobes senhoras para quem ela teve que trabalhar, Deus a abençoe.)

Como adulto, assumi o compromisso de parar de mascarar a verdade. Mas, a essa altura, minhas mentiras da primeira infância haviam se transformado em algo muito pior — gabar-me de minhas conquistas para afastar o medo de que os outros me julgassem de alguma forma inferior. Embora pareça bobo agora, mantive esse hábito para sempre. Para mim, minhas realizações seriam como árvores caindo na floresta sem fazer barulho — a menos que todos soubessem delas e pudessem imaginar os troncos derrubados e os galhos espalhados. Se não lembrasse às pessoas o quanto eu era incrível, quem saberia disso?

Eu sabia que me gabar era um mau hábito, fácil de ser percebido pelos outros. E isso estava me impedindo de seguir adiante. Caramba, eu estava me impedindo de seguir adiante. Tornou-se difícil me conectar com outras pessoas. A única pessoa que estava no meio do caminho entre o respeito que eu realmente buscava — e a chance de ser visto como era realmente — era eu. Muito antes de sequer pensar no poder do apoio dos colegas, escolhi me gabar como o hábito que precisava mudar, com a ajuda de outras pessoas.

Primeiro, convoquei a pessoa mais próxima de mim na época, Roel Hinojosa, um professor do ensino médio, para me chamar a atenção toda vez que me ouvisse me gabando de minhas façanhas. Eu escolhi Roel pela simples razão de que me senti seguro em perguntar a ele, eu sabia que ele se importava o suficiente para me ajudar, e sabia que ele respeitava a mim e às minhas realizações — sem os enfeites. Além disso, ele e eu frequentemente nos encontrávamos em situações sociais que me levavam a me gabar.

Agora, quando Roel e eu discutimos sobre eu me gabar, não voltei à minha infância para escavar as razões complexas subjacentes ao meu comportamento. Isso é ótimo para fazer com seu terapeuta, mas Roel não era qualificado. Não importava que Roel não fosse um terapeuta treinado, pois esta é simplesmente uma prática comprovada, projetada para quebrar maus hábitos. Pense nisso como aprender uma língua estrangeira: se você passar todo o seu tempo tentando descobrir se a palavra para menu vem do latim ou do anglo-saxão, ficará atolado na história linguística quando tudo o que realmente quer fazer é pedir um cheeseburger no pão integral, com batatas fritas à parte.

Escolher um problema em sua vida que você deseja resolver se resume a tomar a iniciativa e avançar. "É melhor tomar uma decisão errada do que não tomar nenhuma decisão e ficar preso no limbo", diz Amir Tehrani. Concordo. Como eu disse antes, basta escolher um! O objetivo é começar a fazer uma mudança positiva hoje, aproveitar os resultados quando fizer isso e sentir o gosto de fazer mais. Eventualmente, você resolverá os problemas de sua vida que mais precisa enfrentar. Mas o mais importante é o seu compromisso com um processo totalmente novo.

A primeira regra para melhorar é aquela que já disse várias vezes: perceber que ninguém é perfeito. Você não precisa ser perfeito — basta começar e ser sincero em seu desejo de melhorar. Se lançar uma luz dura sobre seus problemas o deixa apreensivo, eu entendo. Houve momentos em que me senti assim também. Mas logo o processo se torna estimulante à medida que os fardos começam a ser aliviados, um por um. Pense nisso como um exercício — sem dor, sem ganho! Malhar dói um pouco, mas no dia seguinte você sente aquela dor boa, uma marca de todo o seu trabalho e realização.

Kirk Aubry escolheu um problema na sua vida e, ao lidar com ele, encontrou um grande insight pessoal: "Uma das conclusões a que chegamos na Textron foi que os indivíduos envolvidos na transformação da empresa precisavam fazer mudanças eles próprios, incluindo todos nós. E meu problema específico, francamente, tinha a ver com a compreensão mais profunda de como eu era visto pelos meus colegas. Sempre me considerei o garoto pobre de Windsor, Ontário, que não pertencia aos lugares. Quero dizer, muitos de nós sofremos da síndrome do impostor — quando eles vão descobrir que não sou o cara mais inteligente? Quando fui ao Centro de Liderança Criativa, descobri que a maioria das pessoas achava que eu era um dos caras mais espertos da sala e que deveria manter minha arma no coldre por muito mais tempo, porque não precisava atirar nos outros com a mesma frequência que eu pensava. Na minha opinião, eu estava simplesmente tentando justificar minha própria existência e participação — e não precisava fazer isso."

Muito bem, Kirk. Ótimo primeiro passo.

Falando em passos, tenha em mente que uma autoanálise rigorosa— pensar muito sobre seus pontos fortes e fracos e como você impede seu próprio avanço – é um exercício que vale muito a pena. Posso garantir que você se sentirá melhor depois. Anteriormente, listei algumas coisas comuns que vemos as pessoas fazendo e que as impedem de avançar. Mas não tenha medo de criar sua própria lista. Você pode descobrir que algumas das coisas que faz se enquadram em mais de uma categoria; a maioria de nós tem vários comportamentos que nos impedem de avançar. Lembre-se, você não está admitindo ser um fracasso — todos nós temos pontos fracos, assim como temos pontos fortes.

Alguma das descrições entre as páginas 185 e 187 lhe parece familiar? Elas se encaixam em algumas situações, mas não em outras? Novamente, não tenha medo de criar suas próprias categorias. Em seguida, anote os papéis que você desempenha ou os comportamentos que exibe. Sua lista deve servir para estimular seu pensamento sobre o que você faz e o que não faz em sua carreira e em sua vida pessoal. Isso pode inspirar uma discussão com amigos e colegas e levar a uma reflexão mais profunda.

Aqui estão três maneiras eficazes de se concentrar nesses pontos críticos e escolher seu primeiro problema:

1. *Vire o espelho para você mesmo.* Pense em uma interação que você teve com outras pessoas na última semana que realmente o irritou. A seguir (esta é a parte divertida), tente pensar em

como você pode ter contribuído para essa irritação. O que você poderia ter feito de diferente que teria evitado a situação?

Eu costumava ficar frustrado com minha equipe do escritório quando perdia uma ligação importante de um cliente. Eu me perguntava: *como poderíamos deixar a bola cair daquele jeito?* Mas, se eu recuasse e me perguntasse o que tinha feito para piorar a situação, percebia que tendia a assumir responsabilidades demais e que não tinha pessoal suficiente para gerenciar o volume de ligações, e-mails, reuniões e projetos que tinha em andamento na minha vida. Nem sempre fui consistente ao comunicar todas as coisas que tinha que fazer com minha equipe. Era virtualmente impossível para minha equipe me acompanhar e me ajudar a ser mais organizado. Eu estava sempre correndo a mil por hora e raramente dedicava tempo para explicar cuidadosamente o que queria que fosse feito ou para fornecer a base necessária para ajudar minha equipe a priorizar seu trabalho e minha agenda. Eu também precisava ser mais claro com meus funcionários sobre as prioridades do nosso negócio.

2. *Tente aprender lições com seus modelos.* Quem você mais admira? Pense cuidadosamente sobre o que você admira nessa pessoa. Agora pergunte a si mesmo: *o que estou fazendo que me impede de ser mais parecido com ele ou ela?* Por exemplo, quando penso em Bob Kirk, da Deloitte, lembro-me de um chefe incrível que nunca ficava chateado durante todos aqueles momentos em que me meti em apuros. Em vez de me dizer o que fazer, Bob apenas fazia perguntas. Às vezes, isso me deixava louco, porque tudo que eu queria era uma resposta rápida e fácil, mas Bob insistia tanto para que eu aprendesse a pensar de forma independente que sofreu com meus muitos erros até que finalmente descobri as coisas por mim mesmo. Eu chamo isso de "falha no avanço". É exatamente o oposto do meu comportamento instintivo de distribuir respostas como barras de chocolate no Halloween. Claro, parece mais eficiente no curto prazo, mas, no longo prazo, não ensina nada aos outros. Então tento diminuir meu impulso de resolver os problemas de todos ao meu redor e modelar meu comportamento mais como o de Bob.

3. *Pergunte a outras pessoas.* Este é meu passo favorito e uma das maneiras mais eficazes de decidir qual comportamento você deseja abordar primeiro: há alguns anos, em uma palestra que dei para uma sala cheia de corretores de imóveis na Califórnia,

perguntei se havia algum membro da audiência que não conseguia pensar em nada que o estivesse impedindo de ir adiante. Uma mulher corajosa levantou a mão e eu pedi que ela subisse ao palco. "Você realmente não consegue pensar em nada que interfira em seus esforços para atingir outras pessoas ou realizar tarefas?", perguntei.

"Não, em nada", ela respondeu. "Tem alguém aqui que te conhece bem?" "Na verdade, meu marido está comigo."

"Bem, vamos trazê-lo até aqui."

O marido dela subiu ao palco e, para diversão do público, começou a listar vários comportamentos da esposa que a estavam atrasando, incluindo a necessidade de ser perfeita 24 horas por dia, 7 dias por semana. Foi um momento divertido e instrutivo (e me convenceu de que um dia teria um futuro como apresentador de game show). Desde então, fiz esse mesmo exercício muitas vezes durante minhas palestras. Eu até liguei para pessoas importantes do meu celular ali mesmo no palco. Mas meu ponto é sério. Lembre-se de que outras pessoas geralmente veem nossas falhas com muito mais clareza do que nós — portanto, aproveite o feedback delas.

Minha decisão de abordar a questão do foco veio após sessões intensas e sinceras de todos os lados, inclusive com toda a minha equipe. Jim Hannon lembra como um dia a discussão girou em torno de minhas mensagens abreviadas no celular. "Dissemos a Keith que até mesmo seus e-mails eram muitas vezes sem foco e enigmáticos — 'Estou sendo solicitado a fazer isso ou é outra pessoa?' Então conversamos muito sobre o estilo de comunicação de Keith. Keith aceitou o assunto de forma instrutiva e revisitou o assunto na próxima vez para tentar mostrar seu progresso. Com um direcionamento mais específico, ele começou a mudar seu estilo de e-mail. Keith não teve nenhum problema em dizer: 'Não administrei a empresa tão bem quanto poderia'. Isso tornou seguro continuarmos a apontar coisas que precisávamos que ele fizesse para se tornar um líder melhor. Também nos deu coragem para discutir abertamente as coisas que cada um de nós precisava fazer melhor para melhorar o desempenho da empresa. Ele abriu toda uma cultura de crescimento na FG."

Lembre-se, caso queira que outras pessoas ajudem a identificar seus maus comportamentos, às vezes você precisa pedir, exigir, clamar e até implorar pela verdade. Por exemplo, você pode dizer às pessoas com quem trabalha: "Eu realmente quero ter sucesso aqui e sei que a maioria das pessoas normalmente não compartilha o que sente pelos outros. Então, por favor, estou pedindo que você me diga — o que você me viu fazer que me impede de progredir no trabalho?" Se você não estiver conseguindo chegar a lugar nenhum, poderá *gentilmente* semear a conversa: "Outras pessoas me disseram que sou muito desorganizado. Você vê isso também? Essa é a maior coisa que me torna menos eficaz do que seria de outra forma? Ou há algo mais que estou fazendo que interfere na minha capacidade de realizar bem o meu trabalho? Mais uma vez, por favor, seja honesto."

Ao mesmo tempo, deixe claro que você está apenas coletando informações nesta fase. Caberá a você decidir o que deseja enfrentar e como. Depois de escolher, você pode pedir ajuda a eles para resolver o problema. Você pode dizer: "Se não se importa, gostaria que você me chamasse a atenção quando me vir me comportando dessa maneira. Eu realmente quero melhorar nisso." Você pode tentar criar uma palavra-código que alguém possa usar para comunicar de forma rápida, fácil e segura que você está fazendo aquela coisa. Por exemplo, um gestor que habitualmente atribui novas tarefas aos funcionários sem primeiro fornecer informações adequadas pode pedir-lhes que usem a palavra-código "sobrevoo".

Este também é um bom momento para perguntar às pessoas o que você está fazendo bem, para que possa tentar fazer mais disso também. Entre seus conselheiros, isso deve ser fácil, mas sugiro que você busque ser o mais amplo possível na obtenção de feedbacks. Acredite, as pessoas ficarão impressionadas com sua coragem e seu comprometimento com o crescimento pessoal.

Uma vez que tenha escolhido um hábito, comportamento ou meta, use uma escala de 0 a 5 para acompanhar seu progresso com seus conselheiros. Zero se referiria a um problema intratável que é o pior que já existiu, enquanto 5 representa o comportamento que foi o mais completamente reformado. Durante um check-in, você pode dizer ao seu amigo: "Obtive cerca de 2 na minha mudança de comportamento esta semana" ou "Obtive cerca de 4". A questão é que apenas atribuir um número a um comportamento ou meta pode abrir uma conversa muito rica com outras pessoas sobre seu progresso e como você pode melhorar. Depois de ter obtido 4 ou 5 em uma meta específica por um tempo, é hora de escolher outra para trabalhar.

Com o tempo, à medida que você escolhe os comportamentos que deseja trabalhar com sua equipe de conselheiros e os traz à luz do sol para trabalhar para superá-los, você pode descobrir que alguns de seus medos e inseguranças mais obscuros começam a se dissipar ou até desaparecer. É assim que funciona para mim e considero isso uma das minhas maiores bênçãos. Parafraseando Bob Kerrigan, um dia todos terão que responder à difícil mas direta questão de por que somos quem somos. Melhorei minha compreensão ao superar algumas de minhas fraquezas. Estou cada vez mais perto da raiz de quem eu sou e do que quero realizar na minha vida.

E que melhor maneira de implementar os Quatro Mindsets do que analisar o que você faz que o impede de progredir e resolver os seus problemas com a ajuda do apoio entre pares (desde o diagnóstico até à mudança sustentada)? Ao pedir feedbacks, você está exercendo a sinceridade; ao pedir às pessoas que o responsabilizem pelas mudanças que você espera fazer, está solicitando responsabilização; ao compartilhar suas lutas com outras pessoas, você se abre e se torna vulnerável aos outros; e no final, você descobrirá que outras pessoas verão seu pedido de ajuda e apoio como um ato de generosidade, e elas ficarão mais do que honradas em ajudá-lo. Os Quatro Mindsets são um ganha-ganha-ganha-ganha!

TIME DOS SONHOS: OS DOZE APÓSTOLOS

Entre um dos círculos internos mais venerado de todos os tempos? Um grupo leal de judeus galileus que viveram e viajaram com Jesus e que, após a sua morte, assumiram a responsabilidade de espalhar a sua mensagem por todo o mundo antigo.

Pouco se sabe sobre a vida real dos doze apóstolos, mas o que sabemos é o enorme valor que Jesus viu em cercar-se de uma diversidade de seguidores. Os primeiros quatro apóstolos — dois pares de irmãos, Pedro e André, e Tiago e João — eram pescadores no Mar da Galileia. Mateus, outro apóstolo, era cobrador de impostos (na época, como agora, uma ocupação impopular). Questionado sobre por que ele gostaria de se associar a um personagem tão desonroso, Cristo disse: "Não são os saudáveis que precisam de médico, mas sim os doentes. Eu não vim chamar os justos, mas os pecadores."

Entre muitos outros atributos, Jesus parecia valorizar a sinceridade de seus seguidores. "Pode sair alguma coisa boa de Nazaré?" perguntou um apóstolo, Bartolomeu, que inicialmente hesitou em se juntar a Jesus. "Aqui está um homem em quem não há engano", respondeu Jesus. Embora os apóstolos tenham assumido a responsabilidade de divulgar a palavra de Jesus, as evidências mostram que, para Cristo, o relacionamento era mútuo, como testemunhado pelo recrutamento dos primeiros apóstolos após o jejum de quarenta dias no deserto, quando foi tentado pelo diabo.

O círculo interno não era constante. Depois que Judas traiu Cristo, os apóstolos tiraram a sorte e escolheram Matias como o "novo" décimo segundo apóstolo. Por fim, o soldado romano Paulo tornou-se o chamado décimo terceiro, ou apóstolo gentio. Enquanto os apóstolos se preparavam para difundir a palavra de Cristo após a sua morte, aparentemente sentiam-se suficientemente fortes no apoio mútuo para insistirem em viajar pelo mundo em pares; alguns, tragicamente, foram mortos e hoje são lembrados como mártires.

Superando Nossas Limitações

Somos tendenciosos sobre quase tudo. Os cientistas sociais descobriram que todos tendemos a pensar que somos muito melhores em diversas atividades do que realmente somos. A alternativa é admitir que nem sempre estamos à altura (e, ei, ninguém quer chegar a esse ponto). É por isso que a maioria das pessoas afirma estar "acima da média", embora isso seja estatisticamente impossível. Você consegue imaginar uma escola onde a nota média fosse realmente seis? Os pais se levantariam em revolta.

Às vezes, apenas por diversão, peço aos membros do meu público que respondam a três perguntas nas quais eles se classificam em uma escala de 1 a 10. As perguntas são:

1. Quão inteligente você pensa que é?
2. Quão bonito você acha que é?
3. Quão bom você acha que é na cama?

Agora, numa audiência de milhares de pessoas, você imaginaria que ocorreria uma distribuição estatística normal — que teríamos tantos acima da classificação média de 5 quanto abaixo dela. O fato é que 90% do público se classifica consistentemente com mais de 6! Estatisticamente, claro, isso é impossível! Mas é uma ilustração reveladora da nossa inclinação natural para nos superestimarmos.

Ao mesmo tempo, nós, humanos, tendemos a *subestimar* o nosso conhecimento em determinadas áreas. Descobrimos que as pessoas tendem a superestimar ou subestimar sua capacidade de realizar uma variedade de tarefas — isso ocorre nos dois sentidos. O resultado final é que somos péssimos em julgar o que sabemos, o que não sabemos, o que podemos fazer e o que não podemos. É aqui que ter uma equipe de conselheiros objetivos e confiáveis pode ser tão crucial. A equipe pode nos ajudar a ver claramente nossos pontos fortes, nossos pontos fracos e o nível de progresso que estamos fazendo.

Quando presumimos que sabemos mais (ou menos) do que realmente sabemos, normalmente não conseguimos avaliar como as outras pessoas reagirão a nós. Há um fenômeno que mostra que acreditamos que os outros concordam conosco em algumas coisas — um fenômeno que leva (como você pode imaginar) a muitas surpresas no mundo dos negócios! Imagine que você e sua equipe apresentem ao seu chefe um plano no qual estão trabalhando há meses, apenas para saber que não é o que ele está procurando. Ou descobrimos, para nossa surpresa, que a agenda que defendemos na reunião não é partilhada por tantas pessoas como pensávamos. Isso é particularmente verdadeiro para os vendedores que consistentemente encerram as ligações de vendas pensando com confiança: *este negócio está basicamente fechado — será fechado em um mês*, apenas para ser provado que estavam errados semanas depois. (Eu me considero um deles.)

Considere como teríamos mais sucesso se tivéssemos uma equipe de conselheiros com quem pudéssemos administrar as coisas, conversar com eles no meio do caminho — pessoas em quem confiamos que nos encorajariam a enfrentar o conflito, que nos pressionariam a confirmar antes da próxima reunião quais são as opiniões dos outros sobre a nossa agenda. Como resultado, provavelmente desenvolveríamos argumentos mais completos para apoiar os nossos pontos de vista, em vez de assumir que todos concordam, apenas para ficarmos surpresos e envergonhados quando descobrirmos que o contrário é verdadeiro. Estaríamos mais conscientes dos argumentos que outros poderiam levantar, ajudando-nos a olhar para a nossa proposta a partir da perspectiva deles, e a melhorar e fortalecer o nosso plano, ou pelo menos a ajudar-nos a preparar uma resposta adequada.

Sabichão

Existe outra tendência humana natural que pode distorcer ou influenciar o nosso julgamento. O fato é que tendemos a procurar e aceitar informações que confirmem aquilo em que já acreditamos, enquanto inadvertidamente evitamos ou descartamos informações que contradizem as nossas crenças. Em outras palavras, ouvimos o que queremos ouvir. Quando presumimos que tudo o que fazemos ou dizemos é certo, nunca precisamos pisar no freio e repensar nossa posição. É por isso que os maus líderes tendem a cercar-se de puxa-sacos — eles realmente não estão interessados em ouvir outros pontos de vista que possam contradizer os seus preconceitos ou planos. Tenho uma cliente que, ao ouvir isso, disse: "Meu Deus, eu faço isso o tempo todo. Digo às pessoas da minha equipe: 'O que você acha desta apresentação? Eu acho brilhante!'" Claramente, ela está pedindo as informações que deseja ouvir. E é por isso que, se quisermos ser líderes, gestores e funcionários mais eficazes, precisamos trabalhar arduamente para garantir que recebemos feedbacks sinceros e objetivos de outras pessoas cujas opiniões valorizamos.

Lembre-se Que o Copo Também Pode Estar Meio Cheio

Às vezes, precisamos que os membros da nossa equipe nos encorajem e também nos desafiem. Você já enfiou a mão no bolso de uma jaqueta que não usava desde o inverno passado e encontrou uma nota de R$20 amassada? Foi muito bom, não foi? Mas a sensação logo evaporou e você continuou com o seu dia. Agora pense em uma ocasião em que você perdeu uma nota de vinte. É difícil tirar esse sentimento de perda da cabeça. Você se culpa por muito mais tempo do que comemora quando encontrou o dinheiro. Para a maioria das pessoas, perder dinheiro é *pior* do que encontrar a mesma quantia de dinheiro. Estudos mostram que a dor de uma perda supera em muito a alegria que sentimos com um ganho ou lucro.

Durante tempos difíceis, muitas vezes peço aos clientes que pensem e falem sobre as coisas pelas quais se sentem gratos. Somos todos tão abençoados — só o fato de você estar lendo este livro já me diz que você provavelmente está em uma situação muito melhor do que tantas pessoas neste mundo. Então, reconheça isso; sinta-se grato por isso. Reserve um momento hoje para lembrar aos outros a boa sorte deles.

Hanif Rehman, nosso consultor de internet em Yorkshire, fala sobre como se comportou durante a crise de crédito que começou em 2008. "Ao conversar com minha equipe sobre meus compromissos com clientes, eles reconheceram que eu estava suspirando muito. Um deles disse: 'Hanif, você está cansado ou apenas suspirou de ansiedade?' Eu disse que estava achando o atual clima de negócios muito difícil de lidar. Foi a minha equipe que me fez perceber que muitas pessoas no mundo estão enfrentando os mesmos desafios neste momento; pelo menos estou seguindo meu sonho. Eles me convenceram de que eu não deveria levar tanto para o lado da emoção a situação imediata. Então, comecei a projetar mais confiança com meus clientes e isso fez uma enorme diferença." Os receios de Hanif de ver as suas perspectivas de negócio diminuírem estavam, na verdade, a mascarar uma crise de confiança muito maior, que o estava segurando muito mais do que a economia. Sem os seus conselheiros, Hanif nunca teria notado como a sua atitude o estava impedindo de progredir.

Outra forma de cairmos em emoções negativas é por meio do que Dan Gilbert, pesquisador de Harvard, chama de "previsão afetiva". Em poucas palavras, ele sugere que os humanos são ruins em adivinhar como os acontecimentos futuros nos farão sentir. Por exemplo, tendemos a pensar que comprar um novo aparelho eletrônico bacana nos deixará felizes, quando, na realidade, a emoção passa rapidamente. Por outro lado, tememos não sermos capazes de suportar dificuldades que, na verdade, as pessoas têm enfrentado repetidas vezes.

Dado esse preconceito, tendemos a presumir o pior quando consideramos se podemos ou não nos comprometer com uma meta. Caímos na negatividade. E, como sempre, uma perspectiva externa pode ajudar a nos manter no caminho certo.

Mike, um executivo de serviços de folha de pagamento que conheci recentemente em uma conferência, teve uma experiência semelhante. "Vi um artigo sobre programas de bem-estar corporativo no *Wall Street Journal*", diz ele, "e, como sou apaixonado pelo assunto, enviei um e-mail com o link do artigo para um grupo de pessoas no nível corporativo da minha empresa. Sei que tenho um lado cético que tende a enquadrar as questões de forma negativa; é um comportamento que estou tentando quebrar. Mas, neste dia em particular, eu simplesmente não conseguia imaginar como poderíamos implementar tal programa. Então, em vez de me concentrar nas coisas boas que poderíamos estar fazendo em relação ao bem-estar em nossa empresa, fui muito crítico no e-mail sobre o que estamos fazendo agora. Uma mulher do RH que conheço e que tenho tentado trazer para minha equipe de apoio me respondeu e disse que, embora entendesse o meu lado, minhas críticas desconsideraram todas as coisas positivas que havia mencionado no e-mail. Ao falar sobre o que não está funcionando, eu estava apontando o dedo para as pessoas que criaram o sistema que temos agora."

A reação ao e-mail de Mike foi bastante negativa. Os colegas de Mike se perguntavam se ele estava tentando chamar a atenção ou se era um funcionário problemático. O feedback da executiva de RH o ajudou a ver a luz, e Mike foi capaz de tomar medidas corretivas antes que a opinião das pessoas sobre ele piorasse. "Estou tão feliz que ela se sentiu segura para dizer o que disse, pois realmente me ajudou a ver esse comportamento específico que estava me impedindo de progredir."

Serei honesto com você: há momentos inevitavelmente desconfortáveis nesta jornada para o sucesso e o autoaperfeiçoamento. Não é fácil admitir nossos erros na frente dos outros. Mas é incrivelmente libertador! Como diz Lena West: "Você tem que estar disposto a parecer um completo idiota para progredir na vida. Às vezes, dá certo e você é uma estrela do rock, e às vezes você não sabe onde enfiar a cara. Como diz Oprah Winfrey: 'Quando você leva uma vida grande e plena, é idiota pensar que seus erros serão pequenos.' E para mim, esse é um risco que vale a pena correr."

Se eu viver até os 90 anos e tiver a oportunidade de contar a uma pessoa mais jovem o que realmente importa na vida, espero escrever: "Reflita sobre a vida — encontre a felicidade e o sentido agora". Não no próximo mês ou no próximo ano. Tendemos a não valorizar o que temos quando o temos. Em segundo lugar, acho que enfatizaria a importância dos amigos e da família. Claro, posso pensar que meu trabalho é o princípio e o fim de tudo agora. Mas quem vai me visitar no hospital quando eu estiver velho e doente? Por mais que eu os ame, não é provável que sejam meus colegas de trabalho. E, por isso, eu aprecio, abraço e amo meus amigos (muitos com os quais estabeleci relacionamentos por meio do trabalho).

Por fim, espero que, da perspectiva daquele homem de 90 anos, eu pergunte: "Você seguiu seus sonhos?" Acredito que as pessoas que tentam realizar seus sonhos são muito mais felizes com suas vidas do que aquelas que não o fazem. Descubra sua verdadeira vocação e vá em frente, seja seu sonho pequeno ou colossal. No final, não importa se você nunca realiza seus sonhos. A questão importante é: *será que eu tentei*?

Vida. Felicidade. Amigos. Significado. Sonhos. Você já percebeu que nenhuma dessas perguntas e respostas tem a ver com dinheiro?

Use a sabedoria que você pode ter aos noventa anos agora. Afinal, você está aqui hoje — jamais deixe que o "poderia-faria-deveria" o pegue de surpresa.

TIME DOS SONHOS: BILL WILSON E OS ALCOÓLICOS ANÔNIMOS

Quando a revista *Time* publicou a sua lista das 100 pessoas mais importantes do século XX, muitos leitores devem ter-se perguntado: quem diabos é Bill Wilson? Essa é exatamente a resposta que Wilson, que morreu em 1971, aos 75 anos, teria desejado. Conhecido simplesmente como "Bill W.", Wilson foi o fundador dos Alcoólicos Anônimos e um dos homens mais influentes de sua época. Homem de negócios de Nova York, sem formação em psicologia, medicina ou teologia, ele concebeu o programa de doze passos que ajudou milhões de alcoólatras, toxicodependentes, jogadores e até viciados em compras a vencerem os seus vícios.

O que faltava em credenciais profissionais a Wilson, ele compensava em experiência. Em 1934, ele era um alcoólatra aparentemente sem volta, condenado a manicômios e aos médicos que lhe disseram que não havia esperança de recuperação. Enquanto procurava tratamento num hospital e implorava a ajuda de Deus, Wilson passou por um despertar espiritual — "um clarão de luz", foi como ele o descreveu mais tarde — que lhe deu o ímpeto para parar de beber.

A única esperança de recuperação, percebeu Wilson, era o apoio e a companhia de colegas alcoólicos, que compreendiam a doença e podiam admitir as suas deficiências. Ao reconhecerem a sua condição e renderem-se a um poder superior — seja Deus ou o próprio grupo —os alcoólicos poderiam permanecer limpos e sóbrios um dia de cada vez, o que o próprio Wilson fez durante o resto da sua vida.

Wilson montou os doze passos do AA apoiando-se fortemente nas práticas do Grupo Oxford, uma organização evangélica cristã do início do século XX que encorajava os membros a confessar os seus pecados e depois a usar o poder do grupo para ajudar outros necessitados. "Esses ensinamentos não eram novidade", disse Wilson. "Poderíamos tê-los obtido de sua própria igreja. Eram, na verdade, um exame de consciência, confissão, restituição, ajuda aos outros e oração."

Natural de Vermont, Wilson aplicou os princípios da democracia da Nova Inglaterra ao AA, estabelecendo uma estrutura de baixo para cima, sem hierarquia ou liderança central. A notícia do sucesso do grupo espalhou-se rapidamente e, em 1944, o AA já tinha grupos em trinta países. Como escreveu o próprio Wilson: "Estávamos profundamente convencidos de que a sobrevivência do todo era muito mais importante do que a sobrevivência de qualquer indivíduo ou grupo de indivíduos. Isso era algo muito maior do que qualquer um de nós."

Passo oito: comprometa-se com a melhoria

Uma semana depois da minha conversa no celular com Bill Braunstein, do lado de fora do 30 Rock, eu estava de volta a Los Angeles. Liguei para Bill e marquei uma reunião em um restaurante em San Fernando Valley. Quando cheguei, Bill já estava lá, tomando um café gelado.

"Bill", eu disse enquanto me sentava, "graças a você, decidi não retirar a linha de crédito. O que vou fazer é dar um passo à frente – ser o CEO mão na massa e com visão de futuro deste negócio e ampliá-lo. Aqui está uma lista das mudanças que farei." Entre os itens incluídos estava meu compromisso de contratar mais um executivo sênior para me ajudar a arcar com o peso crescente da gestão.

Eu precisava fazer um trabalho melhor em parceria e aproveitar os esforços dos meus colegas de trabalho, para confiar mais neles, para dar-lhes mais responsabilidades e responsabilização. Eu precisava fazer um trabalho melhor treinando-os em suas funções na empresa, para ajudá-los a atingir seu pleno potencial. E percebi que precisava deixá-los cometer alguns erros para que pudessem aprender como melhorar. É assim que os líderes genuínos que conheço inspiram lealdade e crescimento pessoal, e gostei e fui bom nessa liderança quando tive tempo. Agora eu havia me comprometido a *arranjar* tempo. É a maneira como as empresas crescem além dos talentos de um fundador para abranger as habilidades, os sonhos e a experiência de cada funcionário. Eu precisava levar a empresa de *mim* para o *nós*.

"Comprometimento" [em inglês, *commitment*] é uma palavra assustadora para nós, e por um bom motivo. Embora venha da palavra latina *committere*, "reunir", ao longo do tempo, a palavra acumulou muitos significados negativos. Na Roma antiga, passou a significar uma ação imposta — como no caso de um juiz que manda alguém para a prisão.

O significado voluntário de comprometimento — isto é, comprometer-nos por nossa própria vontade com algum curso de ação ou crença — é bastante moderno. Mas o persistente sentimento de comprometimento como algo que nos é imposto involuntariamente ajuda a explicar por que a palavra ainda provoca muitas emoções negativas. "Os homens têm medo de comprometimento", queixam-se frequentemente as mulheres. Ao se comprometerem com algo, os homens estão se prendendo a um relacionamento ou posição e eliminando outras opções. Não admira que tantas pessoas tenham dificuldade em se comprometer com as coisas.

Mas vale lembrar que comprometimento é muito diferente de obrigação. Primeiro, ele não nos é imposto — é uma promessa que fazemos por nós mesmos, para nós mesmos. Nem é rígido e inflexível. No fundo, o que eu tinha acabado de fazer era mudar e melhorar — crescer. Esse comprometimento não significa abrir mão do controle; significa ganhá-lo.

No contexto das nossas carreiras, o comprometimento , se expresso em voz alta a um conselheiro próximo ou a um círculo de amigos de confiança, serve para nos envolvermos mais plenamente com os outros. Visto desta forma, um comprometimento é uma forma de chegar a uma comunidade mais ampla. É uma promessa que você faz aos outros — uma promessa duradoura, com um cronograma, para superar certos desafios e cumpri-los, mesmo diante de obstáculos esperados e inesperados.

Mas, antes de nos comprometermos com os outros, precisamos primeiro assumir um compromisso conosco mesmos. Como é e qual é a sensação da mudança? Quanto mais pudermos sentir, provar, sentir e imaginar o que a mudança nos trará, maior será a probabilidade de ela acontecer.

Qual é a vantagem de se comprometer?

1. *Primeiro, é extremamente libertador.* Basta perguntar a qualquer pessoa que já admitiu ser alcoólatra ou viciada em drogas. É preciso coragem e convicção sobrenaturais para se comprometer a mudar a si mesmo. Mas confessar suas falhas traz um enorme alívio, libertando-o do fardo de manter tudo dentro de si.
2. Depois de se comprometer em público, *não há como voltar atrás.* Essencialmente, você não quer decepcionar a si mesmo ou a outras pessoas. Ao se comprometer publicamente, você terá muito mais chances de cumprir suas promessas.
3. Assumir um comprometimento em público é uma das maneiras mais rápidas que conheço de *construir intimidade com outras pessoas.* Ao compartilhar seus objetivos com outras pessoas, você permite que elas saibam em que você acredita e que valoriza a opinião delas. Ao reconhecer suas falhas e prometer mudá-las, você está se tornando vulnerável e convidando outras pessoas a se juntarem.

Waldo Waldman, o piloto de caça que apresentei anteriormente, acertou em cheio: "Os militares levantam a mão direita e assumem o compromisso de servir. No mundo dos negócios não assumimos nenhum compromisso formal; apenas dizemos que vamos aceitar o trabalho ou cumprir a responsabilidade. Mas estamos realmente comprometidos? Para chegar a esse ponto, você precisa criar um ambiente em que a responsabilização seja inerente. Comece assumindo o controle de seus resultados e percebendo que suas ações podem impactar toda a sua equipe. Você não pode voar sozinho nos negócios."

Ao expressar um comprometimento com seus conselheiros, lembre-se de que você não está fazendo um discurso de campanha. É uma conversa! Você quer ouvir o que as pessoas têm a dizer. Pense nisso como mais uma rodada de *sparring*. Quando Bill e eu nos reunimos no restaurante, não apenas anunciei meu comprometimento renovado, montei em meu cavalo e cavalguei até o pôr do sol. Bill tinha algumas preocupações e questões específicas que gostaria de levantar. Ele queria ter certeza de que eu havia pensado cuidadosamente em meu comprometimento de construir o negócio.

Formalizar o comprometimento, lembre-se, é uma via de mão dupla. Primeiro, expresse o que você deseja fazer. Em seguida, dê à sua equipe espaço e tempo para feedback, de forma a garantir que você esteja se comprometendo com as coisas certas no momento certo. Você e seus conselheiros precisam entender e concordar exatamente com o que estão se comprometendo, para que seus parceiros possam ajudar se perceberem que você está escorregando. Coloque no papel todos os compromissos que está assumindo. Por quê? Novamente, isso os torna mais reais. Bo Manning, meu amigo e outro mentor na Deloitte — e agora novo presidente da FG — costumava me dizer que pensar sobre algo cria um nível de clareza, falar sobre isso cria outro, mas escrevê-lo finalmente o formaliza a tal ponto que pode realmente acontecer.

Sejamos honestos: mesmo com as melhores intenções e um plano escrito abrangente, permanecer comprometido com um curso de ação pode ser difícil, mesmo para os mais disciplinados entre nós. É por isso que você precisa do seu círculo íntimo atrás de você para chutar seu traseiro de vez em quando. "Não há substituto para ter pessoas que constantemente pressionam você a persistir", diz o empresário Greg Hartle. "Já tive momentos em que literalmente chorei durante um telefonema com meu grupo de apoio."

"No início da minha empresa", diz Lena West, da Convengine, "tínhamos uma cliente que era consultora de liderança e ela e eu nos tornamos boas amigas. Mencionei a ela que, por algum motivo, eu sempre conseguia fazer as coisas quando tinha outras pessoas que me responsabilizavam, mas meus objetivos pareciam ficar no esquecimento quando eu era deixada por conta própria."

Além do apoio, precisamos que nossas equipes nos responsabilizem. Tal como todos nós por vezes falhamos com o que nos comprometemos, os nossos conselheiros ocasionalmente falham no seu comprometimento para nos manter no caminho certo. Isso pode ser frustrante. Ainda tenho funcionários que não se sentem seguros ou confiantes o suficiente em seu relacionamento comigo para me dizer quando não estou fazendo algo que deveria. Então eu continuo lembrando-os. Mas, em vez de ver esta "manutenção" constante do relacionamento como um problema, penso nela como uma manutenção periódica, como trocar o óleo do carro, fazer a barba ou cortar a grama; não importa quão bom seja o seu trabalho, você terá que fazê-lo novamente para manter as coisas em boas condições.

Uma maneira de sustentar seu comprometimento e mantê-lo forte é realizar um check-in especial uma vez por mês com seus conselheiros de confiança. Isso pode fazer parte de uma reunião agendada regularmente ou pode ser um simples encontro de dez minutos. Em suma, pode até ser feito por e-mail. Reafirme seu compromisso. Dê a todos um relatório de progresso. Enfatize que está contando com eles para responsabilizá-lo. Algumas pessoas podem ter conselhos ou comentários imediatamente, então reserve um pouco mais de tempo do que você acha que precisa. Lembre-se de que você sempre deseja que sua equipe se sinta segura em ser franca com você. E parte dessa segurança é dar a eles o tempo necessário para fornecer os feedbacks que consideram importantes.

TIME DOS SONHOS: O BANCO GRAMEEN DE MUHAMMAD YUNUS

Viajando por Bangladesh após a fome naquele país em 1974, o banqueiro e economista Muhammad Yunus viu como a miséria foi agravada por agiotas inescrupulosos. Ele conheceu mulheres que contraíram empréstimos para comprar bambu para os móveis que fabricavam e foram então forçadas a dar todos os seus lucros aos seus credores—um ciclo vicioso de dívida permanente. Horrorizado, Yunus tirou do bolso o equivalente a US$27 e emprestou imediatamente a um grupo de 42 mulheres. Depois de venderem os seus produtos e pagarem-lhe, as mulheres obtiveram um lucro de 84 centavos — uma soma enorme para elas.

Foi quando a lâmpada acendeu. Yunus percebeu que, ao emprestar dinheiro a grupos de aldeões pobres — e não a indivíduos — poderia aproveitar o apoio dos pares para garantir o reembolso. Até então, a maioria das tentativas dos chamados microcréditos eram dificultadas por um elevado risco de inadimplência; administrar e fazer cumprir milhões de contratos legais, cada um valendo uma soma irrisória para os padrões ocidentais, simplesmente não era viável. A inspiração de Yunus foi eliminar os contratos e deixar que os mutuários se autopoliciassem.

Para receber um empréstimo do Grameen Bank de Yunus (que significa "banco da aldeia"), os indivíduos devem primeiro juntar-se ou criar um grupo de cinco ou mais mutuários. Os empréstimos em si não são garantidos pelo grupo como um todo — mas, se um membro entrar em inadimplência, ninguém mais no grupo poderá obter outro empréstimo. Essa pressão social e o medo de perder prestígio no grupo reduziram drasticamente o número de inadimplências. "Estávamos convencidos de que o banco deveria ser construído com base na confiança humana", escreveu Yunus no seu livro *Banker to the Poor: Microlending and the Battle Against World Poverty* [sem publicação no Brasil]. "O Grameen teria sucesso ou fracasso com base na força de nossos relacionamentos pessoais. Podemos ser acusados de ser ingênuos, mas a nossa experiência com dívidas incobráveis é inferior a um por cento."

Embora os mutuários não assinem contratos, devem estudar e concordar com um conjunto de práticas éticas e comunitárias conhecido como as Dezesseis Decisões. Entre os acordos estão "Estaremos sempre prontos para ajudar uns aos outros" e "Participaremos coletivamente de todas as atividades sociais".

Hoje, o Grameen Bank emprestou mais de US$6 bilhões a milhões de clientes, muitos dos quais saíram da pobreza extrema e puderam enviar os seus filhos à escola, bem como desfrutar de refeições regulares e de água potável. Por seus esforços simples, mas profundos, Yunus recebeu o Prêmio Nobel da Paz de 2006.

Passo nove: finja até conseguir — então, faça com que dure

Quantas vezes você fez uma resolução ou decidiu virar uma nova página, apenas para vê-la parar ao encontrar o primeiro obstáculo? As academias de ginástica relatam que novos membros tendem a vir dia sim, dia não durante os primeiros três meses após a adesão, e então seu entusiasmo diminui. Dentro de seis meses, os membros aparecem uma vez por semana, se tanto, aproximando-se de todas aquelas elegantes máquinas de exercício como se fossem equipamentos de tortura. Somente os mais dedicados persistem por tempo suficiente para ver os resultados.

Esse comportamento também é comum no mundo do trabalho. Após o discurso motivacional na reunião anual de vendas, todos sorriem, aplaudem e saem para o coquetel. Deixados para trás, debaixo de cada cadeira, estão inúmeros fichários grossos cheios de páginas de PowerPoint. Já era a ideia de sustentar a mudança em uma organização. É por isso que não faço apenas um discurso e distribuo fichários. Tento criar experiências com nossos clientes que mantenham vivas nossas práticas no local de trabalho todos os dias; caso contrário, não fizemos o nosso trabalho. Não me interpretem mal; é essencial dar os primeiros passos — abraçar os Quatro Mindsets de estabelecer relacionamentos mais profundos com algumas poucas e confiáveis pessoas, encontrar parceiros de apoio mútuo ou um círculo de conselheiros e comprometer-se a estabelecer metas e mudar comportamentos. Você precisa começar de algum lugar, e este livro trata exatamente disso.

Mas, uma vez que você tenha sua equipe montada — quer você tenha dois parceiros de apoio próximos ou um grupo de zagueiros completo — e mapeado seu trabalho, a parte difícil começa. Como sustentar o processo de apoio mútuo? Como você sustenta a mudança em si mesmo? Como traduzir boas intenções em ações diárias?

A chave para a sustentabilidade está contida na palavra "diariamente". Uma das grandes razões para o sucesso dos programas de doze passos é que eles falam sobre viver um dia de cada vez. Concentrar-se em dar esses pequenos passos todos os dias é um princípio orientador de muitas organizações de autoajuda e religiões. *Agora* é a chave para a prática da meditação. Concentrar-se no que você pode fazer *agora*, na verdade, é uma das maneiras mais eficazes pelas quais você e seus conselheiros de confiança podem sustentar a mudança.

Certa vez ouvi Ray Charles dizer em uma entrevista de rádio que ele não conhecia um único bom músico que não praticasse todos os dias. A prática é simplesmente parte da vida de um grande músico, como respirar.

Ninguém nasceu tocando piano ou clarinete. As primeiras tentativas da maioria das pessoas soam estridentes e terríveis. Mas os músicos de sucesso persistem durante anos à medida que melhoram e, eventualmente, dominam o seu instrumento. Eles não se preocupam com as notas erradas ou com a prática de uma peça dezenas ou centenas de vezes. Até os virtuosos cometem erros, mesmo no meio de um concerto no Carnegie Hall. Você acha que eles largam o violino ou fecham a tampa do teclado e saem do palco? Claro que não! Eles simplesmente continuam tocando! Afinal, não existe perfeição — apenas o esforço para dar nosso melhor para alcançá-la.

O que isso tem a ver com sustentar a mudança? Na minha experiência, o medo do fracasso é uma das principais razões pelas quais interrompemos os nossos esforços para mudar. As pessoas têm medo de não conseguir corresponder às expectativas estabelecidas pelos seus parceiros de apoio. Ou ficam excessivamente preocupadas com a possibilidade de fracassar diante de seus colegas ou de decepcionar os conselheiros que contrataram. Elas inconscientemente se sentem mais seguras sem fazer nada. Então, largam seus violinos.

Infelizmente, permitir-nos paralisar pelo medo garante que não alcançaremos nossos objetivos na vida ou no trabalho. Precisamos perceber que nossos erros e tropeços não nos matarão. Na verdade, eles são uma parte natural da nossa melhoria. Poucos erros são fatais para uma carreira, exceto o comportamento grosseiramente negligente.

Veja o caso de Martha Stewart, a sagaz e bem-sucedida empresária que foi acusada de cometer erros graves o suficiente para levá-la à prisão por um período de tempo, seguido de confinamento domiciliar por quase um ano. Todo o seu modelo de negócios foi baseado em sua marca pessoal. Sua condenação poderia ter sido um golpe comercial fatal. Mas ela morreu? Não. Ela perdeu seu negócio ou suas belas casas? Na verdade, sua linha de móveis para casa se expandiu após sua libertação. Ela lidou com o tempo na prisão com coragem e autoconfiança, e as pessoas ganharam um novo respeito por ela. Hoje você pode comprar seus produtos no Walmart, Kmart e Sears. Sua principal revista, *Living*, ainda está forte, junto com seu império de revistas.

Você provavelmente nunca terá que reconstruir sua carreira depois de uma estadia no xadrez. Mas, se Martha Stewart não conseguiu apenas sobreviver à experiência, mas também voltar mais forte do que nunca, você também pode — mesmo que ocasionalmente caia de cara no chão.

Isto é, a menos que você desista. E a forma como evitamos isso é por meio do envolvimento diário com os pares — reunindo o sucesso com os nossos grupos de apoio, pouco a pouco, até que os nossos medos desapareçam.

Isso pode significar fingir a princípio — agir com mais confiança do que sentimos, apenas para lutar contra nossos medos.

Fingir nada tem a ver com ser falso. Não estou dizendo para você ser uma daquelas pessoas que nunca baixa a guarda. Na verdade, o conceito de fingir é uma estratégia com uma história bastante respeitável. Os programas de doze passos têm um ditado: "Finja até conseguir". Em outras palavras, tente mudar seu comportamento com o apoio de outras pessoas, *mesmo que não esteja pronto para mudar suas crenças.*

Por exemplo, alguns alcoólicos conseguem deixar de beber por vergonha ou medo. Finalmente, eles percebem o quanto se sentem melhor e o quanto são mais felizes e produtivos; sua mudança de comportamento os leva a mudar suas crenças — neste caso, nos benefícios da sobriedade. Com apoio contínuo, eles são capazes de vencer a doença e o vício.

"Finja até conseguir" é uma versão do que às vezes é chamado de "profecia autorrealizável" — nossa tendência de cumprir expectativas boas ou más. Não é de surpreender que muitos criminosos, ao longo da vida, sejam pessoas que cresceram em famílias disfuncionais e foram constantemente levados a acreditar que eram crianças más. Adivinha? Por fim, eles correspondem a essa expectativa. E em quanto mais problemas eles se metem, mais "ser mau" se torna sua realidade, o que alimenta comportamentos ainda piores. Esse é um exemplo de expectativa negativa. Da mesma forma, uma pessoa que nunca fala o que acha porque lhe disseram (e ela foi convencida) que é tímida acaba se tornando tímida.

Também podemos criar profecias *positivas* que se autorrealizam. Uma pessoa tímida pode fingir ser extrovertida, sentir como é isso e, como resultado, com o tempo, tornar-se uma pessoa mais amigável e extrovertida. *Finja até você conseguir*! Jessie, uma amiga minha, está parando de fumar. Sua principal tática? Fingindo que não tem vontade de fumar. Quando quer um cigarro, ela diz a si mesma: "Fumar é nojento. Cigarros fedem. Sou uma pessoa saudável e limpa, não sou fumante!" Nada tem sido mais útil do que isso para ela resistir ao impulso.

Você pode aplicar uma estratégia de "fingir até conseguir" a qualquer aspecto da sua vida. Você é uma daquelas pessoas que tem dificuldade para ir à academia? Experimente isto — apenas vista suas roupas de treino. É um começo! A seguir, por que não fazer alguns exercícios de alongamento em casa? Ou dar um passeio com os fones de ouvido? Tente correr lentamente por alguns quarteirões. Qual é a distância até a academia, afinal? Eu uso esse tipo de abordagem passo a passo o tempo todo em meus negócios e em minhas consultorias com executivos da Fortune 500 — fingindo até conseguirem, um pequeno passo de cada vez.

Fingindo até o Apoio Mútuo

Mas como "Fingir até conseguir" se relaciona com o apoio mútuo? Primeiro, você pode recrutar seus conselheiros para ajudá-lo a "fingir" seus novos comportamentos — tomar as medidas necessárias, mesmo que ainda não esteja convencido de que serão eficazes. Certa vez, os membros do Clube dos Bilionários saíram para fazer compras em Beverly Hills, em busca de propriedades multimilionárias que só os verdadeiramente ricos podem pagar. Eles foram a *open houses* e visitaram os saguões de mármore, os jardins em terraços, os armários do tamanho de apartamentos, as grandes escadarias e as piscinas de borda infinita. Foi apenas um exercício, claro. O objetivo era experimentar as recompensas que a construção de riqueza genuína poderia render. Eles estavam fingindo. Mas que ótima ideia! O objetivo era se acostumar com a sensação de ser um bilionário. Não foi apenas uma tarde divertida; fazer isso juntos trouxe um sentido de solidariedade e propósito à sua missão partilhada. Depois, o grupo analisou o passeio e como ele impulsionou o comprometimento com seus negócios e carreiras.

Aqui está um formato simples para praticar o "finja até conseguir" em grupo:

1. Comprometa-se com um pequeno passo. Escolha um comportamento que você possa adotar hoje.
2. Tome uma atitude. Veja como é a mudança comportamental ou o início do sucesso para alcançar seu objetivo. Experimente

isso! Não se pode esperar uma cura completa da noite para o dia. Ninguém espera eliminar de uma hora para outra o comportamento que os impede ou atingir seus objetivos em um dia. Minha irmã mais velha não teve sucesso em perder peso até que começou a se sentir bem consigo mesma por meio dos Vigilantes do Peso e de sua colega de dieta Jan; foram os pequenos passos incrementais que a levaram até onde está hoje.

3. Discuta como foi experimentar esse sucesso com seus parceiros de apoio mútuo. Lembre-se, é possível sustentar uma mudança comportamental por um bom tempo sem mudar suas crenças!
4. Faça novamente.
5. Depois de adquirir o hábito desse comportamento, comprometa-se com outro passo.

Depois de experimentar algum sucesso graças ao apoio mútuo, você passará a *acreditar* no poder e eficácia disso. Mas o fato é que, mesmo aqueles que verdadeiramente creem, podem escorregar às vezes. É por isso que é tão importante tornar a sustentabilidade uma parte da sua prática de apoio.

Aqui estão algumas das diretrizes que utilizo para sustentar a mudança por meio de reuniões e conversas com membros da minha equipe:

1. Agende reuniões regulares com sua equipe de apoio ou com membros individuais de sua equipe. Elas deveriam se tornar um hábito — um bom hábito. Como se costuma dizer no AA: "Continue voltando. Isto funciona."
2. Em cada reunião, peça uma verificação do status das mudanças que você e outras pessoas fizeram. O que deu certo e o que não deu? Descreva seu progresso ou a falta dele.
3. Incentivem-se mutuamente nas coisas que deram certo.
4. Se for o caso, questionem-se sobre por que outras coisas não correram como planejado. Como elas poderiam melhorar? O que poderia ser mudado ou melhorado? Pense nisso como uma miniversão do *sparring*.
5. Comprometa-se novamente com seus conselheiros – e comprometa-se novamente a agir.
6. Esteja atento às questões de longo prazo que podem diminuir o entusiasmo. A cada poucos meses, passe algum tempo com sua equipe tratando de questões gerais: são necessários novos

conselheiros? Você precisa reavaliar suas metas ou adicionar novas? Como você está se saindo nas mudanças de comportamento que deseja fazer?

7. Adquira o hábito de obter apoio mútuo diário dos principais conselheiros de sua equipe durante períodos de estresse. Check-ins diários como esses não precisam ser complicados. Em *Jamais Coma Sozinho* falei sobre "pingar", manter contato constante com as pessoas por meio de e-mails ou notas ocasionais. Pingar também funciona com conselheiros de confiança: "Ei, Jane, lembra-se de quando falei sobre meu medo de falar com novos investidores? Dê uma olhada neste artigo sobre como um cara arrecadou dinheiro para seu negócio de bicicletas elétricas. Há dinheiro de verdade em baterias recarregáveis, e o Vale do Silício adorou. Eu tenho uma proposta 'verde' semelhante para minha *startup*. O dinheiro está lá fora! Só preciso de ajuda para identificar os investidores de risco certos para abordar."

Por meio do envolvimento diário, o apoio mútuo torna-se tão fácil como acender uma luz; é um processo que se sustenta, de certa forma. Não há linha de chegada nem carrossel de bagagens no final, o processo ativo de aprendizagem e crescimento em si é a questão.

No ano em que me formei na faculdade, peguei minhas economias e comprei uma mochila e uma passagem de avião para a Inglaterra. Trabalhei como porteiro em casas noturnas em Londres para ganhar dinheiro suficiente para comprar meu passe Eurail para dar uma volta pelo continente. Meu plano era tirar uma soneca nos trens noturnos para economizar o dinheiro do hotel e passar os dias visitando as grandes capitais. Claro, isso significava que eu teria apenas um dia em cada cidade, já que naquela noite teria que voltar correndo para um trem para dormir um pouco. Naquele verão, conheci algumas das cidades e arquiteturas mais famosas do mundo e caminhei quilômetros em museus de renome mundial e por ruas pitorescas de paralelepípedos.

Quando penso naquela viagem, todos aqueles ótimos locais e sons são apenas um pano de fundo para as pessoas que conheci naqueles leitos lotados de segunda classe. Aprendi mais sobre a Europa com os meus companheiros de viagem do que com milhares de pinturas e igrejas famosas.

Para mim, o apoio mútuo é como aquela inesquecível viagem de verão. É claro que cada um de nós tem metas e marcos ao longo do caminho, mas, na minha experiência, eles são relativamente poucos e distantes entre si; chegar lá é o que você mais faz. Então, por que não aproveitar ao máximo isso? Ao se concentrar nas tarefas diárias e nas interações rotineiras com seus colegas, conselheiros e amigos, você permanecerá no caminho certo para atingir grandes objetivos.

Quando as Coisas Dão Errado

Mais cedo ou mais tarde, você provavelmente encontrará dificuldades em lidar com os conselhos e as sugestões de um ou mais de seus conselheiros. Sempre que duas ou mais pessoas se reúnem, existe potencial para conflito ou desacordo. Não entre em pânico; quase sempre há uma solução. Aqui estão algumas dicas de solução de problemas.

Quem são essas pessoas?

Com o tempo, as prioridades das pessoas mudam. Os conselheiros que ajudaram você em alguns momentos difíceis podem não estar mais certos para orientá-lo na próxima fase de sua vida e carreira. Isso não significa que eles não continuarão amigos e colegas próximos. Mas você pode precisar de um ou dois novos conselheiros para ajudá-lo na etapa seguinte de sua carreira.

Se você passar de uma posição gerencial para a de um executivo sênior, poderá precisar do conselho de mais pessoas que já ocuparam ou estão atualmente nessa posição. Se você decidir criar seu próprio negócio por conta própria, poderá precisar de mais pessoas com habilidades empreendedoras.

Ao mesmo tempo, é importante perceber que nem todos os seus conselheiros têm o mesmo propósito. À medida que você progride no cumprimento de suas metas e comprometimentos, poderá descobrir, como eu, que alguns de seus conselheiros são melhores em mantê-lo no caminho certo em algumas tarefas do que em outras.

Loren Siebert, o empresário de software de São Francisco, tem dois conselheiros, Greg e Thede, que o ajudam de maneiras muito diferentes: "Para Greg, são ajustes mais amplos quando procuro coisas que levam muito tempo. Por exemplo", diz Loren, "estou solicitando alguns contratos e subsídios governamentais; isso é algo com o qual ele tem experiência. Então, posso conversar com ele sobre as estratégias gerais para esse tipo de coisa. Com Thede, posso falar sobre a proposta de algum investidor de risco específico — o que ele sabe sobre essa pessoa e como devo apresentar a ideia? Assim, ele está mais preocupado com os microajustes do dia a dia."

Personalizar sua equipe de apoio faz parte do refinamento e alinhamento de suas metas. Assim como você deseja que seus objetivos se concretizem, o ideal é que você tenha conselheiros que possam lhe oferecer conhecimentos a partir de sua própria experiência. No entanto, todos os seus conselheiros precisam entendê-lo genuinamente. "Não sabendo o que alguém realmente quer, qual é realmente a missão de alguém, seria muito difícil orientá-lo", diz Loren. "O conselho acabaria sendo muito banal ou genérico."

Não se preocupe se, com o tempo, alguns de seus conselheiros não parecerem mais atender às suas necessidades atuais. Você pode gradualmente retirá-los do papel que desempenharam, ligando para eles com menos frequência à medida que recorre com mais frequência àqueles que podem lhe dar feedbacks sobre suas necessidades atuais. Num grupo mais formal, poderá ser necessário ser mais explícito sobre as suas necessidades contínuas. Claro, deixe-os saber o quanto você é grato pelo papel que desempenharam. E prometa manter contato. Lembre-os do quanto vocês ganharam com a amizade e do quanto você espera que ela continue.

Quando um parceiro cai fora

O apoio mútuo exige energia, coragem e confiança. Se alguém decidir que não tem mais o tempo ou a energia necessários para ser um parceiro assim, não leve para o lado pessoal. As próprias necessidades da pessoa podem ter mudado. Ou talvez ela não tenha abraçado totalmente os Quatro Mindsets. Deborah Puette St. Amant, atriz de Los Angeles, participou de vários grupos de apoio profissional. Como ela diz: "Para algumas pessoas, estes grupos parecem uma boa ideia, mas quando chegam ao ponto em que o bicho pega, descobrem que não conseguem fazê-lo. Elas simplesmente não se comprometem. Acho que é o medo que as afasta. Os membros do seu grupo pedem que você tente coisas que são difíceis e desafiadoras — desde ligar para pessoas que podem intimidá-lo até encontrar novos mentores. Eles pedem que você ultrapasse limites. Algumas pessoas acham isso muito ameaçador e nem todo mundo estará à altura."

Diante da necessidade de encontrar novos membros para a equipe, lembre-se da generosidade: as pessoas realmente querem ajudar.

Você se aproximou demais para ser efetivo

Já vi isso com mais frequência do que gostaria de admitir: todos no grupo se tornam muito amigos e se divertem muito se reunindo, mas os membros não se desafiam mais. Ninguém está disposto a se arriscar e dizer a verdade sobre os objetivos que você não está alcançando ou os comportamentos que o estão impedindo de alcançar. Existe uma maneira bem fácil de saber quando isso está acontecendo. Todos concordam constantemente sempre que surgem questões difíceis? Se assim for, o grupo provavelmente perdeu de vista seu propósito.

O apoio mútuo simplesmente não funciona se as pessoas tiverem receio de oferecer críticas construtivas. Lembre-se, é seu trabalho criar aquele lugar seguro onde os outros *possam* criticar de coração, com seus melhores interesses em mente. Você é excessivamente defensivo? Agressivo? Você pode estar enviando sinais sutis que dizem a seus parceiros para conter sua honestidade e sinceridade.

Preste atenção em como os comentários do seu grupo de apoio fazem você se sentir — irritado, triste, traído? É natural ter dificuldade em aceitar críticas, mas isso fica mais fácil com o tempo. Pratique as habilidades de escuta que discuti na seção sobre *sparring*. Você deseja atingir os dois níveis mais elevados de escuta: *escuta responsável* e *receptiva*. Tente sempre ouvir com atenção, sempre agradeça aos seus parceiros e sempre deixe claro em todas as reuniões que você espera toda a verdade e pretende retribuir com a verdade. Na minha experiência, ninguém se torna um puxa-saco voluntariamente; a pessoa faz isso porque alguém telegrafou que *quer* constantemente receber "sim". Deixe claro que você não quer puxa-sacos em sua equipe e não os contratará. O apoio mútuo certamente deve ser gratificante, mas não é um happy hour.

Você espera demais, cedo demais

Se você espera que o apoio mútuo seja um processo perfeito, ou que o tornará perfeito, ficará desanimado e desistirá. Não tente dar um passo maior que a perna. Acredite, eu sei como isso pode ser cansativo. Lembre-se, nenhum de nós é perfeito, todos precisamos de ajuda e cada um de nós pode cometer erros. Se você ou qualquer membro de sua equipe de apoio começar a decair por motivos não especificados, isso provavelmente está enraizado nesse medo da imperfeição. Espere que as coisas deem errado de vez em quando.

Ken Sacher, líder de um programa de suporte profissional de pares em San Diego chamado Marketplace Forum, enfatiza que o apoio mútuo é um trabalho em constante andamento: "Um ponto de frustração para muitos empreendedores é que não há finalidade para esse processo. Isso é uma surpresa para eles. Mas estou no ramo imobiliário. Sei que passamos vinte anos fazendo a manutenção de um telhado e ao final desse tempo ele precisa ser trocado. Não há 'de uma vez por todas'. É o mesmo com as pessoas." Uma maneira de trazer energia renovada para sua equipe de apoio é adicionar novos membros. Confie em mim — apenas um novo membro comprometido já pode ser suficiente para impulsionar toda a equipe.

Outra maneira de sair da rotina é mudar onde, como e com que frequência vocês se encontram. Se você costuma se encontrar uma vez por mês em uma lanchonete para o café da manhã, tente agendar um jantar ou um passeio de fim de semana. Adicione um evento social e convide cônjuges e familiares. Se você quiser, envolva-os em uma discussão sobre o grupo e seus objetivos. Essa é uma maneira fácil de ampliar sua perspectiva entre as pessoas em quem você já confia.

Resolução de Problemas dos Quatro Mindsets

Problema: Perda de responsabilização — quando as pessoas não cumprem seus compromissos.

Solução: Reavalie seus objetivos ou comportamentos e refine-os o suficiente para torná-los viáveis. Às vezes, você pode até ter que refinar o processo de responsabilização — por exemplo, considere reuniões com mais frequência ou acrescente acompanhamentos por e-mail e telefone.

Problema: Perda de sinceridade entre seus conselheiros de confiança. Você tem medo de dizer algo sobre seu parceiro, ou então os outros o tratam com alguma leviandade.

Solução: Você deve reforçar a necessidade de constante autoaperfeiçoamento. E lembre-se, sempre, esse processo é uma jornada.

Às vezes, você pode precisar de alguém de fora, talvez um coach profissional, para agitar um pouco as coisas.

Problema: Perda de vulnerabilidade. Na minha experiência, isso acontece quando as pessoas ficam com medo de parecer imperfeitas.

Solução: Reforce a intimidade e a abertura compartilhando histórias de lutas. Organize eventos sociais para o seu grupo que estimulem a intimidade.

Problema: Perda de generosidade. Isso ocorre quando as pessoas ficam ocupadas demais para ajudar ou sentem que precisam seguir em frente.

Solução: Nunca se esqueça: está tudo bem se as pessoas partirem. A generosidade é a base absoluta do nosso sucesso; se alguém precisa seguir em frente, deixe. E agradeça a ela por sua contribuição e feedback nos últimos meses ou anos.

Colabore, Não Faça Concessões

Sempre que você interage com outra pessoa, é provável que haja alguma falta de comunicação, mal-entendido, confusão ou conflito. Todos nós temos necessidades diferentes, incentivos diferentes. Supor que as abordagens e preferências individuais de todos se alinharão perfeitamente logo de cara seria ingênuo.

Um lema que aprendi anos atrás em meus dias de diretoria pode ajudar: "Colabore, não faça concessões". "Fazer concessões" implica que uma ou ambas as partes devem abrir mão de algo para chegar a um acordo ou acordo. A colaboração, por outro lado, sugere que, ao trabalharem juntos, os parceiros podem desenvolver uma solução que não exija que nenhum dos parceiros se sacrifique ou abra mão de algo. Ambos os parceiros ajudaram a criar e, portanto, ambos possuem a solução.

Certa vez, em uma de minhas palestras, dividi o público em dois grupos, "colaboradores" e "concessores". Dentro de cada grupo, todos formavam duplas com outra pessoa com quem deveriam negociar. Cada pessoa recebeu um pedaço de papel com informações sobre um cenário fictício detalhando a negociação em andamento e os recursos com os quais poderiam negociar. Esses cenários eram idênticos entre os dois grupos.

Dei, aos dois grupos, trinta minutos para negociar em salas separadas e depois os reuni novamente na sala principal do seminário. Os resultados foram fascinantes. Por um lado, o grupo instruído a colaborar terminou em cerca de metade do tempo em relação àqueles que foram instruídos a fazer concessões. Além disso, quando perguntei qual grupo estava mais satisfeito com o resultado, aqueles do grupo colaborativo ficaram muito na frente.

Há momentos prováveis no processo de responsabilização ponto a ponto em que os parceiros podem ter que negociar ou concordar com o significado do que ambas as partes se comprometeram. Em vez de abordar a discussão da perspectiva de fazer concessões, acho melhor abordar quaisquer questões como colaboradores.

TIME DOS SONHOS: FORD, EDISON E FIRESTONE

Uma das equipes de suporte mais incríveis da história dos negócios foi a amizade entre Henry Ford, Thomas Edison e Harvey Firestone. Esses três capitães da indústria não tinham concorrentes, mas, em vez de se cercar de bajuladores e puxa-sacos, procuravam a companhia uns dos outros para obter conselhos, encorajamento e feedbacks sinceros.

Os três tinham muito em comum. Todos eram autodidatas, habitantes de pequenas cidades do meio-oeste, de origens modestas. Todos combinavam um amor pela tecnologia com um conhecimento inato de negócios. Além do mais, seus interesses comerciais muitas vezes se sobrepunham. Ford criou a linha de montagem que transformou a produção. Suas fábricas exigiam grandes quantidades de eletricidade, fornecidas por Edison, que também é o grande responsável pela criação das modernas instalações de pesquisa industrial que possibilitaram tantos avanços automotivos. Quanto a Firestone, ele aperfeiçoou o pneu de borracha necessário para fazer rodar todos aqueles Modelo T.

Mas o relacionamento ia além das alianças estratégicas. Os três homens e suas famílias passavam os invernos juntos na Flórida (Ford e Edison viviam literalmente um ao lado do outro). Lá, passaram inúmeras horas avaliando os sucessos e fracassos uns dos outros. Eles até construíram seu próprio laboratório de pesquisa conjunto em Fort Myers (um dos projetos envolvia encontrar um substituto para a borracha).

Suas empreitadas mais conhecidas foram uma série de acampamentos que fizeram quase todos os verões de 1914 a 1924. Apelidando-se de Vagabundos, eles partiram pela América em uma caravana de carros lotados de tendas e outros equipamentos, muitas vezes na companhia de naturalistas como John Burroughs ou Luther Burbank e até mesmo um presidente em dada ocasião. Também no passeio estavam esquadrões de repórteres e cinegrafistas convidados. Os arquivos mostram fotos dos homens virando panquecas, cortando lenha e — é claro — dando partida em automóveis.

Na raiz do relacionamento: o incentivo de três vias. Ford mais tarde lembrou que, em 1896, quando estava desenvolvendo seu carro a gasolina, Edison foi o primeiro a reconhecer seu valor. "É isso mesmo!" Edison disse, batendo com o punho na mesa. "Você conseguiu! Seu carro é autônomo e carrega sua própria usina de energia."

Ford escreveu mais tarde: "Aquela batida na mesa foi tudo para mim. Nenhum homem até então havia me encorajado... aqui, de repente e do nada, o maior gênio inventivo do mundo me deu total aprovação."

É fascinante considerar que esses três homens, cujas invenções deram início a um mundo moderno de mobilidade e conectividade tecnológica, foram igualmente criativos em se conectar em um nível humano.

SEÇÃO QUATRO

faça disso sua vida

As táticas, estratégias e estruturas — de organizações formais a grupos de colegas do tipo "faça você mesmo" — que ajudam a manter o rumo

Um pouco de estrutura ajuda bastante

Como um garoto ingênuo do lado errado da cidade de Latrobe, pensei que ser escolhido para uma das sociedades secretas de Yale era um tiro no escuro. Não sendo o tipo de sujeito paciente, "vamos ver o que acontece", organizei nos meus primeiros anos um grupo de amigos e comecei algo chamado The Old Campus Society. Um dos propósitos declarados do grupo era "irmandade" — que se traduzia principalmente em camaradagem e diversão. Na verdade, eventualmente pegamos nosso grupo e o transformamos em uma seção local da fraternidade Sigma Chi.

As regras que tínhamos eram nossas para criar — ou quebrar! — e o grupo me ajudou a sentir que as pessoas estavam me dando cobertura. A experiência permitiu-me ganhar alguma confiança e um novo grupo de amigos. Mas, porque não tínhamos uma estrutura estabelecida, rituais existentes ou um protocolo de tradições e regras para nos guiar, não nos tornamos tão profundamente íntimos quanto poderíamos. Para isso, eu teria que esperar.

No meu último ano em Yale, acabei sendo escolhido para uma das sociedades seniores da escola, também conhecida como "sociedades secretas", das quais Skull and Bones é a mais famosa. O mistério em torno destes grupos recebeu muita atenção durante a campanha presidencial de 2004, quando tanto George Bush como John Kerry se recusaram a entrar em detalhes sobre a sua participação na Skull and Bones — algo um tanto quanto insensato, porque quanto mais misterioso você for sobre uma sociedade secreta, mais perguntas as pessoas querem fazer!

O objetivo desses grupos não era encorajar maus comportamentos clandestinos ou realizar algum ritual estranho; na verdade, é apenas uma versão mais formalizada de apoio mútuo, como a The Old Campus Society. Nosso grupo se reunia formalmente duas vezes por semana para apoiar uns aos outros durante a transição agitada, emocionante e assustadora da faculdade para o mundo real.

O ponto alto ocorreu quando cada um de nós partilhou as suas histórias de vida — de onde vínhamos, que lutas havíamos superado, para onde íamos e porquê. Nossas regras exigiam estrita confidencialidade — nada do que qualquer um dizia saía daquela sala! — o que encorajava a verdadeira sinceridade. A intimidade do nosso grupo fez dele um dos poucos lugares no campus no qual você poderia ser você mesmo, sem medo de ser julgado ou de ter o que você compartilhou vazado pelo campus no dia seguinte. No ambiente competitivo e altamente estressante de Yale, essas reuniões "secretas" eram o lugar mais seguro.

Para mim, as reuniões foram especialmente transformadoras. Foi a primeira vez que falei longamente sobre os medos e inseguranças que vieram da minha educação na classe trabalhadora — particularmente, com um grupo em que muitos dos membros tinham sobrenomes como aqueles que você pode ver nas laterais dos edifícios de Yale. Mas os riscos que corri foram recompensados de várias maneiras. Rapidamente descobri que, apesar da origem familiar ou da aparência externa, todos nós estávamos lutando com coisas semelhantes, tentando deixar a melhor marca possível com as vantagens educacionais que nos foram dadas. Uma vez compartilhado, meu passado não parecia mais vergonhoso para mim. Parecia mais uma medalha de coragem.

Sem a estrutura formal, as regras e os mecanismos de aplicação da minha sociedade sênior de Yale, tenho certeza de que essas bênçãos teriam levado anos para serem alcançadas. Só em retrospectiva, depois das minhas recentes provações e tribulações e do subsequente trabalho e investigação da FG em grupos de pares, é que percebi exatamente por que aquele período da minha vida foi tão influente no meu crescimento e autodescoberta. Eu havia recebido relacionamentos de linha de vida! E tinha rituais e códigos que governavam o comportamento que garantiam que essas linhas de vida fossem fortes e benéficas.

É claro que não tínhamos nenhum dos dados e pesquisas ou dos rótulos e regras claras que a FG tem hoje, mas mesmo os fundadores desses grupos que remontam a cem ou mais anos compreenderam o enorme poder do apoio mútuo. Criaram, e depois aperfeiçoaram ao longo de décadas, toda uma infraestrutura para cultivar e transmitir esse poder às gerações seguintes.

Hoje, a formalização desse poder em grupos não se destina apenas às elites universitárias — ou aos alcoólicos, ou aos homens e mulheres que tentam desesperadamente perder peso, para citar mais dois grupos que dependem de apoio formal. Eles são para qualquer pessoa que busca superar seus desafios para alcançar a grandeza

TIME DOS SONHOS: A UNIVERSIDADE DE PHOENIX

A Universidade de Phoenix, a universidade com fins lucrativos de grande sucesso fundada por John Sperling em 1976, com a missão de proporcionar acesso à educação para adultos trabalhadores, incluiu as equipes como uma parte crítica do seu modelo de aprendizagem desde o início da escola. Os projetos em equipe representam cerca de um terço de cada nota da turma. Como me disse Terri Bishop, vice-presidente executiva de assuntos externos da universidade: "A maioria dos nossos alunos chega em casa cansado depois de um longo dia de trabalho e depois tem que fazer o curso. O que os motiva a ir às aulas ou ficar online? Muitas vezes, é uma coisa: saber que os membros da sua equipe contam com eles para apoio e cooperação mútuos."

Embora Terri supervisione os assuntos externos da universidade hoje, em sua função original ela era a diretora fundadora do programa de aprendizagem online no final da década de 1980. O trabalho em equipe está igualmente no centro da administração, e muitos funcionários da Universidade de Phoenix têm longas carreiras que os levam a vários cargos. Não há silos aqui!

Embora eu tenha ficado agradavelmente surpreendido com a extensa escala em que a universidade integra o apoio mútuo no seu currículo e no seu pessoal, faz todo o sentido que uma universidade com foco nos resultados financeiros esteja na vanguarda da utilização do apoio de pares no contexto educativo. Na verdade, uma universidade com fins lucrativos tem dois objetivos — um é a responsabilização acadêmica e o outro é a responsabilização financeira. Assim, como qualquer empresa, a Universidade de Phoenix deve satisfazer seus clientes, estudantes que colocam lá seu dinheiro a cada cinco semanas e buscam sua educação para alimentar seu próprio avanço na carreira. As empresas querem contratar funcionários com exatamente as habilidades de formação de equipe que a Universidade de Phoenix instila nos alunos em todos os cursos — a capacidade de seguir, liderar e trabalhar cooperativamente com outros para alcançar resultados.

Claro, você pode começar a abraçar os princípios de *Quem Te Dá Cobertura* informalmente, como fiz em alguns momentos da minha vida, e aplicar os mindsets com regras vagas em torno do comprometimento, e ver no que dá. Mas a probabilidade é alta que, dentro de algumas semanas ou meses, você comece a perder o ímpeto e a experimentar retornos decrescentes. Para realmente fazer com que o apoio dos pares — e a mudança que ele promove — se mantenha, precisamos adotar esses mindsets e passos e dar-lhes alguma estrutura para garantir que mantenhamos o rumo.

Conheço em primeira mão os perigos de fazer tudo isto sem uma responsabilização formalizada. Veja minhas primeiras experiências com a igreja dominical. Eu assumi meu lugar em uma congregação totalmente nova e me senti incrivelmente comovido e conectado com os estranhos ao meu redor, e quando o culto terminou, prometi a mim mesmo que não faltaria uma semana sequer. Mas sem um grupo comprometido para me responsabilizar por esse voto, nem sempre cumpri minha promessa. A mesma coisa aconteceu comigo depois dos retiros de meditação. Eu os terminava me sentindo conectado, feliz, em paz e convencido de que meditaria todos os dias pelo resto da minha vida. Alguns dias depois, a única coisa sobre o que eu estava meditando era o próximo e-mail que teria que responder no meu celular.

Há uma explicação simples para o boom dramático nas redes formais de apoio nas últimas duas décadas: elas funcionam! De acordo com um estudo de 2004 conduzido pela Dun & Bradstreet para o grupo de apoio executivo Vistage, as empresas cuja administração ingressou na Vistage quase triplicaram sua taxa de crescimento de receita em dois anos. "Na Vistage, ajudamos nossos membros a descobrir o que fazer e depois os responsabilizamos por fazê-lo", diz Rafael Pastor, presidente e CEO da Vistage.

Na Ferrazzi Greenlight, também vimos resultados surpreendentes entre nossos clientes. Numa das mais importantes empresas globais de eletrônica e engenharia, reduzimos a taxa de rotatividade em 30% entre os mil líderes de alto desempenho no nosso programa de formação. Esse treinamento se concentrou na criação de grupos de apoio de pares entre divisões — o que hoje chamamos de Grupos Greenlight.

Testemunhamos, em primeira mão, os benefícios quase imediatos destes grupos formais de apoio entre pares. Aqui está uma lista dos cinco primeiros:

1. *Ímpeto.* Uma vez iniciado um grupo formal, ele tende a permanecer em movimento, o que promove a sustentabilidade. Uma estrutura formal de reuniões promove a longevidade e a estabilidade organizacional. O comprometimento e o incentivo de um grupo inteiro podem evitar que você se esgote precocemente.
2. *Estrutura.* Ao criar uma estrutura em torno do seu grupo, o comprometimento torna-se mais concreto, aumentando as suas chances de crescimento e sucesso genuínos. Em vez de pensar no apoio de pares como um evento único, é mais provável que você dedique tempo para que isso valha a pena no longo prazo.
3. *Pressão dos pares.* Quero dizer, do tipo bom. Mais pessoas reunindo-se regularmente, com mais regras, resulta em mais responsabilização. Falei anteriormente sobre como comprometer-se com mais pessoas aumenta suas chances de sucesso porque você não vai querer decepcionar todas elas. O apoio formal pode ajudá-lo a realmente aumentar a equipe de responsabilização.
4. *Autosseleção.* Todos nós temos a capacidade inata de prosperar no contexto do apoio do grupo — a diferença é que algumas pessoas já estão comprometidas com a autorreflexão e a melhoria (caso contrário, por que teriam se juntado ao grupo em primeiro lugar?). A genialidade dos grupos de apoio formais é que estas mesmas pessoas não só estão dispostas a ouvir os outros, mas são generosas o suficiente para iniciar o processo de apoio mútuo aos recém-chegados. Por outro lado, todos conhecemos pessoas que nunca escolheriam aderir a um grupo assim — bem, pelo menos por enquanto!
5. *Diversidade.* Qualquer grupo incluirá naturalmente pessoas com experiências diferentes e formas diferentes de encarar as questões. Essa diversidade oferece uma oportunidade para uma gama mais ampla de habilidades, conhecimentos e perspectivas, resultando em ainda mais aprendizado e crescimento.

Nas páginas seguintes desta seção, apresentarei vários tipos de apoio formal — uma amostra do tipo de grupos estabelecidos que já existem para você — grupos "de base" que você pode iniciar sozinho com a ajuda deste livro e suporte contínuo online em KeithFerrazzi.com [conteúdo em inglês], e um guia para trazer o modelo de apoio de pares para o seu local de trabalho, seja criando novos grupos ou aplicando o modelo Greenlight para turbinar as equipes existentes.

Há um Cardume para Cada Peixe no Mar

Existem inúmeras organizações de apoio de pares, cada uma com seus próprios requisitos e taxas de adesão, que podem aliviá-lo do fardo de iniciar seu próprio grupo do zero. Uma das vantagens é que começar é mais fácil, você será apresentado a algumas pessoas novas e incríveis que são pré-selecionadas para sua experiência, e moderadores treinados facilitarão a experiência e garantirão que tudo corra bem. Por outro lado, o seu grupo pode não ser tão íntimo ou pessoal e, na maioria dos casos, você terá que pagar alguma coisa.

Mas se você deseja impulsionar seu próprio grupo de base ou ingressar em um já existente, saber como alguns deles funcionam lhe dará uma grande inspiração para a jornada de apoio de pares que está por vir.

Young Presidents' Organization

Um dos grupos de apoio formal mais respeitados é a Young Presidents' Organization (ypo.org), uma organização sem fins lucrativos com cerca de 20 mil membros em filiais em todo o mundo. Geralmente, a adesão ao YPO é limitada a líderes de empresas de grande porte com menos de 45 anos de idade. (A organização irmã da YPO, a World Presidents' Organization, tem programas para ex-alunos da YPO.) Mas o requisito mais importante é que você esteja totalmente comprometido em ajudar — e aprender com — outros líderes. Entre os "graduados" da YPO estão o fundador da Intuit, Scott Cook, que diz que ele e sua família fizeram amigos para toda a vida em todo o mundo por meio da YPO, bem como o inovador em investimentos Charles Schwab, que dá crédito aos tipos tecnológicos em seu grupo da YPO no Vale do Silício por dar-lhe a inspiração inicial para negociações de ações baseadas em PC.

Os Fóruns YPO de oito a doze membros se reúnem mensalmente para oferecer apoio em tudo, desde negócios até paternidade e política. As reuniões sociais no nível dos grupos maiores (trinta e cinco a cem membros) permitem que os cônjuges e as famílias se encontrem, o que fortalece os laços e cria confiança. Os fóruns da organização não eram tão pessoais ou íntimos quando foram criados na década de 1970, como nos conta o livro *YPO: The First 50 Years* [sem publicação no Brasil], de Pat McNees. Mas, com o tempo, "os membros começaram a perceber que precisavam de alguma experiência pessoal uns sobre os outros para compreender como tomavam decisões."

Os fóruns de hoje tendem a ser extremamente pessoais. "Quando algo acontece com você, a primeira pessoa para quem você liga é alguém do seu grupo", diz Tish Nettleship, integrante da YPO, no livro, "ou você liga para o moderador do fórum e ele ou ela liga para o resto das pessoas do seu grupo. Lidamos com uma série de crises e isso funcionou muito bem, apoiando-nos emocionalmente uns aos outros. Existe um vínculo real."

Mas o grupo não traz apenas apoio emocional. Em pelo menos um Fórum, a esposa de um membro falecido pediu ao Fórum para administrar sua empresa por um ano. Por quê? "Porque eles sabiam disso melhor do que ninguém", diz McNees.

"Os Fóruns da YPO têm tudo a ver com confiança", diz Jim Ellis, antigo membro da YPO, e agora da WPO, que passou as primeiras décadas de sua carreira subindo na hierarquia corporativa e, em seguida, possuindo/gerenciando empreendimentos empresariais. "Confie que seus colegas do Fórum ajudarão você a seguir na direção certa."

A confiança de Jim foi posta à prova seis meses antes de ele completar 50 anos, quando seu Fórum o desafiou por unanimidade a pensar nos próximos 25 anos de sua carreira como se tivesse um pedaço de papel em branco no qual pudesse escrever o que quisesse. Após alguma resistência inicial — "Eu sabia que não tinha um pedaço de papel em branco; eu tinha mensalidades, pagamentos de hipoteca e uma família" — ele passou um mês pensando profundamente sobre a questão e chegou à resposta: "Eu queria compartilhar o que aprendi em 27 anos de negócios, seja ensinando, falando, escrevendo ou prestando consultoria."

É claro que Jim ainda não acreditava que qualquer uma dessas coisas fosse possível — até algumas semanas depois, quando recebeu um telefonema de alguém dizendo que a Universidade de Southern California estava procurando um professor de marketing em tempo integral. "Se não fosse pela pressão do meu Fórum e dos meus colegas, eu teria dito que não estava interessado e nem pensado mais no assunto", lembra Jim. Em vez disso, ele disse que sim e se tornou um dos treze candidatos ao cargo — o único que não tinha doutorado. Várias rodadas de entrevistas depois, o trabalho era dele.

"De repente, tudo mudou. Em 6 de janeiro de 1997, dei minha primeira aula. No dia 9 de janeiro comemorei meu quinquagésimo aniversário. Em seis meses, vendi todas as três empresas e consegui alguns trabalhos de consultoria e algumas palestras. Tive uma carreira totalmente nova e é onde estive nos últimos onze anos, graças nada mais do que aos meus amigos que me incentivaram."

Hoje, Jim é reitor da Marshall School of Business da USC. Perguntei a ele se os horários na Academia eram melhores do que no mundo corporativo. "De jeito nenhum — as horas são piores!" ele me disse. "Mas tudo bem, porque hoje em dia é fácil ficar realmente apaixonado pelo meu trabalho, fazendo as coisas acontecerem para os jovens. Fazendo a diferença".

Desenvolvimento de habilidades executivas na Vistage

Uma organização semelhante à YPO, mas com uma base de membros mais diversificada, é a Vistage (vistage.com), um nome derivado das palavras "vista" e "vantagem". Esta empresa com fins lucrativos, fundada em 1957 e anteriormente conhecida como TEC (The Executive Committee), tem cerca de quinze mil membros em quinze países, inscritos em uma variedade de programas para CEOs, executivos seniores, proprietários de pequenas empresas e profissionais de serviços como advogados e contadores. Em 2008, mais de 1.800 novos CEO membros juntaram-se à Vistage nos Estados Unidos, um recorde da empresa.

As reuniões mensais da Vistage giram em torno de um presidente da Vistage, que é um coach pago e cuidadosamente selecionado — geralmente um ex-CEO ou outro executivo de alto escalão — que dirige os grupos. "O presidente é treinado para fazer perguntas investigativas e incentivar os membros do grupo a fazerem o mesmo", diz o CEO Rafael Pastor. "Se você investigar com bastante atenção, muitas vezes ajudará o membro a perceber onde realmente está o problema. É como quando você vai ao médico e diz: 'Tenho um problema de ouvido' e, antes que você perceba, ele está enfiando algo no seu nariz. Você diz: 'Mas eu tenho um problema de ouvido'. Você não percebeu, mas os dois estão conectados e o problema está, na verdade, no seu nariz. Algo semelhante acontece aqui. Um membro pode dizer: 'Minha equipe de vendas não parece estar mandando bem.' Então, você pergunta: 'Bem, o que o seu departamento de marketing está dizendo sobre seu produto?' A princípio ele diz: 'Não, estou falando de vendas.' Mas você o desafia e diz: 'Não, sério, o que o seu departamento de marketing está fazendo?' E o membro descobre que seu departamento de marketing está enviando mensagens clichês que não ajudam o departamento de vendas."

Tal como acontece com todos os grupos eficazes de apoio de pares, as reuniões do Vistage são sinceras e difíceis. "Juntamente com confiança, carinho e crescimento, nosso outro valor fundamental é o desafio", afirma Rafael. "Dizemos aos novos membros que se você quiser vir aqui e apenas fazer com que as pessoas acenem afirmativamente com a cabeça, não se preocupe em gastar seu tempo ou dinheiro. Então, é autosseleção. As pessoas que se juntam a esses grupos não são moscas mortas; elas vêm porque estão prontas para colocar suas questões mais difíceis na mesa e serem críticas sobre sua abordagem a elas."

Removendo a Solidão da Jornada Empreendedora

Há alguns anos, fiz uma apresentação em Nova York para outra rede de apoio de pares, a Entrepreneurs' Organization (EOnetwork.org), que foi iniciada por antigos membros da YPO que sentiam que os proprietários de empresas enfrentavam desafios únicos que mereciam fóruns dedicados. Os membros participam de uma reunião mensal em que oito a dez colegas empreendedores apresentam questões que são então examinadas e investigadas pelo grupo. Cada grupo tem um moderador treinado, mas não remunerado, e o formato reflete os Fóruns da YPO. A EO tem cerca de 7 mil membros em mais de cem grupos em todo o mundo.

Matthew J. Weiss dirige um escritório de advocacia que discute multas de trânsito em todo o estado de Nova York sob a marca 888 Red Light; ele é presidente da divisão de Nova York da EO. "O paradigma do fórum da EO é frequentemente descrito como fornecer aos membros seu próprio conselho de administração", diz ele, "mas também já ouvi isso ser chamado de 'terapia para donos de empresas'. Para mim, a melhor maneira de descrever isso é que estamos fornecendo uma estrutura organizada para verbalizar questões que eu possa estar enfrentando, responder a perguntas esclarecedoras sobre elas e ouvir meus pares sobre suas experiências semelhantes. Por meio deste processo, estou mais bem preparado para descobrir como vou lidar com a minha situação."

Matthew se envolveu com a EO por meio de um amigo: "Fui a um evento de recrutamento e vi como isso poderia me ajudar. Estou administrando meu negócio sozinho; não tenho ninguém no topo da pirâmide para me ajudar. Mas agora tenho uma rede de pares para compartilhar ideias e me ajudar a evitar erros. Isso preencheu um enorme vácuo para mim."

E como sempre acontece com o apoio mútuo, funciona nos dois sentidos. "Definitivamente, há um sentimento de satisfação por você ter ajudado outro ser humano", diz Matthew. "Estamos lá para facilitar a aprendizagem e o crescimento entre pares. Para isso, filtramos as pessoas que parecem estar apenas querendo coletar cartões de visita."

Os fóruns da EO, tal como outras comunidades de apoio mútuo, acabam inevitavelmente por aconselhar os membros sobre questões pessoais com a mesma frequência que sobre questões empresariais, tornando o termo "terapia para proprietários de empresas" não totalmente errado. "Na verdade, descobrimos que as questões pessoais afetam os negócios ainda mais do que os negócios afetam as pessoas", diz Matt Stewart, presidente eleito da EO e proprietário de três empresas, incluindo uma que treina estudantes universitários em habilidades empreendedoras, fazendo-os administrar uma empresa de pintura por um verão. "Quanto a mim, estou convencido de que estaria divorciado se não tivesse tido uma apresentação no fórum no verão de 2001, e novamente no ano passado, na qual todos me disseram coisas difíceis de serem ignoradas."

Em 2001, Matt e sua esposa estavam lidando com depressão pós-parto, embora tenham demorado um pouco para obter esse diagnóstico. "Ao longo do caminho, fiquei frustrado. Sua depressão se manifestava ao ser mal-humorada e rabugenta comigo, e eu não estava lidando bem com isso. Então levei o assunto para o meu fórum e, como sempre, comecei a enquadrar o problema como se tivesse tudo sob controle, com todas as minhas defesas levantadas."

Matt expôs a situação de maneira clara — ou seja, que sua esposa tinha um problema e precisava fazer x, y e z para lidar com ele. As primeiras pessoas a dar feedback basicamente concordaram com ele. "Isso acontece com frequência, mas em algum momento alguém sempre lança o desafio e toda a conversa muda. A terceira pessoa que comentou foi uma mulher, e graças a Deus, porque ela disse: 'Você só está preocupado com você. A questão não é você! É a sua esposa — e ela?' Houve xingamentos e tudo mais, mas depois eu disse: 'Uau, nunca pensei nisso dessa forma!'"

E a segunda vez que a EO salvou o casamento de Matt?

"Tenho várias empresas prósperas, mas também tive uma empresa hipotecária na qual investi muito dinheiro em vez de fechá-la quando as coisas pioraram. Então, passamos por muito estresse financeiro, e o que eu não percebi é que minha esposa, que cuida da nossa contabilidade em casa, estava carregando todo o fardo. Eu estava vagabundeando pelo mundo na classe executiva e comendo filé mignon como parte do meu trabalho, enquanto ela estava em casa com as crianças comendo macarrão com queijo e cachorro-quente e tentando descobrir como pagar as contas do próximo mês. É claro que precisei do meu fórum para me fazer ver isso — eu dizia a ela para parar de olhar o extrato bancário e me atormentar por causa disso.

"Eu simplesmente não consigo dizer a você o que significa ter esse grupo em que posso abrir o jogo e aguentar tudo. Já imaginou ter dez pessoas que conhecem você tão bem quanto sua família e que querem te ajudar tanto quanto ela? Ninguém nunca questiona que eles vão ajudar uns aos outros, não importa o que aconteça, porque é isso que eles fazem."

Fazendo o Que Precisa Ser Feito

Reuniões e fóruns mensais não são a única forma de trabalho dos grupos formais de apoio. Dê uma olhada em um programa chamado *Getting Stuff Done,* que é uma ótima maneira para qualquer pessoa ganhar vantagem. Foi desenvolvido por Michael Simmons, da Extreme Entrepreneurship (ExtremeE.org), para promover a responsabilidade pessoal e a priorização de metas. Os membros ligam todas as manhãs para uma teleconferência da "hora do poder", oito minutos antes da hora, e se comprometem a alcançar algo específico durante essa hora.

Patricia Hudak, de Jersey City, participa diariamente do *Getting Stuff Done.* Ela é uma jovem empreendedora que fundou o RealWorld101.org, um site dedicado a ajudar recém-formados a se prepararem para o mundo real – desde pagar impostos até preparar o jantar. As metas diárias de Patricia podem incluir fazer vinte ligações de vendas não solicitadas para faculdades. "Quando você está trabalhando sozinho, é difícil se manter motivado", diz ela. "É como trabalhar com uma equipe — uma espécie de escritório virtual."

Além da hora do poder, Patricia trabalha com um colega de responsabilização, o também empresário Arel Moodie, por meio do mesmo programa. Todas as manhãs eles conversam e concordam em três metas para o dia; mais tarde, entram em contato e analisam o que deu certo e o que não deu. Diz Patricia: "Arel dirá: 'Ok, o que está impedindo você de fazer isso? O que você poderia ter feito melhor?' No final das contas, você pode ver se realmente fez o seu melhor ou se perdeu tempo navegando na Web."

TIME DOS SONHOS: CHARLES SCHWAB E O NEGÓCIO DOS RELACIONAMENTOS

Quando Charles Schwab fundou sua corretora de investimentos, em 1975, ele tinha uma ordem: "barato". Schwab morava em São Francisco — longe das suítes com painéis de madeira elitizadas das grandes corretoras de Nova York. Seu objetivo era tornar a compra de ações acessível ao homem comum — e sua genialidade foi agilizar o processo aplicando a mais recente tecnologia de informática à negociação de ações.

Com o tempo, Schwab percebeu que poderia oferecer aos clientes tanto eficiência quanto um atendimento incrível; ele transformou sua empresa em um "clube" com adesão aberta. O resultado foi uma fidelidade à marca insuperável. A Schwab tem agora mais de sete milhões de contas de corretagem de clientes e hoje administra mais de US$1 trilhão em ativos. "Gradualmente mudei na direção de não ser apenas uma empresa de transações, mas uma empresa de relacionamento", disse Schwab ao *San Francisco Chronicle* em 2007. "Essa é a grande direção que esta empresa está tomando, e estamos melhorando cada vez mais a cada dia. Então, onde eu poderia ter dito há quinze anos: 'Queremos ser a melhor corretora de investimentos', hoje quero ser a melhor empresa de relacionamento em serviços financeiros."

Essa ordem estende-se às relações entre os 13.500 funcionários da empresa. A corretora se destaca por suas redes internas de apoio, conhecidas como Employee Resource Groups. Entre elas estão grupos de minorias, gays, mulheres e veteranos militares, com cada grupo dividido em 24 seções pelos EUA. O objetivo é promover a diversidade, coaching, mentoria e interação com as comunidades locais. Por exemplo, em 2008, a Women's Interactive Network fez parceria com uma empresa de desenvolvimento de carreira de São Francisco para patrocinar uma série de painéis de almoço mensais abertos a profissionais mulheres da área da Baía de São Francisco — apenas um exemplo de como Schwab levou a sua crença nas relações às nossas comunidades.

Faça você mesmo

Começar seu próprio grupo não é fácil, e a ideia pode deixá-lo inquieto no início. Como disse Jon Bischke, um dos fundadores do Clube dos Bilionários: "As pessoas têm muito medo de se expor e começar um desses grupos", diz ele. "É uma coisa assustadora. Você pode ter medo de que as pessoas não queiram participar, que elas não venham, que não se abram e se permitam ser vulneráveis. Você pode ter medo de que as pessoas não lhe digam a verdade ou que lhe digam a verdade. Mas, para mim, depois de passar pelo processo de formação de um grupo, tornou-se uma das experiências mais positivas da minha vida."

Eu sei exatamente como Jon se sente. Começar seu próprio grupo de apoio formal é muito parecido com começar uma empresa: você precisa de "clientes", de um "produto" viável e de uma maneira de conectar os dois. Você terá preocupações sobre lealdade, sustentabilidade e gestão. Uma diferença importante (para levar a analogia mais longe) é que você tornará seu grupo de apoio formal "público" logo de cara — ou seja, ele pertencerá a todos os seus membros, não importa quem o iniciou. Você é o líder apenas até adicionar um segundo membro.

Seus objetivos coletivos gerais provavelmente determinarão a natureza do grupo. Se você procura ajuda com objetivos de negócios, como eu, provavelmente deseja que pessoas com conhecimento e experiência específicos o ajudem — aqueles que entendem e que se importam, como escrevi anteriormente. Mas realmente não há limite para o tema ou propósito de qualquer grupo. Pode ser organizado em torno de uma missão comum (por exemplo, assistentes administrativos que procuram progredir nas suas empresas) ou simplesmente compreender um grupo de profissionais com ideias semelhantes que procuram progredir nas suas carreiras (advogadas que partilham o objetivo comum de se tornarem sócias nos seus escritórios). Pode existir dentro de uma empresa ou ser composto por pessoas de setores totalmente divergentes. Todos no grupo podem ter a mesma ocupação ou podem ter cargos diferentes, mas necessidades de carreira semelhantes, como maior eficácia de liderança, avanço mais rápido ou outros objetivos estratégicos. Os grupos também podem ser organizados em torno de objetivos pessoais: encontrar um parceiro para a vida, integrar a espiritualidade na vida cotidiana ou criar filhos emocionalmente saudáveis.

Você já conheceu pessoas de sucesso nesses grupos, enquanto outros que discutimos no livro existem inteiramente no mundo virtual, como o grupo internacional One Year One Goal ou a equipe de suporte organizada na Inglaterra por Hanif Rehman, que usa o Skype para realizar reuniões telefônicas gratuitas de longa distância. É claro que, hoje em dia, mais grupos "ao vivo" tradicionais dependem de e-mail, mensagens de texto e websites sociais como o Facebook e o GreenlightCommunity.com para se manterem em contato diariamente. A tecnologia tornou muito mais fácil organizar e manter o apoio mútuo — mas tenha em mente que todos esses dispositivos que emitem sinais sonoros são apenas ferramentas; não importa quantos botões você aperte, o apoio mútuo sempre se resumirá às pessoas envolvidas.

Ao longo dos vários anos que passei trabalhando neste livro, minha equipe no Greenlight Research Group analisou as melhores comunidades de apoio entre pares e conduziu centenas de entrevistas com grupos formais e informais. O resultado é a extensa lista de recomendações e considerações apresentadas aqui para ajudá-lo a lançar seu próprio "Grupo Greenlight" — ou qualquer outro nome que você escolher.

Embora meu objetivo seja fornecer detalhes suficientes aqui para você começar, você pode visitar KeithFerrazzi.com [conteúdo em inglês] para obter um kit inicial gratuito que oferece um processo mais detalhado e diretrizes para a primeira reunião, bem como seções de solução de problemas, planilhas, exercícios de intimidade e mais.

Como Conduzir uma Reunião

Antes de mergulharmos em todos os detalhes essenciais (mas divertidos!) de como reunir e avaliar membros e, em seguida, alinhar seu grupo e deixá-lo pronto para a ação, aqui está um rápido resumo para ajudá-lo a começar a visualizar como as reuniões podem funcionar. O seu próprio formato provavelmente evoluirá de acordo com os desejos dos membros, mas esta é uma agenda comprovada para reuniões contínuas. Este formato pressupõe uma reunião de duas horas com seis membros.

1. Reafirmar os votos do grupo (5 minutos)

Como um *om* coletivo antes da aula de ioga ou de uma palestra inspiradora que inicia uma conferência, esta é uma rápida verificação dos objetivos e valores de nível superior que seu grupo decidiu celebrar — e um lembrete de que as reuniões são sempre confidenciais, e este é um espaço seguro para compartilhar.

2. Check-ins profissionais/pessoais (3 minutos por pessoa; 20 minutos no total)

Cada membro compartilha sucessos e desafios pessoais e profissionais desde a última reunião. Numa recente reunião do Clube dos Bilionários, a membro Elizabeth Amini mencionou que contratou um neuropsiquiatra como consultor para os jogos antienvelhecimento que está desenvolvendo e que nas próximas semanas planeja contratar um responsável financeiro. Em seguida, ela informou ao grupo sobre uma viagem que acabara de fazer ao exterior como voluntária da Habitat for Humanity. O que ela aprendeu foi que as pessoas em muitos países em dificuldades têm uma necessidade muito maior de água potável do que de novas habitações, por isso planeja incluir iniciativas de água potável entre as causas para as quais doa 20% dos lucros antes de impostos da sua empresa. Fale sobre uma atualização inspiradora!

Os membros também partilham dificuldades — por exemplo, uma mudança para um novo bairro que está causando estresse familiar, ou dificuldades em manter o compromisso de mudança comportamental, como controlar o temperamento. Use uma escala de 0 a 5 para que os membros autoavaliem seu sucesso na manutenção de uma mudança comportamental.

3. Destaque (20 minutos)

Um membro selecionado na reunião anterior vem preparado, por escrito, para discutir um assunto importante. Pode ser um novo objetivo, uma questão comportamental, um problema no trabalho com uma variedade de possíveis cursos de ação ou algo profundamente pessoal. Outros membros ouvem com atenção e empatia. (Leia mais sobre destaques mais adiante nesta seção.)

4. *Sparring* (30 minutos)

Todos os membros têm a oportunidade de dialogar com o membro que está em destaque. O questionamento deve ser socrático e concebido para estimular insights mais profundos. (Consulte o Passo Seis: Aprenda a Lutar! no capítulo anterior.) Não se preocupe se não tiver todas as informações necessárias para fazer um comentário; isso simplesmente não é possível no espaço de uma reunião de duas horas, nem é necessário. O objetivo não é "resolver" um problema ou questão, mas levar o sujeito a pensar de maneiras diferentes e inovadoras.

5. "Posso sugerir" (15 minutos)

Depois que um indivíduo tiver discutido seus problemas e passado pela rodada de *sparring*, cada membro oferece sua opinião sobre a situação, começando com: "Posso sugerir…" A linguagem aqui, com foco na sugestão, é importante: lembra a todos que o poder e a responsabilidade de analisar dados e tomar decisões estão sempre nas mãos do indivíduo. Ninguém diz a ninguém o que fazer e, na verdade, partilhar experiências ou histórias é sempre preferível a dar conselhos. (Com o tempo, um amigo pode desempenhar um papel de aconselhamento mais forte.)

Comentários do tipo "posso sugerir" poderiam incluir a indicação de um mentor em potencial ou de alguém que possa fornecer aconselhamento ou serviços táticos, acesso a um recurso, informações que os membros acham que o indivíduo deveria considerar, uma história que gerasse insights ou qualquer outra coisa que os membros acham que pode ajudar um colega. Se um membro do grupo não tiver nenhuma ideia ou experiência para compartilhar, tudo o que ele precisa fazer é dizer algo como: "Não tenho certeza se tenho algo útil a acrescentar, mas estou aqui para apoiá-lo; sei que você pode ter sucesso."

6. Questões do grupo (10 minutos)

Uma discussão contínua sobre dinâmica de equipe, desafios, membros e questões logísticas. Confirme também o horário e local da próxima reunião, além de selecionar o moderador e o assunto em destaque. Se o seu grupo atribuir tarefas de casa, como ler um livro, faça-o agora.

7. Revisão e definição de comprometimentos (3 minutos cada; 20 minutos no total)

Todos os membros atualizam o grupo sobre seu comprometimento com as metas da semana ou do mês anterior — independentemente da frequência com que vocês se encontram ou se reúnem. Isto pode incluir uma revisão do trabalho recente com o companheiro de responsabilização de cada membro. Os comprometimentos são registrados por escrito e distribuídos ao grupo.

Formando um Grupo Greenlight

Agora que você tem uma ideia de como seria uma reunião do Grupo Greenlight, vamos começar a pensar em formar sua equipe. Os membros do seu Grupo Greenlight devem ter as mesmas qualidades que quaisquer parceiros de apoio mútuo. Eles devem compreender os Quatro Mindsets — sinceridade, vulnerabilidade, responsabilização e generosidade — e estar dispostos a colocá-los em prática com o grupo. Mas, como agora você está construindo uma equipe em vez de um relacionamento de apoio individual, existem algumas qualidades adicionais a serem procuradas e cultivadas.

A primeira é a diplomacia — aquelas habilidades interpessoais que se somam à capacidade de cooperar e manter a discussão concentrada e produtiva para que as reuniões não se desintegrem em conversas desfocadas. Diplomacia também consiste em relembrar a diferença entre colaboração e concessão! Como observei anteriormente, a concessão não é o padrão ideal para uma equipe de trabalho, porque sugere que as pessoas estão se contentando com algo menos do que o seu melhor para que possam simplesmente "seguir em frente". A colaboração, por outro lado, significa que todos trabalham juntos em prol de um objetivo comum — que, no caso de um Grupo Greenlight bem-sucedido, pode simplesmente ser: "Ninguém aqui fracassa." Os colaboradores também sabem questionar "O que você quer?" — uma pergunta tão básica que, muitas vezes, as pessoas se esquecem de fazer. Quando você pergunta com sinceridade — o que significa que se preocupa em ouvir a resposta honesta — você acabará encontrando um ponto em comum.

A segunda qualidade que pode ajudar a promover dinâmicas de grupo eficazes é uma atitude positiva e proativa. Supondo que seu grupo encontrará conflitos e dificuldades ao longo do caminho (e isso acontecerá), uma atitude positiva supera a experiência facilmente. Quando se trata de apoio mútuo, todos têm algo a oferecer. Garanto a você que o cara que dirige a lavanderia a seco do seu bairro tem alguns insights sobre seu negócio e sua carreira nos quais você não tinha pensado — especialmente se ele tiver uma atitude positiva. A questão não é sair correndo e recrutar o dono da lavanderia; apenas não julgue de onde virá um bom suporte.

Lembre-se, um dos meus conselheiros mais próximos é meu médico, Rob Dirksen; ele certamente não conhece bem o meu negócio, mas me entende e é indispensável como um dos vários conselheiros que me responsabilizam por minhas metas. Dependendo dos objetivos do seu grupo, pode ser necessário que todos nele estejam no mesmo ramo, ou pelo menos compreendam os problemas de negócios que todos enfrentam. Mas não se preocupe se não conseguiu encontrar o especialista perfeito. Você estará bem se se cercar de diplomatas positivos que correspondam ao seu nível de ambição e comprometimento. E você tem que começar de algum lugar!

Pessoas positivas são muito fáceis de detectar. O que você vê superficialmente é a generosidade delas. Elas adoram ajudar os outros porque não acreditam nesse bolo finito. Elas podem se dar ao luxo de ser altruístas porque veem abundância financeira ao seu redor. Elas não estão preocupadas com a possibilidade de você roubar suas ideias ou desperdiçar seu tempo. Elas não têm medo de ser vulneráveis, de oferecer sinceridade ou de responsabilizar você, porque consideram todas essas coisas generosas e boas. Quando você vai direto ao assunto, as pessoas positivas estão naturalmente sintonizadas com os Quatro Mindsets de apoio mútuo.

Num grupo formal, você deseja escolher pessoas que você admira e respeita, mas também que são mais ou menos seus pares. Embora você possa ter conselheiros ou mentores individuais mais experientes do que você, essa dinâmica não funcionará tão bem em grupo, o que exige muito comprometimento, não apenas com você, mas com todos os outros.

Todos no grupo precisam sentir que o comprometimento não é apenas valioso, mas também essencial para o seu sucesso.

Ao escolher os membros do seu grupo, concentre-se em encontrar:

- Pares que você respeita e admira e que não gostaria de decepcionar.
- Pessoas que realmente irão responsabilizá-lo e respeitar os outros valores fundamentais.
- Pessoas altamente motivadas que compartilham o seu nível de ambição e talvez até o expandam!
- Pessoas orientadas a metas — mesmo que ainda não tenham articulado claramente todas as suas próprias metas.
- Pessoas com atitude positiva e proativa.
- Ouvintes empáticos que tendem a repetir o que você disse de uma forma que deixa claro que entenderam.
- Pessoas com origens diversas, a fim de obter uma variedade de pontos de vista. Em um grupo empresarial, tente procurar membros em diferentes departamentos — marketing e vendas, ou contabilidade e tecnologia.

Quantos membros deve haver em seu grupo? Bem, qualquer coisa menos que três não é realmente um grupo — é, na verdade, um apoio mútuo individual. E mais de sete ou oito tende a ser complicado, especialmente se você estiver usando o modelo do Grupo Greenlight. Tenha em mente que oito pessoas falando por quinze minutos cada uma equivalem a uma reunião de duas horas — e isso sem contar qualquer conversa cruzada ou comentários introdutórios. A maioria dos grupos que conheço limitam-se a cinco ou seis, mas aqueles tão pequenos quanto três também podem funcionar, especialmente se todos estiverem por perto.

Não se surpreenda se levar tempo para reunir um grupo completo. Eu recomendo que você encontre uma ou duas pessoas e comece com elas. Você pode adicionar outras depois, à medida que as coisas se acomodam. Seja exigente, em vez de se apressar para amontoar pessoas ao redor da mesa.

Introdução ao Recrutamento

O recrutamento é um esporte coletivo. Assim que você adiciona um membro, o grupo passa a ser propriedade 50% sua e dessa outra pessoa. À medida que você adiciona mais, a propriedade continua subdividindo-se igualmente. Você não tem direito a nenhum orgulho ou lugar especial como fundador. Eu sei o que é sofrer de "fundadorite" — já estou farto disso — então resista a quaisquer sentimentos grandiosos de propriedade ou titularidade.

O grupo busca o crescimento e contribui para o crescimento dos outros, e todos têm oportunidades iguais de liderar de maneira forte. Reconheça também que a rotatividade em seu grupo é inevitável — comemore as formaturas, não tenha medo delas. Como resultado, porém, você precisará de um sistema para trazer novos recrutas à medida que avança. Depois de ter seu grupo principal, você pode começar a oferecer adesão a novatos em regime de estágio probatório. Após três meses, os membros existentes podem votar se aceitam o novo integrante em pleno direito. (A votação deve ser unânime e transparente, uma vez que ninguém deve ser membro se deixar qualquer outro membro desconfortável.)

Todos os membros precisam concordar ao adicionar novas pessoas ao grupo, mas aqui vai uma advertência: todos precisam ter a mente completamente aberta ao considerar quem está "certo". Você deve exercer seu direito de vetar alguém:

- Quando os valores e objetivos da outra pessoa estão desalinhados com o propósito do grupo
- Se a outra pessoa não tiver comprometimento ou tempo para se engajar
- Se a outra pessoa tiver uma compreensão radicalmente diferente do sucesso

Não vete se a outra pessoa:

- É irritante
- Tem um gosto horrível
- É diferente
- É alguém de quem você simplesmente não gosta

Críticas vagas ou antipatias instintivas são normalmente motivadas por bagagem ou preconceito pessoal. Aprender a lidar com pessoas de quem você pode não gostar imediatamente — presumindo que seus valores e comprometimento estejam alinhados com o grupo – pode ser um ótimo exercício. Na verdade, pode introduzir algum ponto de vista transformador de vida que, de outra forma, você teria perdido completamente. "Suspenda seu preconceito" deve estar em sua mente ao selecionar recrutas. E vá devagar: antes de vetar alguém, comprometa-se com dois jantares longos e lentos com a pessoa. Se você descobrir que ela está realmente comprometida com a melhoria, sua percepção das "falhas" dela poderá mudar drasticamente.

Por outro lado, os reclamões e os pessimistas que não mostram sinais de melhoria ao longo do tempo podem ser rejeitados. Não há nada de errado com um período de experiência, desde que você o explique antecipadamente ao futuro membro. A maioria das pessoas ficará honrada em ingressar em um grupo que leva a adesão muito a sério. Mesmo um pequeno toque de chancela ajuda a aumentar o comprometimento e o nível de envolvimento das pessoas.

O Que Fazer e Não Fazer em um Recrutamento

Fazer:

- Manter o tamanho do seu grupo entre três e seis membros.
- Exagerar, e não subestimar, o comprometimento necessário para aderir. Pessoas que evitam conflitos tendem a não querer assustar as demais e podem acabar diluindo as necessidades do grupo para obter o sim das outras. Seja sincero, especialmente durante o processo de recrutamento.

Não fazer:

- Apressar as coisas — é melhor operar com um ou dois membros a menos até encontrar as pessoas certas.

- Não trazer novos membros a menos que o grupo vote por unanimidade.
- Não permitir que ninguém do grupo se aproxime de alguém muito rapidamente, sem um ou dois jantares longos e lentos para tentar fazer dar certo.
- Não ter medo da rotatividade. Os grupos são dinâmicos; a rotatividade faz parte do processo.

É Fácil Depois da Primeira Vez

Você precisará de um local de reunião, a menos que seu grupo se reúna virtualmente ou por telefone. Onde todos se sentirão mais relaxados e engajados? As salas de estar são provavelmente as mais fáceis (é aqui que o meu grupo se reúne); melhor ainda, você pode alternar apartamentos ou casas. O grupo de Bill George reuniu-se numa igreja local durante anos, e não creio que nenhum dos membros pertencesse a essa igreja em particular.

Para aqueles que estão considerando Grupos Greenlight baseados no trabalho, tentem marcar pelo menos as reuniões iniciais fora do escritório. Encontre um lugar que seja privado, que as pessoas considerem um refúgio, mesmo que seja dentro do prédio. Se estiver formando um grupo dentro de uma empresa, talvez seja necessário comunicar a intenção e a natureza do seu grupo à organização maior, para que os colegas de trabalho não comecem a se sentir ameaçados pelo que pode parecer uma conspiração ou panelinha. Nesse caso, você pode querer considerar a realização de uma reunião aberta a cada dois meses, na qual você falará amplamente sobre as maneiras pelas quais você e seu grupo se beneficiaram.

Quando se encontrar? Alguns grupos gostam de se reunir durante o café da manhã, o que dá às reuniões uma sensação eficiente e profissional. As reuniões de almoço são aceitáveis, desde que os membros tenham um horário flexível o suficiente para que elas durem algumas horas no meio do dia. Jantares longos e lentos podem durar mais e cobrir mais terreno, mas também prejudicam o tempo dedicado à família. O importante é que ninguém se sinta apressado.

O resumo é que quando e onde vocês se encontrarão depende de você, desde que os critérios para um local seguro sejam atendidos e ninguém se sinta apressado de forma alguma.

A frequência das reuniões é outra consideração importante. Alguns grupos reúnem-se semanalmente, o que é ideal, mas nem sempre prático. Você pode tentar realizar reuniões de check-in mais curtas uma vez por semana — elas não precisam ser presenciais — com uma reunião de apoio mais longa na quarta semana. Ou você pode tentar se encontrar a cada duas semanas.

Depois de estabelecer suas reuniões regulares, você encontrará muitas outras maneiras de interagir criativamente com seu grupo – não há limite para o formato do seu trabalho em conjunto. Você pode realizar reuniões de recrutamento para novos membros, receber palestrantes para educação continuada ou organizar eventos sociais para conhecer os cônjuges e familiares uns dos outros e apenas se divertir. Pode chegar um momento em que você precise de uma "reunião de discussões" — uma sessão inteira focada no bem maior do grupo. Se você for especialmente ambicioso, poderá realizar retiros trimestrais ou semestrais de fim de semana ou de meio dia para verificar metas e planos de vida mais amplos, com a participação dos cônjuges.

Ritos de Iniciação

Sua primeira reunião será muito diferente das reuniões contínuas. Seu objetivo é mudar sua mentalidade de *eu* para *nós*, alinhando todos em torno das normas e expectativas compartilhadas do grupo. É também um ótimo momento para nos conhecermos, tanto como indivíduos quanto como membros de um grupo. Para obter uma agenda detalhada da primeira reunião, consulte o kit inicial online em KeithFerrazzi.com [conteúdo em inglês]. Por enquanto, abordarei os principais recursos que tornarão o seu Grupo Greenlight especial e bem-sucedido, na primeira reunião e depois.

A troca de votos é provavelmente a atividade mais importante da sua primeira reunião. Os votos ajudam a comprometer todos com crenças e expectativas unificadas em torno de sua nova rede de responsabilização e apoio. Eles também são um ritual de celebração. Sugiro que você estabeleça o que chamo de Promessas, Princípios Orientadores e Regras de Engajamento.

As Promessas

As Promessas são uma lista do que você pode chamar de objetivos finais do seu Grupo Greenlight. Não se tratam dos objetivos táticos que vocês estão perseguindo, individualmente ou em conjunto, mas das mudanças positivas que vocês prometem criar trabalhando juntos.

Minha sugestão é que você leia e reafirme as Promessas em voz alta no início de cada reunião. Antes de considerar a ideia cafona ou piegas, pense nela como uma forma de focar e centrar seu grupo. É um momento para fazer uma pausa e respeitar a transição das agitadas batalhas diárias e da conversa do seu telefone celular. Respire e prepare-se para focar no aqui e agora, em algo emocionante e imediato. As Promessas celebram seu compromisso compartilhado de ser excepcional!

Promessas do Grupo Greenlight

Reescreva as frases abaixo com as palavras com as quais todos concordam e com as quais se sentem confortáveis como grupo.

Juntos nos tornaremos:

- Alegres, descobrindo e realizando nosso verdadeiro potencial com a ajuda dos outros
- Autênticos, ancorados e seguros em quem somos
- Livre de comportamentos, atitudes e crenças que possam ter impedido nosso crescimento
- Mais dispostos a aspirar a níveis cada vez mais elevados de realização, além do que antes pensávamos ser possível
- Positivos na nossa abordagem e atitude, com incentivo e entusiasmo genuínos para todos, generosamente partilhados

- Misericordiosos, cheios de paciência para lidar com as deficiências — dos outros e das nossas
- Mais dispostos a confiar em nossos instintos, seguindo corajosamente nossa voz interior, assumindo riscos e aprendendo com os erros
- Conectados, não apenas a este poderoso círculo de pessoas que se importam, mas em todos os relacionamentos que importam em nossas vidas
- Unidos, nunca deixando um ao outro fracassar!

Os Princípios

Na lista abaixo, escolha os princípios que considera mais apropriados e importantes para o sucesso do seu grupo. Ou crie os seus próprios princípios ou reescreva os princípios em palavras que reflitam a personalidade do seu grupo. Revisite, acrescente mais e discuta-os frequentemente para o desenvolvimento contínuo do grupo.

- Mimar é contraproducente e egoísta, não generoso.
- Apoio consiste em levantar alguém do chão — e depois contar-lhe como chegou lá.
- O serviço aos outros recompensa tanto quem dá quanto quem recebe.
- Os relacionamentos são dinâmicos; à medida que os membros se formam, comemore o tempo que você teve para aprender com eles.
- Os instintos são um aspecto importante do seu processo de tomada de decisão.
- A responsabilização começa com o indivíduo.
- A honestidade escrupulosa é uma obrigação.
- "Somos todos mentirosos" — o que significa que todos temos momentos em que somos menos sinceros; a chave é comemorar uma recuperação rápida.

- Responsabilizar os outros é um ato de generosidade.
- Os chamados fracassos são celebrados como oportunidades de aprender e crescer.
- A humildade é uma virtude.
- Somos todos viciados em alguma coisa; os vencedores admitem e pedem ajuda a outros.
- Cada um de nós tem um potencial ilimitado de crescimento, não importa por onde comecemos.
- Não existem soluções rápidas — estamos nessa para uma vida inteira de crescimento contínuo.
- Nossos ouvidos estão sempre abertos.
- O incentivo e o apoio são componentes inseparáveis da responsabilização dos outros.
- Crie um lugar seguro para correr riscos.
- Trate descontentamentos imediatamente. Não permita que o ressentimento se agrave.
- O conflito — *sparring* — faz parte do processo.

As Regras de Engajamento

Você deve ter um conjunto de Regras de Engajamento que descrevam a conduta esperada durante as reuniões. Essas regras não precisam ser complicadas. Aqui estão algumas a considerar:

- Trate as informações como confidenciais. Isso garantirá que os membros se sintam à vontade para compartilhar.
- Seja pontual. Começar na hora certa e terminar na hora certa mostra que respeitamos o tempo uns dos outros.
- Esteja comprometido. Os ausentes reincidentes, ou aqueles que não conseguem defender os valores fundamentais do grupo, devem ser convidados a sair.
- Seja atencioso. Não use celulares durante uma reunião; todos estão ouvindo e focados.

- Pule a conversa fiada. Tudo bem antes ou depois da reunião, mas nunca durante. Isso garantirá que os encontros sejam produtivos.
- Nenhuma transação comercial entre membros. Os membros do grupo não devem realizar negócios entre si, embora sejam bem-vindos a partilhar contatos e fontes.
- Sem álcool nas reuniões regulares.

Responsabilizando Cada Membro do Grupo

Criar uma política de responsabilização envolve mais do que disciplina — trata-se também de garantir um tratamento justo e respeitoso que se aplique a todos igualmente. Como disse Thomas Paine em *Senso Comum*: "Pois assim como nos governos absolutos o rei é a lei, também nos países livres a lei deve ser o rei; e não deveria haver outro."

Como os membros responsabilizarão uns aos outros por suas metas? Durante sua primeira reunião, discuta e estabeleça algumas regras por escrito. Além da responsabilização por metas e ações individuais, estou falando de questões como reuniões perdidas, falha na busca ativa de metas, comportamento desrespeitoso e falha em manter estrita confidencialidade.

Estabeleça um protocolo com antecedência para que todos conheçam as regras e as penalidades. As personalidades do seu grupo determinarão como você lidará com falhas no comprometimento — e isso acontecerá. Você deseja encontrar um equilíbrio entre ajudar as pessoas a crescerem além de suas deficiências, por um lado, e ter um sistema com "dentes" o bastante para que as pessoas se esforcem arduamente para permanecerem disciplinadas, por outro.

Seu grupo deve ter um "monitor" rotativo, alguém que garanta que o grupo cumpra os limites de tempo e cuide de quaisquer necessidades administrativas. Essa pessoa também deve registrar e distribuir as metas e ações que cada um se compromete a realizar entre as reuniões. Além de enviar a lista por e-mail, esse membro também deverá levar uma cópia impressa na próxima reunião para revisão nos check-ins pessoais/profissionais. O monitor também pode atuar como o Yoda do grupo durante o dia — apontando de forma gentil quando alguém está se distanciando dos Quatro Mindsets e das outras diretrizes que você estabelecer. A permissão oficial para ser sincero pode ajudar os membros hesitantes a praticarem falar abertamente.

O Sistema de Companheiros

Lembra como Jan foi fundamental para minha irmã Karen quando ela finalmente obteve sucesso com os Vigilantes do Peso? Esse é o exemplo a ser seguido pelos companheiros do Grupo Greenlight.

Forme equipes de duas pessoas para gerenciar a responsabilização e manter alta a motivação individual, especialmente em grupos maiores ou naqueles que podem se reunir apenas uma vez por mês. Companheiros mantêm contato com mais frequência – às vezes diariamente, ou pelo menos semanalmente — para um apoio mais próximo e maior disciplina em torno de metas e comportamentos. Os companheiros se disponibilizam para um brainstorming de apoio, para reformular metas e planos para alcançá-las, e para o simples e velho encorajamento. Seu relacionamento com seu companheiro de responsabilização deve ser o mais significativo e produtivo da sua equipe de apoio. Ao formar pares, considere os objetivos e a coesão da equipe; você deseja que seu companheiro tenha a melhor visão possível sobre seus objetivos e comportamentos, mas também pode ser útil formar pares com membros que se conhecem menos, para promover um vínculo mais próximo entre ambos. (Se você tiver um número ímpar de membros, um grupo de três pode funcionar.) Recomendo fortemente que os companheiros façam rodízio a cada seis meses. Você define o horário, mas a variedade é a chave para evitar que a letargia se instale. Aqui estão algumas tarefas específicas do seu companheiro:

- *Vigilante da responsabilização.* Faça perguntas investigativas para manter a outra pessoa no caminho certo. "Você tentou o seu melhor? O seu objetivo era ambicioso demais ou insuficientemente ambicioso? Por que você não fez isso? O que está impedindo você de seguir adiante? Vamos agendar um horário para conversar sobre isso."

- *Líder de torcida.* Se sua parceira estiver perdendo o fôlego, lembre-a de que vocês dois estão nisso por uma longa jornada. As soluções rápidas geralmente são apenas isso — um remendo.
- *Parceiro de sparring contínuo.* Seu companheiro oferece uma oportunidade contínua para sessões individuais de destaque para brainstorming e resolução de problemas.
- *Detector de mentiras.* Ajude seu parceiro a enfrentar quaisquer problemas comportamentais crônicos. Você está perfeitamente posicionado para observar padrões, desafiar o status quo e responsabilizar a outra pessoa. Faça perguntas investigativas, não deixe seu parceiro escapar facilmente.
- *Suporte diário ou semanal.* Periodicamente — todas as manhãs, ou em dias alternados, ou uma vez por semana —, os companheiros devem conversar uns com os outros sobre o que precisam fazer corretamente no dia ou na semana para terem sucesso. Estabeleçam um plano juntos e cumpram-no. O suporte diário pode ser intensivo, mas é ótimo quando um companheiro está lutando para atingir seus objetivos.

Sessões de Destaque

Durante as sessões de destaque, o grupo concentra sua atenção em um membro. Este é o mergulho mais profundo e acho que é importante o suficiente para que quase metade de cada reunião seja tomada por um destaque e pelo *sparring* que se segue.

Por quê? Servir aos outros oferece uma oportunidade incrível de crescimento e aprendizado. Mesmo quando a reunião não é sobre você, bem, é sobre você! Ao servir outros membros, você aprenderá muito sobre si mesmo. Quando faço sessões de coaching com clientes, muitas vezes descubro que ouço as palavras que preciso ouvir sobre mim. Você pode descobrir que as lições que você e outros membros transmitem são exatamente aquelas que você também precisa ouvir.

Os destaques também são um momento para chamar a atenção dos membros para os elefantes na sala — padrões crônicos de mau comportamento sobre os quais pode ser espinhoso falar. Pode ser difícil fazer perguntas investigativas, como se é uma falta de acompanhamento ou uma ideia de negócio intrinsecamente falha que está realmente impedindo a outra pessoa de seguir adiante. É mais fácil avançar nas dificuldades quando se está em um grupo.

Quando você for a pessoa em destaque, prepare antes uma apresentação por escrito sobre qualquer desafio ou problema que esteja enfrentando. Sempre que possível, distribua-a com antecedência. Isso garantirá que você tenha clareza sobre qual é o problema e ajudará a preparar o caminho para uma conversa organizada e produtiva. Se você distribuir sua apresentação com antecedência, não terá que perder um tempo precioso em reuniões contando a todos a história que está por trás.

Em cada reunião, alinhe os destaques para o próximo encontro com base nas necessidades dos membros: quem tem um evento ou questão importante que precisa de atenção? Quem precisa desesperadamente de uma revisão de seu plano de vida ou de suas metas para o ano? Esteja preparado para ouvir e ajudar.

Por fim, seja flexível. Uma mulher que conheço me contou sobre o dia em que a mãe de um membro de seu grupo de apoio faleceu após uma longa doença. A sessão daquele dia desviou-se das preocupações profissionais para aquilo que o membro precisava conversar naquele momento. A mulher conversou e chorou e, no velório, todo o grupo levou comida para a casa dela. Você pode descobrir que há momentos em que o propósito do grupo muda de profissional para pessoal, ou de um membro para outro, com base em uma emergência. Deixe o grupo decidir a direção que deve tomar.

Celebre o Conflito

Não tema o conflito. Faz parte do processo. Em praticamente todos os grupos, o conflito é essencial para a coesão da equipe. Obriga os grupos a fazer uma pausa e a refletir sobre a situação atual, a todos estarem no mesmo ritmo e a tentar melhorar o status quo. O pesquisador Dean Tjosvold afirma no *Journal of Organizational Behavior* que conflitos bem administrados nos ajudam a "sondar problemas, criar soluções inovadoras, aprender com a experiência e a dar vida aos relacionamentos".

Ao lidar com conflitos de grupo, lembre a todos que os Grupos Greenlight celebram o conflito. Eu o vejo não como uma batalha, mas como uma ferramenta para o crescimento. Enfrente os problemas imediatamente e trabalhe em direção ao consenso. Lembre-se que, nos Grupos Greenlight, o objetivo é sempre a colaboração e não fazer concessões. Tente tirar uma lição de cada conflito, para reforçar a ideia de que eles são verdadeiramente um bem, não um mal. É como você lida com o conflito que importa.

Ao lidar com conflitos individualmente, aborde a pessoa com paciência, humildade e respeito. (Isso também se aplica a conflitos de grupo.) Lembre-se de que você deve a cada membro do seu grupo o benefício da dúvida. Tenha em mente que nenhum de nós é inocente. Perdoe seu parceiro antes mesmo de começar a resolver os detalhes do seu conflito. Isso lhe dá espaço para se recuperar e pedir desculpas. Tirar o ego da equação permite que os parceiros sejam o melhor em vez do pior.

Em seu livro *The Secret Advantage of Successful Leaders* [sem publicação no Brasil], Mo Fathelbab oferece algumas diretrizes valiosas para a resolução individual de conflitos, que resumi e expandi abaixo:

1. *Sinceridade e transparência.* Aborde diretamente a pessoa com quem você tem um conflito, e não por meio de terceiros.
2. *Confie nos seus instintos.* Aborde os problemas imediatamente para que não se deteriorem e explodam.
3. *Escolha o relacionamento que você tem com os outros.* Se você tiver um problema com um membro do grupo, o problema é seu — pelo menos até que você leve o assunto ao conhecimento dessa pessoa.
4. *Desaqueça o ambiente (também conhecido como sem drama).* Evite ataques pessoais. Concentre-se nos comportamentos que estão incomodando você. Por exemplo, diga: "Fico incomodado com a frequência com que você me interrompe", e não "Não gosto de você". Isso mantém a conversa enraizada no cuidado, não no combate.
5. *"Posso sugerir..."* Evite ultimatos que criem um vencedor e um perdedor.
6. *Fatos são poderosos.* Não fale apenas sobre seus julgamentos e sentimentos. Certifique-se de expor claramente os fatos e a mudança que procura.
7. *Faça uma verificação da realidade.* Se houver um desacordo sobre o que aconteceu, traga outro membro do grupo para mediar.

8. *Continue cavando.* Se o problema for mais do que apenas uma questão de comunicação, tente ir além dos sintomas e chegar às causas raízes. Aborrecimentos mesquinhos e picuinhas são sinais de algo mais profundo? Por exemplo, se alguém está sendo excessivamente negativo e ofendendo os outros, a questão central pode ser o medo de que o grupo não o tenha realmente aceitado.

Uma Recomendação Final

Divirta-se! A chave definitiva para a sustentabilidade do seu grupo será, antes de mais nada, o valor profissional que o grupo oferece. Mas em segundo lugar está o quanto vocês se divertem juntos. Às vezes, não há problema em infundir um pouco de humor nas reuniões. Não tenha medo se a reunião ocasional se tornar mais uma questão de brincadeira do que de trabalho. Deixe que as pessoas se aproximem umas das outras em torno de assuntos que não sejam aqueles sérios de crescimento e mudança.

Agora vá em frente — comece!

Transformando o ambiente de trabalho

Quando falo sobre apoio de pares, as pessoas sempre me perguntam: "Como posso encontrar uma empresa para trabalhar que faça isso?"

Minha resposta? "Por que não fazer isso acontecer onde você trabalha agora?"

"Ah, não", elas costumam responder, "isso nunca funcionaria na minha empresa".

Eu não acredito nisso. O que essas pessoas realmente estão dizendo é que não estão prontas ou dispostas a incorporar esses princípios em suas vidas. Você pode optar por experimentar o apoio de colegas, seja por meio de um Grupo Greenlight local, de uma equipe funcional com a qual você trabalha todos os dias ou de um grupo especial reunido para um grande projeto. Você pode começar com uma equipe nova ou antiga. Claro, os mais velhos têm preconceitos mais profundos para superar. Mas o que quero dizer é que o seu relacionamento daqui para frente é sempre uma escolha. Você pode até fazer isso — e, de fato, deveria fazê-lo — quando há um histórico de hostilidade entre os membros em potencial.

Bem, nem sempre tive tanta certeza de que as empresas poderiam construir equipes coesas e orientadas para serem linhas de vida. Mas vi como a pressão e o apoio dos pares tornaram minha própria equipe, e as inúmeras outras empresas que pesquisamos ou com as quais trabalhamos, mais bem-sucedidas — e alegres também. A Greenlight Research investigou todos os dados que conectam os relacionamentos de uma equipe ao seu desempenho e descobriu que os dados respaldavam estatisticamente nossa experiência.

Ainda assim, perguntei-me se tudo isso não pareceria bobagem para os operadores mais intransigentes — executivos orientados para resultados que eram incansáveis em seu esforço para atingir os números. Pessoas como Jamie Dimon, CEO do JPMorgan Chase, cujo foco nos resultados financeiros é lendário.

Tive a oportunidade de descobrir exatamente o que pessoas assim pensariam quando conheci Dimon em uma reunião da Harvard Business School da turma de 1982. A turma decidiu fazer algo especial, pois seus ex-alunos enfrentavam, falando conservadoramente, a meia-idade, a próxima jornada de suas vidas. Fui contratado para ajudá-los a considerar e projetar "seus próximos vinte e cinco anos". E durante boa parte do meu tempo no palco, eu deveria entrevistar um grupo de ex-alunos mais ilustres, incluindo Jamie Dimon. E, sim, fiquei intimidado — Sr. Relacionamento entrevista o Sr. Ponto Principal. Isso seria uma conversa ou um impasse?

Entrei no salão onde todos estavam reunidos para a sessão, e lá estava Jamie sentado com sua colega de classe e esposa, Judy. Eu tinha alguns minutos de sobra antes de subir ao palco, então decidi entrar e testar o que estava acontecendo. Depois de procurar as palavras certas, encontrei o *lead* certo — autenticidade.

"Jamie, tenho que admitir que fiquei um pouco desconfortável pensando se estaríamos de acordo hoje. Não que seja necessário, mas tornaria o meu dia muito mais agradável. Então aqui vai minha pergunta: até que ponto você acredita que o sucesso de sua equipe depende dos relacionamentos pessoais dentro dela? Você acredita que as relações de negócio são relações pessoais e que quanto mais fortes elas são, mais sucesso todos têm?"

Jamie fez uma pequena pausa (ele devia estar se perguntando o que eu estava fazendo). Mas ele foi totalmente afável e respondeu rapidamente: "Com certeza, tem que ser assim". Nem preciso dizer que depois disso tudo ficou suave e o dia foi um grande sucesso para todos.

Mais tarde, li na revista *Fortune* que as reuniões mensais do comitê operacional do JPMorgan Chase eram como "jantares de família italianos" — todos falam o que pensam! Jamie poderia dizer: "Quem teve essa ideia idiota?" e sua equipe gritava: "Essa ideia idiota foi sua, Jamie!" Bill Daley, chefe de responsabilidade corporativa e secretário do Departamento de Comércio no governo de Bill Clinton, disse que era diferente de tudo que ele tinha visto nos negócios ou no governo. "As pessoas estavam desafiando Jamie, debatendo com ele, dizendo que ele estava errado."

Incomum? Talvez. Bem-sucedido? Certamente. Basta ver quem ficou de pé após a crise bancária do final de 2008. Ter uma equipe coesa na qual reinavam a sinceridade e a comunicação robusta certamente ajudou o JPMorgan Chase a ganhar dinheiro. Pouco depois do colapso bancário, Jamie disse a outra audiência na Harvard Business School: "Estou chocado com o número de pessoas que estavam apenas olhando para o trem saindo dos trilhos e ainda preocupadas se tinham um plano estratégico para 2009. Nós cancelamos tudo isso. Cancelamos todas as viagens, todos os deslocamentos. Precisávamos ter um senso de urgência e muitas pessoas não tinham a capacidade de agir."

Relacionamentos de Linha de Vida dentro da Empresa: Pelo Que Você Está Trabalhando

Equipes de alto desempenho são um fator central para o sucesso dos resultados financeiros. Enquanto isso, pesquisas nos dizem que relacionamentos fortes impulsionam equipes de alto desempenho. Num estudo publicado em 2007 na *Harvard Business Review,* os investigadores avaliaram estatisticamente as características de 55 equipes globais em

15 empresas, descobrindo que as mais bem-sucedidas têm laços sociais fortes, iniciativas formais para fortalecer relacionamentos e líderes que constroem relacionamentos fortes com suas equipes. Considere também o efeito de relacionamentos fortes no envolvimento positivo dos funcionários. O estudo Gallup a que me referi anteriormente consistiu numa análise de dados recolhidos de mais de trinta empresas; agora inclui resultados de muitos outros como parte da iniciativa Q12 da Gallup. Nos resultados, a Gallup comparou as unidades de negócios com desempenho superior e inferior em cinco organizações comparáveis e descobriu o seguinte:[1]

- As unidades de negócios com alto envolvimento foram de 0,87% a 4% mais lucrativas do que as unidades com baixo envolvimento dos funcionários. Em mercados empresariais competitivos, um aumento de um único ponto percentual na rentabilidade é uma conquista extremamente substancial.
- Maior envolvimento dos funcionários impulsiona as vendas. As unidades de negócios que terminaram entre as 25% melhores em termos de engajamento dos funcionários tiveram, em média, vendas mensais maiores entre US$80 mil e US$393 mil.
- As unidades de negócio de elevado envolvimento registaram taxas de rotatividade entre 14% e 51% inferiores às dos seus pares do quartil mais baixo. A poupança de custos associada a este menor volume de negócios provavelmente traz benefícios *substanciais para estas unidades de negócio.*

Uma conclusão geral do estudo da Gallup é que os níveis de envolvimento dos funcionários têm uma relação significativa com a taxa geral de sucesso das unidades de negócios. Por exemplo, as unidades de negócios no percentil 99 têm uma taxa de sucesso interna de 73% e uma taxa de sucesso interempresarial de 78%. Compare isso com aquelas no 1º percentil, que têm uma taxa de sucesso de apenas 27% internamente e 22% externamente. Colaboradores engajados, principalmente no que diz respeito às suas relações interpessoais e oportunidades de trabalho,

---

1 [N. do A.] James K. Harter, Frank L. Schmidt e Corey L.M. Keyes, *"Well-Being in the Workplace and Its Relationship to Business Outcomes: A Review of the Gallup Studies"*, em Corey L.M. Keyes e Jonathan Haidt, eds., *Flourishing: The Positive Person and the Good Life*, American Psychological Association, novembro de 2002.

têm um impacto significativo no sucesso da equipe e, posteriormente, da organização para a qual trabalham.

O Método Greenlight

Na Ferrazzi Greenlight, criamos uma abordagem sistemática para construir equipes apoiadas por pares dentro das empresas. O processo é bastante semelhante à criação de Grupos Greenlight locais. Mas, ao contrário dos grupos locais, aqui um moderador treinado ou um líder excepcional é fundamental. Por quê? Os membros de uma equipe de negócios, normalmente, não aderem por vontade própria. E, muitas vezes, os integrantes chegam ao grupo com preconceitos ou vieses substanciais uns em relação aos outros, especialmente quando a equipe cruza departamentos.

Superar esse preconceito e criar uma base segura de intimidade e generosidade que facilite a sinceridade e a responsabilização requer atenção especial e exercícios iniciais. Eles ajudam as pessoas a superar agendas concorrentes e outras ideias preconcebidas e hábitos — bons e maus — que possam ter uns sobre os outros.

Quando se trata de analisar o apoio de pares dentro de uma empresa, a Thomson Reuters Markets é um exemplo. As barreiras ao apoio dos pares pareciam impossivelmente altas. Ali estava uma empresa composta por dois ex-concorrentes que agora estavam se fundindo em uma única corporação.

O CEO, Devin Wenig, tinha a intenção de alcançar o que considerava o Time dos Sonhos definitivo: um grupo que não deixaria um ao outro fracassar, em todos os aspectos de suas vidas profissionais. Um líder que acreditava que os negócios eram humanos encontrava-se agora cara a cara com alguns agentes cínicos que precisavam de provas de desempenho e resultados concretos antes de aderirem ao conceito de qualquer tipo de apoio mútuo.

Conheci Devin pela primeira vez em um escritório com vista para a Times Square. Não perdemos tempo falando sobre métricas de equipes de alto desempenho. Como alguém que vende em alguns dos ambientes de serviços financeiros mais difíceis, ele compreendeu as ligações entre os resultados finais suaves e duros. "O maior erro que se pode cometer numa fusão é precipitar-se na essência da tarefa — o planejamento da integração e a concretização das coisas — e não reconhecer a importância das questões das pessoas e da cultura", disse-me Devin. "Construir uma equipe coesa é minha prioridade número um e começa no topo, com meu próprio comitê executivo. Não vou aceitar um ambiente político."

Quanto mais conversávamos, mais percebia que Devin queria criar uma equipe semelhante à que tive na Deloitte anos atrás. "Eu realmente quero construir uma equipe onde as pessoas sintam que podem tirar o melhor proveito umas das outras", disse ele. "Quero que elas sejam íntimas uma da outra e saibam que todas as outras estão dando cobertura."

A fusão, finalizada em 2008, fazia muito sentido: a Reuters era uma empresa de serviços de informação com a maior parte dos seus negócios na Europa e na Ásia; a Thomson era uma editora eletrônica predominantemente norte-americana para empresas e profissionais. Os seus mercados eram altamente complementares e as suas receitas combinadas ultrapassariam os US$12 bilhões. "Do ponto de vista financeiro, era algo óbvio", diz David Turner, CFO da Thomson Reuters Markets. "Havia uma oportunidade extraordinária se conseguíssemos fazer dar certo."

Mas a fusão das duas empresas envolveu um "casamento" de 50 mil funcionários altamente qualificados em 93 países. "Esse foi um grande desafio", diz Turner. "Só porque você tem uma grande oportunidade não significa que não possa estragar tudo."

E tivemos que começar do topo. Os riscos eram altos para Devin. Fiquei entusiasmado com a oportunidade de fazer parte de seu esforço. Eu sabia que nosso modelo poderia ajudá-lo e que realmente víamos as coisas de uma mesma perspectiva.

Devin sabia que não podia se dar ao luxo de perder tempo. Os relacionamentos na equipe de liderança — em toda a organização recém-fundida, aliás — eram essenciais para os resultados. Então ele criou um mantra — "Uma empresa, um ano" — para o trabalho que ele e sua equipe se propuseram a fazer.

Nossa primeira reunião com a nova equipe de gerenciamento sênior ocorreu no Gramercy Park Hotel, em Nova York — um hotel moderno e retrô-chique com uma atmosfera de clube que parecia estar a milhões de quilômetros de distância dos escritórios da empresa no centro da cidade. Entrar naquela sala foi como entrar no primeiro dia de aula — radiante, sentindo-se um pouco inseguro, percebendo que estávamos prestes a embarcar em algo novo e importante.

"Todos estavam apreensivos", lembra Chris Ahearn, que dirige o negócio de mídia da divisão. "Era um grande grupo de pessoas, algumas da Reuters e outras da Thomson. Então, algumas delas se conheciam bem, outras nem um pouco. As pessoas estavam em funções muito novas e estariam em transição. Lembro-me de ter pensado: como serão os meus novos colegas? Quão abertos seremos uns com os outros? Aliás, como diabos vamos administrar esta empresa?

Aqui estão as etapas pelas quais conduzimos a empresa de forma a ajudá-la a formar a equipe que respondeu a essa pergunta. (São as mesmas etapas que você pode usar em sua empresa.)

Passo um: apresente o caso

Quer sua equipe seja recém-formada ou já trabalhe junta há anos, o primeiro passo é incutir uma convicção nas promessas potenciais de trabalho em equipe e apoio de pares. Com todos os dados apontando para os benefícios, isso não deve ser difícil de vender. Use os detalhes deste capítulo para apresentar o caso à sua própria equipe.

Na Thomson Reuters Markets, Devin teve a perspicácia de começar a ajudar a equipe a formar laços antes da aprovação da fusão. Na época, a equipe estava legalmente impedida de falar sobre a maioria dos aspectos do negócio. Mas eles conseguiram se conhecer como pessoas. O investimento inicial nos relacionamentos acabou rendendo grandes dividendos quando chegou a hora de tomar decisões difíceis após a aprovação da fusão.

Como fizemos isso? Pedimos aos membros da equipe que se lembrassem de um relacionamento profissional que tiveram e que foi fundamental para seu sucesso — talvez até com alguém naquela sala. O que tornou esse relacionamento tão forte? Que lições poderíamos tirar dele para estabelecer e construir outros semelhantes no futuro? Queria que eles "provassem" as possibilidades com base em suas próprias experiências.

Passo dois: aumente as apostas

Depois de abrir sua equipe para a ideia de apoio de pares, ajude-os a articular uma visão de sucesso. Isto pode ser feito num exercício facilitado pelo líder da equipe ou pelo moderador do grupo. Peça à equipe que olhe para o futuro daqui a doze meses — o que eles querem poder dizer sobre as pessoas naquela sala, sua equipe? Se for muito cedo para os membros perceberem o potencial de seu grupo, comece definindo a equipe ideal e quais seriam seus atributos comportamentais. Que resultados essa equipe alcançaria? Que comportamentos são necessários para que o time e os indivíduos dentro dele tenham sucesso?

Os resultados diferem de equipe para equipe, embora a maioria dos grupos deva querer ter um impacto duradouro na sua organização ou, mais amplamente, no mundo — um legado. Quanto aos comportamentos de que eles precisariam para ter sucesso, aqueles que a equipe de Devin criou se encaixam perfeitamente nos "baldes" dos Quatro Mindsets, como é frequentemente o caso:

> *Vulnerabilidade*: Amizade, vínculo social, vulnerabilidade, diversão
>
> *Sinceridade:* Transparência, autoconsciência, confiança
>
> *Responsabilização:* Honestidade, propensão para ação
>
> *Generosidade:* Apoio mútuo, trabalho em equipe, colaboração, alegria, liderança como serviço ao próximo, assumir as melhores intenções.

Essencialmente, o objetivo era criar uma versão específica para a empresa das Promessas e Princípios Orientadores que introduzimos como parte dos "votos" do Grupo Greenlight. Ao resumir os comportamentos que sua equipe identifica como necessários para o sucesso, garanto que você encontrará uma conexão com os Quatro Mindsets. Certifique-se de que o moderador distribua e guarde uma cópia das contribuições da equipe.

Como afirma Lee Ann Daly, CMO da Thomson Reuters Markets: "Essa visão é agora uma pedra de toque que usamos para nos trazer de volta à nossa identidade como equipe e nos lembrar com o que nos comprometemos". Você pode ou não precisar ler os "votos" do seu grupo ou empresa no início de cada reunião de equipe, mas escrevê-los e distribuí-los a todos na sala garante-lhes um lugar permanente na cultura da empresa. Postá-los pela sala de reuniões também é uma boa ideia. Por razões de sustentabilidade, você pode designar alguém para monitorá-los em cada reunião — assim como recomendamos ter um Yoda em seus Grupos Greenlight. (Na verdade, o capítulo Grupos Greenlight pode ser usado como um guia para reuniões semanais ou mensais de equipe — é uma ótima maneira de definir metas individuais e de grupo e de criar responsabilização em torno dos resultados do trabalho e da mudança comportamental.)

Passo três: una-se aos bárbaros no portão

Em ambientes de negócios altamente competitivos, é importante que o apoio baseado em pares alcance resultados rapidamente. Uma forma construtiva de fazer isso é apontar os "bárbaros nos portões". Aprendi isso não apenas com minha experiência pessoal inicial na Deloitte e na Starwood, mas também com meu amigo George Halvorson, CEO da Kaiser Permanente. Durante duas décadas, George estudou a questão do que une as pessoas e o que as separa. Ele visitou e estudou pessoalmente conflitos em dezenas de países. Por meio de sua pesquisa, identificou fatores que unem as pessoas tanto de maneiras boas quanto ruins. Um dos fatores mais importantes é ter um inimigo ou ameaça comum.

Pense em sua própria vida, nas vezes em que você se uniu a um novo grupo. Provavelmente, foi em uma situação desconhecida ou mesmo perigosa, em que você e as pessoas ao seu redor tiveram que enfrentar um novo desafio. Talvez tenha sido o primeiro dia em que você entrou em uma nova escola — lembra-se da rapidez com que você procurou um novo grupo de colegas para apoiá-lo? Os humanos, como a maioria dos mamíferos, agrupam-se quando sentem perigo.

Bem, não estou defendendo que você manipule sua equipe incutindo uma falsa ameaça. O que estou dizendo é que os negócios são difíceis e estamos constantemente lutando para alcançar o sucesso contra outras organizações e diante de mudanças radicais no setor. Todos já vimos nossos colegas direcionarem seu fogo competitivo para dentro, em direção aos colegas. Essa mesma energia precisa ser redirecionada para fora. Esclareça o desafio externo para o seu pessoal e você poderá reunir a equipe mais rapidamente, alterar suas atribuições ou reunir as tropas em torno de um novo líder.

Na Thomson Reuters Markets, a sensação de perigo era tão palpável quanto a enorme oportunidade. Antes da fusão, muitos membros da nova equipe executiva competiam pelos mesmos clientes e pelos mesmos empregos. Agora que a fusão estava legalmente concluída, eles precisavam parar repentinamente de se ver como inimigos e se concentrar na concorrência ao seu redor. Como Scott Bowen, o CFO cujo perfil traçamos anteriormente, me disse uma vez: "Quando os tempos ficarem difíceis do lado de dentro, diga a todos para irem para a janela e lembrarem que o inimigo está lá fora, não aqui!"

Passo quatro: aumente a intimidade

Unidos pela ameaça de um inimigo comum no exterior, era hora de o pessoal da Thomson Reuters "provar" o primeiro mindset, a vulnerabilidade, ali mesmo na sala. Fazer com que esses líderes empresariais obstinados se abrissem sobre suas vidas pessoais não aconteceria com uma varinha mágica. "A maioria de nós não chegou onde estamos demonstrando fraqueza", diz Chris.

A linguagem corporal era reveladora: todos estavam recostados em seus assentos, com os braços cruzados, mantendo distância, olhando uns aos outros com atenção. Precisávamos evoluir para as coisas difíceis, primeiro compartilhando paixões, objetivos e sonhos, depois passando para as trocas mais vulneráveis em torno de lutas passadas. Só mais tarde poderemos enfrentar as preocupações e os medos atuais. A pergunta principal que fizemos — e que você pode fazer para sua própria equipe — foi esta: *qual dificuldade do seu passado mais influenciou quem você é hoje*?

"Senti que o tom precisava ser definido por mim", diz Devin, mostrando a generosidade que torna a vulnerabilidade possível. Ele começou com uma história. Quando ele tinha 23 anos, recém-saído da faculdade de direito e estudando para a passar no exame da Ordem, seu pai morreu repentinamente. Seu pai era CEO de uma empresa incipiente de biotecnologia. Vendo o trabalho inacabado de seu pai, Devin assumiu o controle da empresa, levantou novos investimentos e rapidamente colocou a empresa em terreno sólido. Enquanto cuidava da empresa de seu pai, Devin também foi aprovado na Ordem e, por fim, mudou-se para um importante escritório de advocacia da cidade de Nova York e, mais tarde, para a Reuters.

Compartilhar essa história deu o tom para uma troca poderosa e deu à equipe uma visão sobre seu novo líder. Ser colocado em uma posição desafiadora desde cedo é um dos motivos pelos quais Devin é tão motivado e voltado para resultados.

Percebi que a linguagem corporal na sala estava mudando. As pessoas começaram a avançar e a se inclinar em direção à conversa. Em pouco tempo, outros membros da equipe estavam compartilhando suas experiências profundamente pessoais e transformadoras. "Contei a história de meus pais se divorciando duas vezes e de eu ser a pessoa que reconstruiu tudo, e como isso foi doloroso", lembra Chris.

Outra integrante falou sobre a morte abrupta de seu primeiro marido. Outro ainda mencionou ter resgatado sua família quando era adolescente, depois que suas economias foram perdidas pelo pai problemático.

"Eu cuido das pessoas", ele disse calmamente. "Isto é o que eu faço."

Passo cinco: cavar mais fundo no agora

Tínhamos aquecido a sala com sucesso. A equipe estava se abrindo. Eles estavam prontos para ir mais fundo e falar sobre as suas vulnerabilidades atuais e, em particular, sobre as suas preocupações em relação à liderança. Você pode fazer isso em sua própria equipe, ajudando os membros a identificar e compartilhar um comportamento que impede cada um deles de ser um colega melhor e um líder mais forte.

Este exercício cria uma intimidade ainda maior. Mas também traz benefícios práticos imediatos, à medida que os comportamentos e os resultados são examinados à brilhante luz dos Quatro Mindsets. Para uma equipe de liderança como aquela com a qual trabalhamos na Thomson Reuters Markets, esse exercício cumpriu outra função extremamente importante: garantiu que a transparência e a humildade totais começassem no topo. As empresas cujos líderes pensam que a transparência e o crescimento são para todos, menos para eles próprios, nunca serão capazes de criar uma força de trabalho que abrace o crescimento pessoal e profissional contínuo.

Quando a Thomson Reuters Markets realizou este exercício na nossa primeira reunião, mais uma vez Devin assumiu a liderança. Ele falou sobre uma fonte tanto de sua força quanto de sua fraqueza: uma mentalidade de "cavalo de corrida" que o leva a buscar resultados com total convicção e força, mas que às vezes o cega em relação ao impacto emocional em sua equipe. Logo outros membros do grupo estavam compartilhando comportamentos que os restringiam e se comprometendo a melhorar.

A equipe havia começado o dia sentindo-se como peças de um jogo de tabuleiro: *você é o chefe de marketing, ele é o CFO, ali está o cara das vendas globais — de quem é a vez*? No final daquela primeira sessão, sem que se pronunciasse uma palavra sobre "negócios" (mais tarde este sistema passa a integrar a agenda empresarial), o jogo tinha mudado completamente. Os títulos eram menos importantes e as pessoas começaram a aparecer em volta da mesa — pessoas que você podia entender, ter empatia e gostar — à medida que os preconceitos começaram a se dissipar e os relacionamentos começaram a se formar.

"Quando há uma narrativa pessoal, as pessoas podem dissociar a pessoa das ações", diz Chris. "Os líderes empresariais muitas vezes precisam tomar medidas disruptivas. Começamos a ver como a intimidade ajuda a quebrar a política que cerca essas decisões e também permite que você chame a atenção das pessoas por comportamento político ou arrogância. Chamar a atenção das pessoas é realmente desconfortável no início, mas é o que faz a diferença em uma equipe eficaz."

Nas fases iniciais da sinceridade, o facilitador poderá ter de agir como o Yoda, manifestando-se quando as pessoas agem fora das promessas e princípios do grupo. Eventualmente, atribuir essa tarefa a diferentes membros da equipe é uma ótima maneira de fazer com que as pessoas adquiram o hábito de chamar a atenção delas de maneira respeitosa, mas honesta.

Passo seis: sendo sincero

Ficar confortável em chamar a atenção das pessoas (usando a sinceridade) foi o tema do nosso segundo encontro na Thomson Reuters Markets. A sinceridade pode ser ainda mais desafiadora do que a intimidade no ambiente corporativo, em que a presença de uma hierarquia corporativa pode diminuir a confiança das pessoas em termos de falar livremente.

Algumas organizações adotam a sinceridade de maneira muito fácil. Tomemos como exemplo a ZelnickMedia, a empresa de *private equity* dirigida por Strauss Zelnick. Na organização de Zelnick, que inclui milhares de funcionários nas empresas do seu portfólio, há muito pouca hierarquia e nenhuma remuneração discricionária; salários e bônus são estritamente definidos por uma fórmula da empresa. Strauss até criou um sistema de contratação que favorece pessoas altamente sinceras. "Dessa forma, todo mundo fica livre de puxar o saco", diz. "Você não ganha mais por sorrir para mim e nunca será demitido por dizer a verdade. Nosso ingrediente secreto é nossa equipe e nossa cultura de sinceridade."

É claro que poucos de nós trabalhamos em uma organização como essa, e a maioria — inclusive eu — não está naturalmente inclinada a esse nível de sinceridade. Mas isso não significa que não possamos tentar incutir sinceridade onde trabalhamos hoje.

O que é necessário é uma rede de segurança — a segurança emocional de saber que falar o que pensamos não romperá ou destruirá um relacionamento, o conhecimento de que uma conversa franca não prejudicará nossa carreira. Tal como em qualquer Grupo Greenlight, incutir a sinceridade na cultura e treinar todos para a transmitirem a partir de um local solidário é a chave para o sucesso.

Quando conheci Strauss Zelnick, fiquei impressionado com o fato de ele parecer tão profundamente seguro — e expressar abertamente seus medos e suas dúvidas. Ele está disposto a deixar sua voz interior sair, permitindo que os outros saibam o que ele realmente está pensando.

Depois de estabelecer um sentido de intimidade e apoio mútuo na nossa primeira reunião com a equipe de liderança da Thomson Reuters Markets, estávamos prontos para aumentar o nível de sinceridade expresso no grupo. Começamos com um exercício em que os membros da equipe compartilhavam o que admiravam uns nos outros e o que cada colega precisava ouvir para ter mais sucesso. A intenção era dar à equipe um gostinho de sinceridade — um grande problema — ali mesmo, na sala. As regras previam que o destinatário do feedback pudesse dizer apenas "Obrigado" ou "Conte-me mais" — e o fornecedor tinha que falar a partir um lugar solidário. O restante da equipe estava livre para questionar qualquer um dos lados se achasse que alguém estava violando o processo.

Era hora de alguém que não fosse Devin assumir a liderança, já que não seria um grande risco para o chefe ser sincero. Na verdade, o que realmente precisávamos era de alguém que chamasse a atenção do próprio Devin. Felizmente, tivemos um soldado corajoso: John Reid-Dodick, peça-chave na transformação da nova equipe. Reid-Dodick relatou seus sentimentos quando entrava no escritório de Devin em busca de ajuda: "Quando você se levanta de sua mesa para falar comigo, sinto que tenho sua atenção. Mas outras vezes, quando você fica em sua mesa e olha para o computador e para a TV, sinto que estou incomodando, e isso é uma merda. Devin, não venho até você com coisas pequenas que não precisam de sua atenção. Quando você me ignora nessas horas, eu levo isso para o lado pessoal."

"Obrigado", disse Devin, respondendo conforme havíamos instruído. "Eu realmente aprecio ouvir isso."

Demorou alguns segundos para John voltar a respirar normalmente. Aliás, ele lembra: "Durante dois dias depois disso, acordei às cinco da manhã pensando: nossa, será que ultrapassei os limites? Foi estranho. Mas duas coisas aconteceram como resultado. A primeira é que as pessoas vieram até mim e disseram: 'Não posso acreditar que você disse isso, mas estou muito feliz, porque essa também tem sido a minha experiência.' E a segunda é que, desde então, Devin nunca ficou atrás de sua mesa quando eu cheguei. Ele apenas mudou sua maneira de lidar com isso."

Aqui estava uma verdadeira mudança de comportamento, estimulada por uma sinceridade construtiva que não teria sido possível — jamais — sem aquele lugar seguro. E todos ganham: John se sente muito mais envolvido nas reuniões com Devin, e Devin ganhou ainda mais respeito de seus colegas. "Quando você sabe que as pessoas que lhe dão feedback têm um interesse real nisso — os interesses delas são os seus —, isso faz uma grande diferença", diz Devin. "Ninguém muda da noite para o dia; é um processo. Mas o feedback me ajudou a melhorar e tem sido inestimável."

É verdade que ninguém muda da noite para o dia, mas a mudança pode acontecer assim quando o feedback é bem-feito. Observe que John foi sábio ao formular seu feedback em termos de um comportamento específico que Devin poderia mudar — ou seja, sentar-se atrás de sua mesa e realizar tarefas diferentes durante uma reunião — para se tornar um líder melhor. Se John tivesse dito simplesmente: "Devin, às vezes sinto que você está me ignorando", Devin poderia facilmente ter ignorado o comentário. Ao ser específico e formular seu comentário a serviço de ajudar Devin a se tornar um líder melhor — como sugeri no capítulo anterior sobre sinceridade —, John deu a Devin uma maneira fácil de reconhecer e mudar seu comportamento.

AVALIAÇÃO 360 TURBINADA DA FG

Como escrevi anteriormente, muitas organizações fazem avaliações 360 graus, nas quais colegas de trabalho dão feedback anônimo sobre a pessoa que está sendo criticada. Posso entender por que eles são tão populares, mas seus resultados me decepcionam porque normalmente permitem que as pessoas que dão feedback se escondam nas sombras. Às vezes, as pessoas usam o anonimato para se vingar de alguém de quem não gostam. Mas isso não é o pior. O verdadeiro dano é que as avaliações de 360 graus deixam as organizações fora de perigo, reforçando a ideia de que a verdade é demasiado dolorosa para as pessoas ouvirem abertamente. É como se transmitir as más notícias em um ambiente de equipe fosse muito perigoso ou humilhante.

Muitas vezes, me perguntam como as pessoas devem lidar com as avaliações de desempenho. Afinal, você pode não ter escolha em conduzi-las ou participar delas, não importa quão diligentemente você pratique o apoio mútuo por conta própria. Meu conselho é que, quando você estiver sendo avaliado, inverta a reunião. Deixe claro que você sabe que tem espaço para melhorias e que pretende "possuir" — ser o chefe do seu comportamento. Um escritor chamado Al Mignone escreveu em meu blog que, quando está em uma avaliação de desempenho, ele faz duas perguntas — *O que estou fazendo e você gostaria que eu parasse de fazer? E o que não estou fazendo que você gostaria que eu começasse a fazer*? Al descobre que, quando faz as perguntas, ele efetivamente assume o controle da reunião — e de seu próprio futuro.

Na versão turbo da Ferrazzi Greenlight, a 360 é realizada em etapas, ao longo do tempo e a céu aberto. Sim, todos juntos, numa sala grande. É claro que isso só funciona no ambiente seguro que conseguimos cultivar em nossa própria empresa. Com novos grupos que ainda estão no caminho de adotar a sinceridade, sugiro que você comece aos poucos, com etapas incrementais — colete comentários de terceiros e, em seguida, introduza gradualmente a transparência à medida que os funcionários começarem a se sentir mais confortáveis em dar e receber críticas abertas e construtivas. Eventualmente, o objetivo do grupo é trabalhar para obter feedback total em tempo real, 24 horas por dia, 7 dias por semana, com o melhor interesse do receptor conduzindo a conversa em todos os momentos.

Esta versão da avaliação 360 elimina desde o início quaisquer aborrecimentos ou más intenções: diga-me o que você pensa de mim para que eu possa ser o melhor que posso. O que posso aumentar e diminuir em meus comportamentos? É um grande presente para outros darem e também receberem.

Certa vez, fiz uma avaliação 360 turbinada com um cliente que chamarei de Alan, um CEO que era extremamente intimidador para seus executivos. Quando sua equipe lhe contou sobre isso, ele ficou surpreso. "Eu não tinha ideia", disse ele. "Sempre me considerei bastante tímido."

A 360 turbinada é, na verdade, uma versão de *sparring* (e é importante primeiro estabelecer um local seguro com as regras básicas que estabelecemos na Seção Dois).

Nos *sparrings* relacionados a comportamentos, é mais importante do que nunca que o alvo dessa crítica esteja no comando. Você é o chefe de qualquer conselho que lhe seja dado! Como escrevi anteriormente, cabe a você aceitá-lo ou rejeitá-lo. No entanto, para manter esse lugar seguro para o seu parceiro, é importante que você respeite a opinião dele. Não é correto considerar seus comentários desinformados ou errôneos. Fazer isso destruirá seu vínculo de confiança e sinceridade e garantirá que você nunca mais irá receber esse tipo de feedback valioso.

Você pode, no entanto, investigar mais profundamente, com perguntas como "O que você me viu fazer que o levou a dizer isso?" ou "Você pode explicar isso com mais detalhes?" Ajude-os a articular seu argumento. Em seguida, expresse sua gratidão pelo feedback sincero: "Obrigado por me dizer isso; vou levar a sério e pensar em algo para trabalhar em mim." Se o comentário vier de um de seus conselheiros de confiança, prometa fazer um acompanhamento com ele — e, então, faça-o. Se você realmente achou o feedback da pessoa útil, pergunte se pode voltar a procurá-la em alguns meses. Você fará com que a outra pessoa sinta que seu tempo foi bem gasto. E quem sabe? Ele ou ela pode muito bem se tornar o próximo membro do seu círculo íntimo.

Faça Com Que Seja da Sua Conta

É importante evitar transformar o trabalho de coesão da equipe em reuniões isoladas de "coisas pessoais". Uma forma de a liderança da Thomson Reuters Markets manter vivos os seus laços sociais é por meio de um check-in pessoal-profissional no início das reuniões. Leva apenas alguns minutos por pessoa depois que o processo for estabelecido. Depois que a fusão da empresa foi concluída, também tornamos o apoio entre pares uma parte ativa da agenda de negócios pelo que chamamos de "solução colaborativa de problemas". Escolhemos questões empresariais com forte potencial para colaboração em grupo, que depois abordamos.

Por exemplo, uma das áreas de preocupação imediata de Devin era otimizar a posição da Reuters Editorial, a maior agência internacional de notícias multimídia do mundo, com uma equipe de 2.400 jornalistas, fotógrafos e operadores de câmara em 196 escritórios. O editor-chefe David Schlesinger compete não apenas com outras organizações de notícias sérias, mas com todo o mundo da web, até mesmo com o blogueiro do bairro. "Temos uma miríade de concorrentes que vendem fatos, revelam fatos ou fazem boatos passarem por fatos", diz David, "e todos eles estão tentando tornar a Reuters Editorial redundante."

Para complicar as coisas, havia a posição incomum do departamento dentro da empresa. Embora a agência de notícias seja altamente conceituada e sempre tenha sido a face pública mais conhecida da Reuters, representa apenas uma pequena parte do negócio global — e ainda menor desde a fusão com a Thomson. Qual seria o seu papel no negócio combinado?

Moldamos esta discussão como um Grupo Greenlight, tendo David como destaque. Ele veio ao grupo com um conjunto específico de perguntas sobre as quais precisava de insights do grupo.

As discussões mais importantes tiveram a ver com potenciais aquisições e parcerias, como aproveitar os serviços profissionais da marca para ajudar a distinguir o conteúdo de notícias e maneiras de incorporar conteúdo gerado pelo usuário de seus muitos outros negócios. "O perigo para uma equipe de gestão é que você administre setores verticais separados", diz David — em outras palavras, cada um em seu próprio silo. "Este exercício criou um sentimento de propriedade partilhada, quase como um gabinete. Houve muita boa vontade e um sentimento de querer ser construtivo."

As melhores equipes controlam seu desempenho e examinam tanto os sucessos quanto os fracassos para ver o que deu certo e o que deu errado. Estamos vivendo de acordo com nossos comportamentos acordados para ter sucesso? Por que não? O que precisa mudar? Esses são os tipos de perguntas que você deve fazer à sua equipe ao longo do caminho.

"Não deixar os outros fracassarem" — uma premissa central dos nossos Grupos Greenlight — é como John Reid-Dodick resumiu a atitude generosa de uma grande equipe de negócios. Posteriormente, ouvi algo semelhante de um sábio amigo do setor de serviços financeiros,

Rajeev Peshawaria, que é Diretor de Aprendizagem da Morgan Stanley: "Trabalho em equipe é não permitir que outros fracassem".

"Ninguém fracassa" resume as características combinadas de generosidade e responsabilização que uma equipe de alto desempenho exige — a responsabilização que surge não porque alguém fica perguntando: "Você já fez isso?", mas porque existem laços sociais profundos, apoio mútuo e uma sinceridade generalizada do tipo "diga como é". Numa equipe real, as pessoas fazem o que dizem que vão fazer porque não querem deixar os outros fracassarem. Elas sentem que estão juntas nisso e têm uma peça essencial para contribuir para o sucesso compartilhado de todos.

O resultado da responsabilização não é apenas um melhor desempenho, mas também satisfação no trabalho. Num estudo realizado pela University of Central Florida, os investigadores analisaram centenas de equipes — metade constituída por relações de baixa responsabilização e a outra metade constituída por relações de elevada responsabilização. O que descobriram é que as equipes de alta responsabilização tinham quase o dobro do índice de satisfação das outras equipes. As equipes de alta responsabilização também apresentaram taxas significativamente mais altas de sucesso, coesão e comportamento interdependente entre os membros do grupo.

Desde o início, na Thomson Reuters Markets, começamos a incutir responsabilização, encerrando cada sessão com comprometimentos específicos para que a equipe executiva vivenciasse os exercícios que fazíamos "na sala", fora de seu ambiente de trabalho diário — muitas vezes com seus subordinados diretos ou parceiros de negócios.

Uma equipe precisa levar a sério os comprometimentos de seus membros. Eles são uma promessa para a equipe. Quando nos reunimos para uma sessão, passamos algum tempo discutindo o impacto do comprometimento da sessão anterior, fazendo perguntas como: "Qual foi o impacto quando você se abriu para o feedback sincero de um parceiro ou subordinado direto?" Pedimos às pessoas para avaliar o seu sucesso na mudança de comportamento pessoal numa escala de 0 a 5, de forma a criar métricas sólidas em torno do progresso. Por fim, dividimos a equipe de liderança em "grupos de responsabilização" menores, de três a quatro pessoas, que deveriam verificar uns com os outros seus comprometimentos entre as sessões. Você pode usar esses grupos menores em seu próprio local de trabalho para criar relacionamentos mais próximos, como aqueles entre mentores e pupilos, ou entre chefes funcionais que precisam colaborar.

Faça o Bem e Siga Adiante

No meio da integração mais complexa que seu setor já havia visto, a equipe de liderança da Thomson Reuters Markets concordou em continuar seu trabalho de apoio dos pares, dedicando ao tema uma parte formal de três horas de sua reunião sênior mensal e fazendo acompanhamento entre as sessões, via teleconferência, dentro de seus grupos menores.

Ao longo de muitas reuniões em Nova York e Londres, com Devin liderando, os líderes começaram a se abrir e a apoiar uns aos outros. Eles se manifestavam quando alguém parecia dominar uma conversa ou intimidar outra pessoa. O que começou como a defesa de um indivíduo evoluiu para a defesa da integridade do próprio grupo. A equipe estava amadurecendo aos trancos e barrancos. "A rejeição equivale a mil pequenas mortes", diz Chris, "mas ficou muito claro que, embora pudéssemos discutir na sala, estávamos sempre considerando as boas intenções da outra pessoa".

Garantimos que o trabalho dessas reuniões se espalhasse por toda a empresa, fazendo com que todos se comprometessem a levar o trabalho para suas próprias equipes e, em seguida, dar a essas equipes a missão de fazer o mesmo. Dessa forma, o trabalho central transformaria toda a empresa, desde a gestão ao marketing e às vendas globais — e, em última análise, aos clientes.

O apoio dos pares consolidou-se na Thomson Reuters Markets. Os membros da equipe de liderança traduziram a abordagem para seus próprios departamentos. A visão de Devin Wenig de "one company, one year" foi concretizada. A maior satisfação para Devin tem sido a recompensa pelo seu investimento no apoio dos pares, especialmente durante a crise financeira de 2008. "O maior avanço que tivemos foi elaborar um novo orçamento e um novo plano de negócios", disse ele no final de 2008. "Foi desafiador. Exigia interromper os projetos das pessoas e fazer duras concessões. Nunca vi a equipe funcionar melhor do que naquela época. Mostramos nosso melhor trabalho à medida que o mercado ficou mais difícil. Nosso sucesso dependeu totalmente da proximidade em que investimos desde o início."

Chris Ahearn acrescenta: "Vocês não podem confiar uns nos outros se não se conhecem e todos na equipe são totalmente honestos. Estamos nisso juntos e, à medida que passamos esse ano e os membros da equipe ocasionalmente trouxeram más notícias, a resposta sempre foi: 'O que podemos fazer para ajudar?'"

Em outras palavras, hoje o pessoal da Thomson Reuters sabe exatamente quem lhes dá cobertura. E isso fez toda a diferença no mundo.

Nunca venda sozinho (apenas para vendedores)

Quando eu era CEO de uma *startup* na internet, eu estava viajando, vendendo incessantemente para grandes departamentos de marketing. Eu realmente senti o peso do sucesso da empresa, até mesmo de sua sobrevivência, sobre meus ombros. Porque, se há uma coisa de que uma empresa *startup* não pode prescindir, são as vendas. Claro, um produto de qualidade é fundamental, mas as falhas podem ser resolvidas com o tempo. Enquanto isso, não importa o que aconteça, você precisa de dinheiro para manter as luzes acesas.

Lembro-me de noites em que chegava a Detroit, alugava um carro, ia até a sede da Chrysler e me hospedava em um hotel do outro lado da rua. Numa noite gelada e com neve, o hotel estava em silêncio absoluto. O serviço de quarto tinha encerrado, assim como o bar. Eu estava cansado e não conseguia parar de pensar em tudo o que dependia das ligações de vendas que havia agendado para a manhã seguinte. Minha capacidade de vender sob pressão estava prestes a determinar o número de pessoas que a empresa teria de contratar ou demitir.

Eu me senti muito, muito sozinho.

Então, acredite em mim quando digo que sei como as vendas podem ser solitárias. E é exatamente por isso que acredito que o modelo tradicional de vendas — um cara solitário, com a sacola na mão, caminhando pelas ruas ou discando para obter dólares — é radicalmente insuficiente para o mercado global competitivo e comoditizado de hoje; aliás, nunca funcionou de verdade.

Veja, vender não é difícil apenas porque pode ser solitário. Na minha época na Deloitte, liderei um projeto de reengenharia do processo de vendas de um grande prestador de serviços de saúde. Como parte do trabalho, acompanhei vários vendedores em suas regiões. Eles viviam em seus carros e dormiam em hotéis ainda mais maltrapilhos do que aquele em que fiquei em frente à Chrysler. Lembro-me de uma vez que andava com um vendedor chamado George em seu Chrysler LeBaron. Esse cara era um guerreiro total da estrada. Ele tinha um refrigerador na parte de trás com água e refrigerantes e um saco de lenços umedecidos para poder almoçar enquanto dirigia e ficar arrumado entre as visitas de vendas. Ele estava muito contente por ter a companhia de outra pessoa durante o dia. Entre as conversas, ele me fez ouvir as fitas de Tony Robbins (esta foi a primeira vez que ouvi o trabalho de Tony) e, no final do dia, ganhei muito respeito por George. Claro, ele não era o melhor vendedor, mas eu respeitava sua capacidade de estar lá, dia após dia, sozinho.

Mais tarde naquela semana, depois de viajar com quatro Georges diferentes, percebi que cada um deles tinha habilidades de vendas únicas. George do Relacionamento era uma daquelas pessoas de quem você não conseguia deixar de gostar; ele sabia como transformar rapidamente clientes em amigos e abrir portas. Ele era magistral no cuidado com os filhos do cliente, chegando até a oferecer estágios. Depois houve George das Soluções, um verdadeiro especialista em pitch estratégico. Ele fechou os maiores negócios agregando valor em uma solução mais robusta que pode até ir além da oferta de sua própria empresa. George do Produto construiu toda a sua carreira vendendo basicamente uma linha de produtos, mas conhecia essa linha melhor do que qualquer outra pessoa na empresa, por dentro e por fora. E George Finalizador foi brilhante em todas as táticas de vendas sobre as quais você já leu. Ele poderia ter escrito um manual do instrutor. Ele tinha um sexto sentido para entender quando solicitar o *trial close*[2], quando falar sobre preço e quando ficar em silêncio.

---

2 [N. do T.] Técnica usada em vendas para avaliar a prontidão do comprador para tomar uma decisão de compra. Um *trial close* geralmente assume a forma de perguntas que solicitam decisões sobre argumentos de venda menores; se o vendedor obtiver respostas favoráveis a essas perguntas, ele poderá tentar fechar a venda com mais confiança

Ficou claro para mim que, se os quatro Georges se reunissem para se preparar para qualquer cliente, eles poderiam realmente ajudar uns aos outros a fazer negócios maiores, e muito mais rapidamente também.

A partir dos Georges e de minha própria experiência pessoal em vendas, comecei a ver as duas deficiências de trabalhar como um vendedor solitário — uma delas sendo os limites de habilidades e largura de banda; a outra, um obstáculo emocional. É claro que sempre tivemos pessoal administrativo que nos deu suporte – os especialistas técnicos, por exemplo. Mas éramos basicamente cowboys da fronteira e gostávamos disso. Também poderíamos conseguir isso com bastante sucesso — os produtos e soluções que vendíamos eram bastante simples e, mesmo quando estávamos sozinhos, sempre nos reuníamos em nossos escritórios regionais ou no proverbial salão (bem, às vezes não tão proverbial) para compartilhar nossas histórias e implicar com os outros. O bebedouro era um local para treinamento informal de vendas, em que fazíamos coach uns aos outros, trocávamos conselhos e nos sentíamos bem com isso.

Tudo isso mudou agora. Forças de trabalho móveis, home office, Con-Calls, correios de voz, e-mails e mensagens de texto substituíram o escritório regional. Os poços de água estão secos, os *saloons* estão fechados e ainda não encontramos nada que os substitua. Enquanto falamos sobre os encontros perdidos e a comunidade dos escritórios regionais extintos, nem sequer tenho a certeza de que tenhamos reconhecido conscientemente as implicações do novo mundo. Mas ele com certeza parece diferente.

Ao mesmo tempo, cada vez mais produtos tornaram-se mercadorias hoje em dia; apesar do que todos dizem, há muito pouca diferenciação no mercado. E, quando você tenta vender o diferencial que tem, os olhos da cliente ficam vidrados como se ela estivesse ouvindo a voz da professora nos antigos desenhos animados do Charlie Brown. Em essência, hoje em dia, pede-se ao vendedor que seja um estrategista de alto nível, capaz de falar de cima a baixo na cadeia alimentar com total autoconfiança. Para alguns, significa tornar-se um animal inteiramente novo. (Eu sei disso porque a FG é constantemente solicitada a fornecer treinamento para ajudar as forças de vendas a reinventar seu próprio DNA para este novo mundo exigente.)

O que tudo isto significa é que estamos entrando numa nova era com novas regras, na qual o roteiro para o sucesso de vendas mudou — uma era em que a venda em equipe não é apenas uma boa ideia, está se tornando um caminho para a sobrevivência.

Um Roteiro para Obter mais "Equipe" nas Vendas em Equipe

Saímos em busca de exemplos de vendas em equipe e encontramos centenas de vendedores silenciosamente trabalhando juntos exatamente dessa maneira. Eram pessoas que se uniram para criar algo maior do que qualquer uma delas poderia fazer sozinha — quer os outros membros das suas organizações seguissem o exemplo ou não. Mesmo assim, eu estava coçando a cabeça e me perguntando por que, dados os excelentes resultados que observávamos, não ouvíamos mais sobre vendas em equipe no nível institucional.

E então, um dia, na Flórida, conheci as equipes da Thrivent Financial.

A Thrivent Financial for Lutherans oferece planejamento financeiro abrangente para pessoas físicas. Mas, como afirma um de seus consultores e evangelistas de vendas, Jason Owens: "Idealmente, nosso produto é paz de espírito". Eles proporcionam tranquilidade por meio de consultoria de investimento, planos baseados em taxas, planejamento patrimonial, fundos mútuos, anuidades e várias formas de seguro de vida.

Meu relacionamento com a Thrivent começou quando conheci Nikki Sorum, uma de suas vice-presidentes sênior. Alguns meses depois, Nikki me convidou para falar em uma reunião de vendas da Thrivent Financial na Flórida. Sentei-me no fundo da sala, ouvindo atentamente para entender melhor do que se tratava a empresa. Eu adorei o que estava escutando. Em primeiro lugar, como uma organização religiosa, a Thrivent abraçou a generosidade e a vulnerabilidade. Na verdade, a sua missão — melhorar a qualidade de vida dos seus membros, das suas famílias e das suas comunidades, fornecendo soluções que se centram na segurança financeira, no bem-estar e no cuidado dos outros — era orientada por valores na sua essência.

Mas, além disso, ouvi algo naquele dia na Thrivent que me deixou particularmente entusiasmado: eles estavam conversando sobre vendas em equipe. Quando compartilhei meu entusiasmo com Nikki, ela imediatamente me colocou em contato com Mark Dean, diretor de estratégias práticas e desenvolvimento da Thrivent, o homem que fez campanha incansavelmente pelo poder das práticas em equipe dentro da Thrivent e agora está liderando o ataque junto com Roger Arnold, um vice-presidente, e outros, para reestruturar o DNA da empresa em favor das equipes.

O trabalho de Mark era uma missão para ele — uma visão de vendas em equipe que concentrava todos os recursos da organização na criação de maior valor para o cliente e maior satisfação e sucesso pessoal para seus colegas de trabalho. Por meio de seus esforços, a Thrivent criou uma estrutura de suporte de vendas de três níveis que permite que vendedores individuais (ou *associados financeiros*, como a empresa os chama) continuem trabalhando dessa forma se desejarem, permite que outros se tornem parte de uma *associação* (grupos de vendedores que trabalham em conjunto para fornecer suporte funcional e, idealmente, emocional) ou deu-lhes a oportunidade de participar de equipes de vendas totalmente integradas que a empresa chama de *conjuntos* (que foram projetadas para aproveitar a energia e o comprometimento de toda a prática). Num conjunto, o sucesso de uma pessoa é o sucesso da equipe; o fracasso de uma pessoa é o fracasso da equipe. Os conjuntos compartilham tudo — inclusive os lucros!

Apenas dezoito meses após o início do novo programa, a Thrivent tinha cerca de quatrocentos escritórios participantes, setenta e cinco dos quais operam como conjuntos. Aqui estão alguns de seus resultados iniciais:

- Novos vendedores que trabalham em equipe são 20% mais produtivos do que aqueles que vendem sozinhos.
- As taxas de retenção entre os membros das equipes de vendas foram 23% maiores do que entre os vendedores individuais.
- Os novos negócios líquidos para equipes de vendas foram 37% maiores do que para equipes de vendas tradicionais e práticas individuais.

Os benefícios para a empresa parecem óbvios, mas os benefícios dos conjuntos para os clientes da Thrivent são ainda mais pronunciados. Os clientes atendidos por equipes apresentam níveis de satisfação 53% maiores do que os atendidos por vendedores individuais. "Os clientes querem alguém que conheça cada aspecto do que fazemos para fornecer o nível adequado de aconselhamento, seja seguro de vida, seguro de cuidados de longo prazo ou investimentos", diz Mark. "Eles também querem alguém que entenda sua situação e corresponda ao seu estilo pessoal. Nosso mundo está se tornando tão complexo que todas essas necessidades não podem mais ser resolvidas por apenas uma pessoa — e talvez nunca pudessem ter sido."

Os clientes relatam que preferem o modelo de equipe: "Fiquei muito preocupado com minha aposentadoria. Sei que não poderia confiar que apenas uma pessoa saberia tudo o que precisava saber para me dar bons conselhos. Em vez disso, estávamos lidando com mais de uma pessoa e podíamos realmente entender o que elas estavam dizendo", disse-nos Dianne, uma cliente da Thrivent.

"Na verdade, foram as pessoas da área, a equipe de vendas, que lideraram a mudança", diz Mark. "Foram eles que vieram até nós com as ideias. Nós apenas seguimos o exemplo deles e começamos a formalizar as coisas para atender às necessidades de melhoria de nossos associados financeiros."

Como Posso Começar?

Para vendedores interessados em explorar mais profundamente as vendas em equipe, colocamos uma versão expandida deste capítulo online. Visite KeithFerrazzi.com [conteúdo em inglês] para conferir. Aqui incluímos apenas o básico para você começar.

Nível 1: Se você é um vendedor solitário que gostaria de começar a trabalhar com outros colegas de vendas ou um gerente que está considerando mudar para vendas em equipe, uma estratégia para começar é formar um Grupo Greenlight, conforme discutido anteriormente. O quão formal você deseja que o grupo seja depende de você. O importante é basear os relacionamentos do grupo nos Quatro Mindsets. Crie uma meta de grupo específica — digamos, aumento de vendas (você continuará a se concentrar em seu desenvolvimento pessoal e profissional, é claro). À medida que o grupo amadurece, você pode começar a explorar metas compartilhadas adicionais, incluindo colaboração em ligações de vendas reais, planejamento de contas e assim por diante.

Escolha outras pessoas para o seu grupo cujos pontos fortes e fracos complementem os seus. Para ajudar a descobrir quais são seus pontos fortes e fracos, faça um inventário pessoal — você precisará de um para ajudá-lo a descobrir quem procurar como companheiros de equipe.

Pegue um pedaço de papel e forme duas colunas. No lado esquerdo do papel, anote todos os aspectos do seu trabalho — fazer ligações, marcar reuniões, redigir propostas, fechar negócios, manter contato, conhecimento do produto e todo o resto. (Apenas criar a lista é um ótimo exercício para fazer com seus colegas representantes de vendas e pode fornecer muitos insights.) No lado direito, indique seu nível de experiência, competência e desejo em relação a cada tarefa (alto, médio ou baixo). Esta lista mostrará as coisas em que você é melhor e as coisas que gosta de fazer. Lembre-se de que a ideia é aproveitar aquilo que você faz de melhor (normalmente, é o que você mais gosta de fazer), e esta lista servirá como seu guia.

Agora, dê uma olhada nos itens com a classificação mais baixa em sua lista. Esses são os elementos do seu trabalho para os quais você precisa de mais ajuda e apoio. Ao olhar para a lista de itens que você não faz bem, pergunte-se: quem essa lista descreve? Na maioria das vezes, a pessoa ou pessoas que se enquadram no perfil serão fáceis de identificar.

DICAS PARA CRIAR EQUIPES DE VENDAS VIRTUAIS

1. Tente iniciar sua equipe com uma reunião presencial, se possível — mais tarde será muito mais fácil mudar para reuniões por telefone.

2. Comece com uma equipe pequena — três a quatro pessoas. Com um grupo maior, é fácil alguém "desaparecer" em uma teleconferência ou que a ligação se transforme em uma briga por tempo de fala. Ter um pequeno grupo ajuda a resolver ambos os problemas.

3. Não fique impaciente com chamadas longas. As equipes virtuais exigem ainda mais tempo de reunião do que as equipes físicas porque o canal de comunicação simplesmente não é tão robusto quanto nas reuniões presenciais. Dê uma chance às ligações. Se você estiver tentando enviar e-mails ou fazer outras coisas ao mesmo tempo, não funcionará.

4. Não permita que as limitações da interação virtual atrapalhem conhecer os demais membros de sua equipe. Certifique-se de compartilhar experiências pessoais e familiares nas discussões do grupo. Grandes equipes podem até dar o passo ousado de ter alguma diversão virtual ou oportunidade de jogo em que os membros "jogam" e interagem em algo totalmente fora do negócio. (Para aqueles que não entendem de tecnologia, peça a ajuda dos seus filhos!)

5. Seja criativo. Se as teleconferências não funcionarem ou parecerem insuficientes, experimente salas de bate-papo e outros fóruns de grupo online que permitam que as postagens das pessoas apareçam ao lado de suas fotos. Algumas empresas, como a gigante do software empresarial Oracle, estão experimentando a realização de reuniões empresariais em ambientes online como o Second Life, como forma de melhorar a interação e a intimidade.

Nível 2: Uma vez que seus relacionamentos estejam fortemente fundamentados nos Quatro Mindsets, você estará pronto para se preparar para cooperar na apresentação de propostas, formar equipes em ligações de vendas, compartilhar leads e assim por diante. Ao reunir suas equipes, não se esqueça dos quatro Georges que discuti anteriormente nesta seção. Certifique-se de que as habilidades representadas na equipe cubram todos os requisitos do seu ciclo de vendas.

Como disse Jeremy Hofer, consultor da Thrivent em Thousand Oaks, Califórnia: "Cada membro da equipe sabe que é muito, muito bom em certas coisas e há outras coisas que outras pessoas deveriam assumir, porque podem fazê-las tão bem quanto ou melhor do que elas."

Nesta fase, decida quanta responsabilidade você compartilhará. Defina claramente suas funções. Idealmente, você começará a mudar o estabelecimento de metas e a responsabilização de metas individuais para metas compartilhadas da equipe.

Lembre-se de que não existe chefe ou líder de uma verdadeira equipe — a liderança é compartilhada e cada membro assume a liderança contribuindo com o que faz de melhor para apoiar os esforços do grupo Um benefício real da venda em equipe é que ela pode ajudar a preencher a lacuna de excelente gerenciamento de nível médio da qual tantos vendedores reclamam. Cada membro incentiva os outros a atingirem o desempenho máximo e a equipe se responsabiliza. Ter um grupo não elimina a necessidade de um gerente de vendas, é claro. Mas os gestores inteligentes devem encorajar a construção de equipas fortes, oferecendo coaching e aconselhamento, em vez de ditames e diretivas. Se a equipe não tiver permissão para encontrar soluções por meio de seus próprios mecanismos de resolução de problemas, nunca terá a oportunidade de aprender e se desenvolver. Em vez disso, a equipe só será tão boa quanto o indivíduo que lhes disser o que fazer — o gerente.

Nível 3: Compartilhar os lucros é o próximo grande passo nas vendas em equipe. E, claro, se você trabalha para uma empresa, precisará de apoio institucional para levar o trabalho em equipe a esse nível.

Na Thrivent, as equipes de vendas não compartilham lucros até que:

- Os membros se conheçam bem e haja um ritmo na forma como trabalham.
- Os membros já tenham desenvolvido um elevado nível de confiança entre si, uma característica facilmente identificada na forma como se comunicam — trocas sem restrições.
- O grupo tenha um histórico estabelecido de reuniões regulares para discutir estratégia de vendas e planejamento tático.
- As equipes tenham uma compreensão clara do papel de cada membro e respeitem a forma como ele contribui para o processo geral.

O dinheiro pode criar uma armadilha especial mesmo para as melhores equipes de vendas. Até que a equipe comece a colher os frutos das vendas em grupo, você provavelmente enfrentará a questão de "o que é meu é meu" até provar que "o que é nosso é maior ou melhor". A chave é estar disposto a confiar, partilhar e investir, em vez de fatiar cada centavo — uma mentalidade de abundância e não de escassez. A equipe pode pedir uma reconciliação se alguém sentir que as coisas não estão funcionando de maneira justa.

Antes de se comprometer com a repartição dos lucros, cada membro deve estimar o que poderá ganhar ou produzir sozinho, como base. Em seguida, a equipe como um todo deve produzir uma estimativa do que podem alcançar juntos. Ao ampliar o que a equipe pode fazer, você estabelece metas que farão com que todos tenham mais sucesso.

Jim Elvestrom, membro do conjunto de vendas da Thrivent, falou sobre sua hesitação inicial em compartilhar clientes. "Um dos grandes desafios da minha parte foi ceder o controle da minha base de clientes a outros membros da equipe", disse ele. "Mas, quando o fiz, você pôde ver uma espécie de luz acesa e quase instantaneamente desenvolvemos muito mais coesão e estrutura como equipe. Saber que não estamos necessariamente preocupados com quem receberá o crédito por qual venda significa que podemos nos concentrar em garantir que somos — e usamos muito a palavra — centrados no cliente versus centrados no produto."

Comunicação é Crucial

Falar e escrever antecipadamente sobre suas metas e valores compartilhados, construir confiança e combinar o comprometimento de cada um com a parceria são cruciais para o sucesso da equipe. Mas as recompensas para o seu negócio podem ser substanciais.

Nas vendas em equipe, você precisa superar a ideia de que o tempo gasto em reuniões é tempo fora de campo – tempo que poderia ser usado nas vendas. O professor de Harvard e guru de liderança John P. Kotter certa vez aconselhou os líderes a estimar a quantidade de comunicação necessária para serem eficazes — e depois aumentar esse número por um fator de dez. O mesmo se aplica às necessidades de comunicação das equipes de vendas.

Com equipes de vendas, não há espaço para flexibilidade nas reuniões semanais; elas devem ser uma prioridade — nada de "se", "e" ou "mas". Você também precisará de check-ins diários. Sim, é preciso comprometimento e você terá que mudar de uma mentalidade de lobo solitário para ser um companheiro de equipe totalmente responsabilizável. Mas, se você realmente deseja melhorar o seu nível e o das pessoas ao seu redor, precisa se comprometer com esse tipo de esforço. É preciso perguntar: "Como podemos fazer isso ainda melhor?"

Jeremy House e Michael McDermott, os corretores de hipotecas de Phoenix, disseram-me que uma responsabilização significativa depende de comunicações de equipe abertas e sinceras: "Cada um de nós é responsável pelo seu próprio sucesso e pelo sucesso um do outro".

Você também precisará de feedbacks contínuos sobre o que está dando certo e o que não está – por exemplo, após uma ligação de vendas da equipe. Tudo o que vocês fazem juntos é uma oportunidade para feedback, avaliação e melhoria sinceros. Use os mesmos princípios em relação ao feedback que discutimos na seção 3, sobre *sparring*, e no modelo de Grupos Greenlight anteriormente neste capítulo. Quando você está, casualmente, analisando as ligações feitas, seu objetivo é fazer com que todos falem abertamente sobre o que funcionou e o que não funcionou.

TIME DOS SONHOS: FRANKIE VALLI E BOB GAUDIO

O cantor pop Frankie Valli e o homem que escreveu a maioria de seus sucessos, Bob Gaudio, trabalham juntos em um simples acordo de aperto de mão desde 1962. Depois de mais de quatro décadas, eles ainda dividem cada dólar que ganham meio a meio. Surpreendentemente, eles até dividem o dinheiro que cada um ganha individualmente. (A dupla ainda trabalha junta em alguns projetos, mas também tem carreiras separadas.)

Por exemplo, em 1978, Valli ganhou cerca de US$2 milhões por cantar a música-título do filme *Grease: Nos Tempos da Brilhantina*. Metade foi para Gaudio, que não trabalhou no filme. Três anos depois, Gaudio produziu a música para o filme *Nasce um Cantor,* de Neil Diamond. Metade dos seus lucros foi para Valli.

Os dois amigos, que cresceram em bairros da classe trabalhadora italiana (Gaudio no Bronx e Valli em Newark, Nova Jersey), conceberam seu acordo incomum quando lutavam para lançar seu grupo de cantores, o Four Seasons. O grupo, e a relação entre Valli e Gaudio, é o tema do recente musical *Jersey Boys,* vencedor do Tony.

Imaginando que poderiam ir mais longe apoiando um ao outro, os dois amigos decidiram desde o início que dariam cobertura um ao outro — para sempre. Como contou Gaudio na revista Time: "Dissemos: 'Nenhum de nós sabe onde vamos parar, mas talvez devêssemos proteger as nossas apostas. Você fica com cinquenta por cento do meu e eu fico com cinquenta por cento do seu.'"

Valli acrescentou: "Se você confia no seu parceiro, os contratos não são importantes. Nunca tivemos que policiar um ao outro."

Quais São as Armadilhas Comuns das Vendas em Equipe?

Vender em equipe é incrivelmente eficaz, mas não é uma panaceia. Aqui estão alguns dos obstáculos para o sucesso das vendas em equipe:

1. Falta de comprometimento organizacional

Construir um sistema de vendas em equipe, implementá-lo em campo e fornecer o treinamento e o suporte necessários para dar vida às equipes leva tempo. As organizações que entram no mundo das vendas em equipe sem entusiasmo não encontrarão falta de motivos para interromper o esforço ao longo do caminho. Nas fases iniciais, os indivíduos considerarão qualquer sinal de fraqueza no compromisso organizacional como uma desculpa para se apegarem às práticas anteriores. Não deixe isso acontecer! Comunique seu comprometimento com o modelo frequentemente e sem reservas. Qualquer coisa abaixo desse nível de comprometimento pode afetar o desempenho de suas equipes de vendas.

2. Falta de comprometimento individual

Não é incomum que os mais produtivos vejam o modelo de vendas em equipe como uma ameaça ao seu status e poder dentro da organização. Aqueles que têm melhores desempenhos também poderão ver uma queda inicial nos seus níveis de remuneração individual. É fundamental que esses indivíduos entendam que quaisquer deficiências são apenas temporárias, enquanto o modelo de vendas em equipe atinge sua capacidade total e produz negócios mais do que suficientes para ajudá-los a superar os níveis de ganhos anteriores.

3. Relacionamentos que não são profundos o suficiente

Intimidade, confiança e respeito são essenciais para a venda em equipe. Sem relacionamentos fortes, os egos individuais podem impedir o crescimento. Como Michael McDermott, que é parceiro de Jeremy House há seis anos consecutivos, nos disse: "Vimos outros tentarem um conceito de 'equipe' em seus negócios e sempre parece que o ego é o fim de seu progresso. Para ter uma equipe próspera, deve haver comunicação sem hesitação. Se você permitir que seu ego atrapalhe o compartilhamento de uma ideia ou a aceitação das ideias dos outros, a equipe irá fracassar." Um membro da equipe da Thrivent colocou a questão de outra forma: "Eu não diria que nenhum de nós não tem egos, mas nós os colocamos no bolso de trás porque o mais importante aqui é o resultado final".

As Recompensas das Vendas em Equipe

Você pode achar que compartilhar clientes e receitas — seja com alguns companheiros ou a nível institucional em sua empresa — parece difícil. Recentemente, conheci uma equipe de vendas que estava publicando um desempenho extraordinário mês após mês, trimestre após trimestre. Por quê? A organização deles instituiu um processo de vendas em equipe. Vários membros da equipe admitiram que, inicialmente, estavam céticos, especialmente em relação a questões relacionadas à remuneração, confiança e distribuição de trabalho — todos os problemas que você poderia esperar.

Então, em algum lugar ao longo do caminho, a equipe se consolidou. As pessoas começaram a apoiar umas às outras e a antecipar as necessidades dos outros. O desempenho superior de vendas não ficou muito atrás. Ouvi suas histórias e fiz uma pergunta: "O que vocês fariam se sua organização decidisse abandonar o modelo de vendas em equipe amanhã?"

Um membro da equipe respondeu na hora. "Acho que teríamos que encontrar outra coisa para fazer."

"Então você pararia de trabalhar para a empresa?"

"Ou encontraríamos uma maneira de continuar trabalhando juntos como uma equipe aqui ou levaríamos a equipe para outro lugar. Não há muito que não possamos fazer juntos e não vamos perder isso agora."

Para mim, aquilo dizia tudo.

Coda: escape da nação dos silos

Poucos terão a grandeza de dobrar a própria história; mas cada um de nós pode trabalhar para mudar uma pequena parcela dos acontecimentos e, no total de todos esses atos, estará escrita a história desta geração.

—Robert F. Kennedy

Um ano antes da morte do meu pai, dei-lhe uma grande festa de 75 anos. Previamos que ele poderia não estar conosco no dia dos seus 80 anos e eu queria ter certeza de que amigos e familiares tivessem a chance de comemorar seu grande dia. Gravei o evento em vídeo e assisto sempre que quero me sentir próximo de papai novamente.

Meu pai vivia para seu único filho. Na verdade, ele definia seu próprio sucesso pelas minhas conquistas, o que é um dos motivos pelos quais ele nunca se importou muito com as suas.

O problema é que eu tinha que lembrar constantemente ao meu pai que ele era meu modelo de sucesso! Quando fiz o tributo em seu funeral, li algumas linhas que geralmente são atribuídas a Ralph Waldo Emerson, mas que, provavelmente, foram escritas por uma mulher chamada Bessie Stanley no início do século XX:

Rir muito e com frequência;

Conquistar o respeito das pessoas inteligentes e o carinho das crianças;

Ganhar o apreço dos críticos honestos e suportar a traição dos falsos amigos;

Apreciar a beleza, encontrar o melhor nos outros;

Deixar o mundo um pouco melhor, seja por uma criança saudável, por um canteiro de jardim ou por uma condição social redimida;

Saber que pelo menos uma vida respirou mais facilmente porque você viveu.

Isso é ter sucesso.

Esse poema resumiu a vida do papai. Ele era o tipo de cara que diminuía a velocidade para quem estava pedindo carona porque ninguém mais faria isso, um cara que olhava além do comprimento do cabelo do sobrinho ou das roupas hippies da sobrinha para ver a pessoa real por baixo (ok, ele era um pouco menos tolerante em relação ao cabelo de seu próprio filho). A verdade é que meu pai vivia para tudo e todos ao seu redor; eu era o cara mais sortudo do mundo por ser filho dele. Ele prosperava com a generosidade para com estranhos e sorria para cada pequena beleza, como o jardim que ele orgulhosamente manteve por décadas. Seu espírito era contagiante. Minhas sobrinhas e sobrinhos, que eram jovens quando ele morreu, ainda falam sobre as pequenas coisas que Pap fazia pelas outras pessoas e esperam que possam viver de acordo com quem ele era.

Uma das maiores satisfações que tenho com meu trabalho é que ele me permite, em livros e palestras, apresentar meu pai a pessoas que nunca o conheceram na vida real. Outro dia, um jovem chamado Nathan veio até mim depois de uma palestra e disse: "Sou um pai recente e meu sonho é que algum dia meu filho fale de mim como você fala de seu pai."

Espero que o sonho de Nathan se torne realidade. Como o exemplo do meu pai me ensinou, o sucesso nunca, jamais, tem a ver com nós mesmos. Nossos ganhos sempre se refletem nas conquistas daqueles que nos rodeiam. Se decidirmos perseguir o sucesso genuíno como o que o meu pai conheceu, teremos de abandonar o nosso hábito isolacionista em todos os níveis — desde a vida familiar até os assuntos do mundo. Já é hora de deixarmos os silos criados por nós mesmos e aprendermos a encontrar valor em comunidades maiores.

Neste livro, tentei ensiná-lo a expandir o círculo de pessoas com quem você tem intimidade, usando os Quatro Mindsets: sinceridade, vulnerabilidade, responsabilização e generosidade. Você pode ter começado com uma ou duas outras pessoas — provavelmente escolhidas em seu círculo existente de amigos e conhecidos; alguns de vocês ampliaram seu grupo e até montaram uma equipe inteira. Alguns de vocês agora trabalham em estruturas formais maiores dentro de sua empresa, de sua comunidade ou de outra organização.

Talvez você tenha feito isso principalmente a serviço de sua carreira, mas, como tenho certeza de que notou, os princípios do apoio mútuo podem ser aplicados em todos os aspectos de nossas vidas. Por que compartimentalizar o apoio mútuo? Se os negócios são pessoais, nossas vidas pessoais não deveriam refletir o trabalho em equipe que praticamos no trabalho e vice-versa?

Dito isto, o trabalho é um ótimo lugar para começar porque (goste ou não) ele define grande parte de nossas vidas. Independentemente de saber se e até que ponto os negócios são regulamentados, desregulamentados, tributados, controlados ou autorizados a funcionar livremente, cada um de nós tem o poder de mudar a forma como o sistema funciona. Podemos mudar isso hoje, simplesmente investindo a nós mesmos e aos nossos colegas de trabalho na noção de "um por todos e todos por um". Da loja da esquina ao conglomerado multinacional, é hora de darmos cobertura uns aos outros, hoje!

As pessoas costumavam entender isso de maneira intuitiva — acontecia facilmente. Há duzentos anos, praticamente todo mundo vivia da terra. Não havia separação entre a vida profissional e a vida familiar. Tudo acontecia na propriedade. E, claro, enquanto as tarefas eram divididas, qualquer pessoa com idade suficiente para andar era responsável por um conjunto de tarefas. Trabalho e casa combinados perfeitamente. Além do mais, os vizinhos se uniam e se ajudavam. Eles ajudavam a construir os celeiros uns dos outros. Eles ajudavam no parto dos bebês um do outro. Eles consolavam os angustiados e alimentavam os pobres. Eles se reuniam em salas de reuniões municipais para resolver problemas e debater mudanças. Muitas pequenas cidades da Nova Inglaterra ainda realizam essas reuniões anuais, que funcionam como legislaturas locais. Não há voto por procuração nas assembleias municipais. Quer ser ouvido? Tudo o que você precisa fazer é aparecer e levantar a mão.

É claro que os tempos mudaram e poucos de nós temos uma fazenda familiar. A menos que você more em uma ilha remota, é improvável que seus filhos frequentem uma escola de uma sala apenas. Mas por que isso deveria impedir qualquer um de nós de aplicar os Quatro Mindsets onde trabalhamos, em nossas escolas e onde moramos? Cada um de nós pode fazer do seu movimento pessoal falar francamente e com carinho no trabalho ou na vizinhança. Se aprendermos a ser honestos e vulneráveis no trabalho, certamente poderemos fazer o mesmo na igreja e em casa. Qualquer pessoa que pratique a responsabilização numa reunião de pessoal pode responsabilizar-se perante os próprios filhos. Mas por que parar aí? Depois que você adquirir o hábito de ser generoso com colegas e clientes, será só um pequeno salto ajudar estranhos.

Comece no trabalho — e construa seu movimento a partir daí. Não há nada que seja inerentemente não solidário na cultura corporativa de hoje, a não ser um hábito profundamente arraigado de individualismo. Mas não precisa ser assim. Basta dar uma olhada no meu Big Task Weekend, uma comunidade próspera de líderes empresariais e culturais que agem com base na crença de que o valor para os acionistas e a responsabilidade social não são mutuamente exclusivos. Em retiros anuais e durante eventos ao longo do ano, os membros da Big Task reúnem-se para criar parcerias e iniciativas inovadoras nos cuidados de saúde e outras questões sociais urgentes.

Por exemplo, em um fim de semana de 2008, os participantes reuniram-se numa espécie de mini Grupo Greenlight para ajudar a Fundação Robert Wood Johnson a traçar estratégias de divulgação em torno da sua missão de acabar com a obesidade infantil até 2015. Os membros incluíram o guru de liderança Tony Robbins; Wayne Gattinella, CEO da WebMD; David Moran, CEO da Heinz América do Norte; Beth Comstock, CMO da General Electric; Brad Fluegel, vice-presidente executivo da WellPoint; Mike Minasi, presidente de marketing da Safeway; Diane Gage Lofgren, vice-presidente sênior de branding da Kaiser Permanente; Dr. Dean Ornish; e a atriz Goldie Hawn. (Você pode aprender mais sobre Big Task visitando BigTaskWeekend.com [conteúdo em inglês].)

Meu trabalho me mostrou o que as pessoas podem fazer quando decidem enquadrar suas próprias questões no contexto de outras pessoas. É nossa escolha chegar lá e liderar, reunindo as pessoas em torno de qualquer interesse ou causa pela qual somos apaixonados. Podemos insistir por meio das nossas ações diárias para que as empresas se unam em torno da ideia de que o negócio é humano e pessoal. Podemos aplicar o apoio dos pares de forma ampla, para além do nosso círculo íntimo. Podemos implementar o apoio mútuo para fortalecer as nossas congregações eclesiais e comprometer as pessoas em atividades filantrópicas. Quaisquer que sejam nossos objetivos, aliar-nos a outros nos levará a eles mais rapidamente, e todos que tocarmos serão melhores com isso.

Acima de tudo, vamos celebrar o tempo que passamos com outras pessoas, assim como fiz com meu pai no seu septuagésimo quinto aniversário. Acredito que as ferramentas que este livro oferece são guias poderosos para transformar seus relacionamentos. Lembre-se, tudo começa conosco — com você, não com a outra pessoa. Descobri que todos os meus relacionamentos se beneficiam dos riscos e práticas que assumi em meu círculo íntimo. Mas não fique apenas preso em seu círculo — seu círculo existe para ensinar aos outros como viver a vida e como interagir com amigos, entes queridos, membros de nossas comunidades e até mesmo estranhos.

Não espero que você pratique o apoio de pares com o agente do portão no aeroporto de O'Hare. Mas por que não tentar ter uma conversa real com esse agente, em vez de uma conversa fiada ou, pior, um discurso furioso? E se você simpatizasse com suas longas horas de trabalho e frustrações? Elas não são semelhantes às suas? E se você tentasse estabelecer uma conexão genuína com essa pessoa? Isso pode surpreender vocês dois.

Se você tirar apenas uma coisa deste livro, espero que leve a ideia de que existe um grande poder na vulnerabilidade (aquele mindset com má reputação). Meu pai entendia esse poder perfeitamente. Ele nunca tentou ser alguém que não era e nunca se preocupou com o que os outros pensavam dele. Levei anos para aprender essas lições, com a ajuda de muitas pessoas atenciosas — começando com Greg Seal, na minha época na Deloitte, com Peter Guber e Bob Kerrigan, e agora com tantas outras.

Ao praticar o apoio mútuo e ao estender a mão e correr riscos nos meus relacionamentos, tive vislumbres do homem que quero ser neste mundo. Eu disse a verdade e não fui desprezado; admiti minhas falhas e não morri de vergonha; assumi a responsabilidade pelos comportamentos que me atrapalham; vi uma grande generosidade em outras pessoas e abracei mais profundamente a verdade que sempre soube: a vida é, para todo o sempre, uma questão de retribuir.

ÍNDICE

Este livro foi impresso nas oficinas gráficas da Editora Vozes Ltda.,
Rua Frei Luís, 100 – Petrópolis, RJ.